I Draghi

Iscriviti alla newsletter su www.lindau.it per essere sempre aggiornato su novità, promozioni ed eventi. Riceverai in omaggio un racconto in eBook tratto dal nostro catalogo.

In copertina: Adobe Stock © Prapat

corso Re Umberto 37 - 10128 Torino

Prima edizione: settembre 2020
ISBN 978-88-3353-344-5

Emanuele Florindi

DEEP WEB

Vizi privati e pubbliche virtù
della navigazione in rete

LINDAU

DEEP WEB

Nella vita bisogna fare tre cose: fare un figlio, scrivere un libro, piantare un albero
Proverbio zen

A Francesco, Maria Giulia e Federico

Premessa

Sono trascorsi quasi quattro anni dalla prima pubblicazione di questo libro e molte cose sono cambiate: le criptovalute, ormai uscite dall'oscurità e dai siti di appassionati, stanno ampiamente dimostrando sul campo il loro valore e la loro affidabilità mentre le forze di polizia hanno dimostrato sempre più spesso di essere in grado di intervenire e operare anche nelle dark net. Nel corso del 2018 l'Interpol ha evidenziato i rischi rappresentati dalla crescita delle *altcoin,* identificata come un pericolo emergente nel corso del primo INTERPOL Working Group su dark net e criptovalute.

Al tempo stesso, la piena entrata in vigore del Regolamento europeo in materia di protezione dei dati personali ha reso maggiormente evidente l'importanza di proteggere la riservatezza dei dati personali.

Ci troveremo quindi ad affrontare di nuovo la tematica relativa alla navigazione anonima, al *deep web,* al *dark web,* alle *dark net* e ai sistemi di pagamento basati sulla cosiddetta «criptovaluta» e lo faremo utilizzando un linguaggio il più possibile semplice e comprensibile, anche a discapito di quella rigorosa precisione che richiederebbe un eccessivo impiego di termini tecnici.

Questo significa che, ove necessario, alcuni termini verranno utilizzati con un significato più ampio rispetto a quello strettamente tecnico (tanto informatico quanto giuridico) e che si cercherà di semplificare alcune nozioni e alcune procedure, ferma rimanendo la correttezza di base di tutte le informazioni fornite.

Ciò detto, nel procedere all'esplorazione di quel mondo affascinante che è il deep web, alcune premesse sono d'obbligo: per prima cosa, con l'espressione «web sommerso» (in inglese *deep web*), indichiamo quella parte della rete che non è immediatamente accessibile attraverso i normali motori di ricerca e, spesso, neppure attraverso gli ordinari strumenti di navigazione.

In secondo luogo, gli strumenti di cui parleremo (in particolare TOR e gli *hidden services*) sono perfettamente legali e utilissimi, tanto che in molti casi il loro utilizzo è addirittura raccomandato per tutelare il proprio anonimato e la propria riservatezza. Deep web non significa, automaticamente, contenuti illegali o pericolosi come, invece, si tende a credere e immaginare.

Volendo fare un esempio, possiamo paragonare TOR (preso qui a simbolo di tutti gli strumenti di anonimato) al mephisto: quel capo di abbigliamento, un semplice passamontagna nero, che viene utilizzato tanto dai corpi speciali nel corso di rischiose operazioni quanto da molti pericolosi criminali! In breve, il medesimo strumento può essere indifferentemente impiegato per nobili finalità (evitare rappresaglie e rischi per gli operatori coinvolti nelle attività e per le loro famiglie) o per altri scopi molto meno onorevoli (evitare di essere riconosciuti dalle vittime del reato o da eventuali testimoni).

TOR funziona allo stesso modo: può essere nobilmente impiegato per garantire la libertà di stampa o il diritto di esprimere liberamente le proprie opinioni per individui che vivono in Paesi scarsamente democratici, oppure può essere utilizzato in modo ignobile per svolgere attività illegali...

TOR, l'anonimato e le stesse criptovalute sono, quindi, strumenti perfettamente neutrali e, alla fine dei giochi, legittimi: tutto dipende dalle attività che svolgono coloro che li impiegano e dal loro rispetto per la legalità e per gli altri, ma nulla di quanto viene fatto può essere imputato agli strumenti o ai loro sviluppatori.

Da ultimo, una precisazione di carattere terminologico: esistono numerose definizioni di *deep web*, *dark web* e *surface web*. Esiste anche una sorta di classifica dei livelli di profondità del web, ma, a mio modo di vedere, la classificazione migliore, in quanto più immediata e più comprensibile anche se non sempre precisa al 100%, è la seguente:

Surface web: tutte quelle pagine web e quei contenuti che vengono indicizzati dai motori di ricerca;

Deep web: tutte quelle pagine web e quei contenuti che non sono indicizzati dai motori di ricerca, ma sono accessibili senza la necessità di impiegare appositi strumenti software al di fuori dei comuni programmi di navigazione, consultazione e scambio di file;

Dark web: quella parte del *deep web* che non è accessibile attraverso i normali programmi, ma richiede l'impiego di accorgimenti e programmi particolari, come, ad esempio, TOR.

1

Deep e dark web

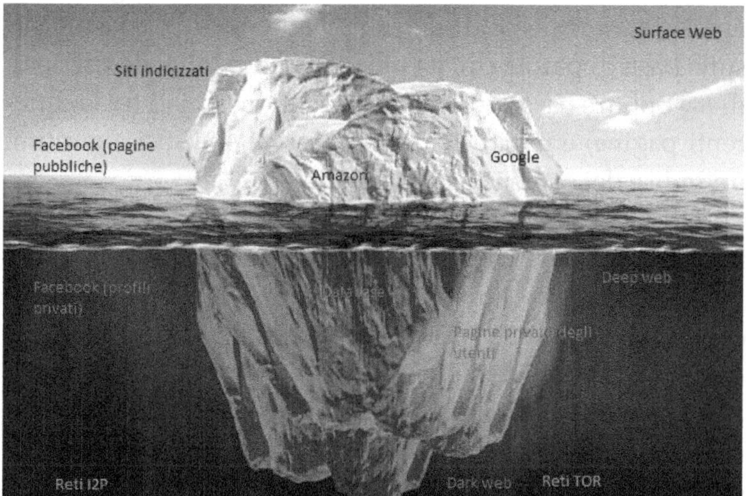

Il web è molto simile a un grosso iceberg; la parte che noi vediamo è solo una piccola percentuale della sua massa reale. La maggior parte delle informazioni sono, in realtà, custodite al di sotto della superficie. In questa immagine si trova una rappresentazione schematica dei tanti livelli in cui è possibile dividere la rete.

1. *Facciamo un po' di chiarezza*

Per poter comprendere di cosa stiamo parlando e affrontare correttamente la tematica relativa al deep web e alle dark net, dobbiamo necessariamente distinguere tra le differenti tipologie di contenuti e, a tal fine, ricorreremo all'ormai classica immagine dell'iceberg: la parte emersa, quella che tutti vediamo, rappresenta i siti web e i contenuti «indicizzati» dai motori di ricerca.

Un «motore di ricerca», in inglese *search engine*, non è altro che un sistema automatico che, su richiesta degli utenti, analizza un insieme di dati (in genere raccolti e catalogati sulla base di parole chiave presenti nel testo, di descrizioni, di *tag* oppure basandosi su riferimenti incrociati tra le differenti pagine) e restituisce, sulla base di specifici algoritmi, un indice dei contenuti disponibili.

Spesso i contenuti sono classificati, in modo automatico, in base a formule che, ricorrendo a principi statistici e matematici, indicano il livello di rilevanza di un determinato contenuto data una certa chiave di ricerca, spesso abbinandola a un determinato utente.

In genere, i motori di ricerca trovano utilizzo nel campo dell'*information retrieval* e nella ricerca di contenuti web; in quest'ultimo caso, i contenuti raccolti e catalogati da un singolo *search engine* vengono definiti «indicizzati» e vengono offerti agli utenti tra i risultati delle ricerche.

Si tratta di quello che è comunemente noto come *surface web* (in alternativa è possibile trovarlo indicato come Visible Web, Clearnet, Indexed Web, Indexable Web or Lightnet). Questi siti sono generalmente accessibili al grande pubblico degli utenti e le informazioni in essi contenute possono essere recuperate attraverso l'impiego di motori di ricerca classici (vale a dire Google, Bing, Yahoo). Giusto per comprendere appieno la mole di informazioni di cui stiamo parlando, ci basti qui osservare che, in base alle statistiche pubblicate in varie fonti di informazione, a ottobre 2019 risultavano indicizzate quasi 65 miliardi di pagine web.

Il web di superficie è composto essenzialmente da pagine web statiche, alcune delle quali, poi, possono anche connettersi a contenuti presenti nel *deep web*, come ad esempio accade per Facebook, Registro Imprese, albi professionali e molti dei cataloghi interni alla maggior parte dei siti web.

In estrema sintesi, il web di superficie si compone prevalentemente di pagine statiche, che risiedono in un server web attendendo di essere visualizzate dai vari navigatori; questo strato superficiale rappresenta circa il 10% del materiale realmente presente in Internet.

2. *Il deep web*

Subito sotto lo strato di superficie troviamo il web profondo, ma non si deve commettere il facile e grossolano errore di identificare *tout court* il *deep web* con i contenuti illegali o pericolosi.

In realtà il *deep web* è costituito da una serie di contenuti non direttamente indicizzati o indicizzabili dai motori di ricerca per diverse ragioni, di solito assolutamente legali e legittimi, che, in linea di massima, possono essere ricondotti alle seguenti categorie:

– *Contenuti dinamici*: si tratta di pagine web dinamiche, il cui contenuto viene generato sul momento dal server; le pagine possono essere richiamate solo compilando un *form* ovvero rispondendo a una particolare richiesta. Si tratta, ad esem-

pio, di quei contenuti presenti in un database con un motore di ricerca interno (Pagine Bianche, Registro Imprese...);
– *Pagine non indicizzate*: si tratta di pagine web che non sono collegate a nessun'altra pagina web e a cui l'accesso da parte dei motori di ricerca viene impedito da adeguate impostazioni di sicurezza (ad esempio, il file di testo «robot.txt» indica a un motore di ricerca quali parti di un sito non devono essere indicizzate) che ne impediscono l'indicizzazione (ad esempio le pagine dell'albo pretorio online);
– *Pagine ad accesso ristretto*: si tratta di pagine che richiedono una qualsivoglia forma di autorizzazione (cioè una registrazione) per poter essere visionate come accade nei siti che limitano l'accesso alle proprie pagine interne;
– *Scriptpage*: pagine che possono essere raggiunte solo attraverso link realizzati in JavaScript o in Flash e che, quindi, richiedono procedure particolari per poter essere visualizzate;
– *Contenuti non testuali*: essenzialmente si tratta di file multimediali privi di tag che, per tale ragione, non possono essere indicizzati dai motori di ricerca. Può trattarsi di fotografie, filmati, file audio ecc.
– *Altri contenuti banditi dai motori di ricerca*: di questa categoria fanno parte singole pagine o interi siti, eliminati dai motori di ricerca in quanto il loro contenuto è ritenuto non compatibile con i termini del servizio offerto.

Tutti questi contenuti possono essere visualizzati e acceduti senza particolari difficoltà tecniche: è sufficiente utilizzare il semplice *browser* che impieghiamo per navigare senza dover modificare le nostre abitudini.

L'unica difficoltà, relativamente alla possibilità di accedere a queste informazioni, risiede nell'esigenza di conoscere la password necessaria per l'accesso, ovvero un indirizzo

URL preciso dato che, in caso contrario, l'accesso non avviene semplicemente perché il materiale non può essere individuato.

3. *Il dark web*

Con il termine *dark web* si identifica la parte più profonda e segreta del *deep web*, costituita dalle cosiddette *dark net*: si tratta di contenuti nascosti intenzionalmente ai comuni navigatori e accessibili soltanto attraverso appositi strumenti.

Per utilizzare la definizione più corretta, possiamo affermare che il *dark web* è costituito da alcune migliaia di siti che utilizzano strumenti di anonimato (come ad esempio TOR o I2P) per nascondere la loro effettiva collocazione.

A differenza di quanto accade per tutte le altre tipologie di servizio, per poter accedere al *dark web* e visionarne i contenuti è necessario utilizzare appositi programmi, in grado di sfruttare la struttura e le regole proprie di Internet, in aggiunta a un proprio protocollo di connessione, in modo da garantire la navigazione attraverso una rete parallela molto difficile, se non impossibile, da tracciare.

2

La ricerca della riservatezza

1. *Navigare con la targa*

A ogni utente che si collega a una rete, sia questa una piccola rete locale o la rete internet, viene assegnato uno specifico indirizzo. Tale indirizzo, generalmente noto come indirizzo IP, è composto da quattro gruppi di numeri, da 0 a 255, intervallati da un punto (per esempio 192.168.1.1) e rappresenta una sorta di «targa» che l'utente si porta dietro nel corso della sua navigazione.

Per poter visualizzare il contenuto di un sito web è infatti necessario che tra il computer del navigatore e il server che ospita il sito che si vuol visualizzare si instauri una connessione e avvenga uno scambio di informazioni: questo può accadere soltanto se entrambe le parti conoscono con precisione dove inviare i propri dati e le proprie richieste.

Questa informazione è rappresentata dall'indirizzo IP.

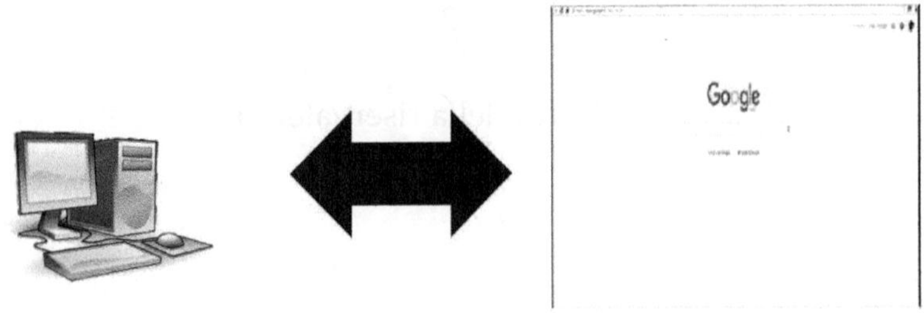

Tra il server che ospita il sito web e il computer dell'utente deve instaurarsi un «dialogo». Questo «dialogo» sarà possibile soltanto se entrambi gli interlocutori sanno dove (a chi) inviare le informazioni.

Ne consegue non soltanto che l'utente sarà in grado di conoscere l'indirizzo IP del server che ospita il sito, ma anche che quest'ultimo sarà in grado di conoscere l'indirizzo IP da cui viene generata la connessione.

Una volta appreso l'indirizzo IP di origine, sarà facile, utilizzando appositi servizi, conoscere il fornitore della connessione internet e da ultimo, ricorrendo all'autorità giudiziaria o ad altri sistemi, arrivare a conoscere l'identità dell'intestatario del contratto.

Per evitare questo, sono stati sviluppati vari strumenti in grado di tutelare la riservatezza dei navigatori nascondendo o rendendo più difficile da individuare l'indirizzo IP.

2. *Una prima soluzione: il proxy*

Nel paragrafo precedente abbiamo visto che esistono diversi strumenti per nascondere le proprie tracce durante la navigazione. Vediamo ora, sia pure in maniera sommaria, come è possibile farlo.

Uno dei primi strumenti impiegati, ancora oggi in

uso, per difendere la propria riservatezza è rappresentato dall'impiego di un intermediario tra il computer di origine e quello di destinazione.

Si tratta di quello che in informatica viene definito *proxy* (semplicemente «intermediario» in inglese): in estrema sintesi, si tratta di un *server* che si interpone tra un computer e la sua destinazione, facendo da tramite tra i due sistemi (un *client* e un *server*) e inoltrando le richieste e le risposte dall'uno all'altro: in breve il *client* si collega al *proxy* invece che al *server* e gli invia delle richieste. Il *proxy* a sua volta si collega al *server* e inoltra la richiesta del *client*, riceve la risposta e la inoltra al *client*.

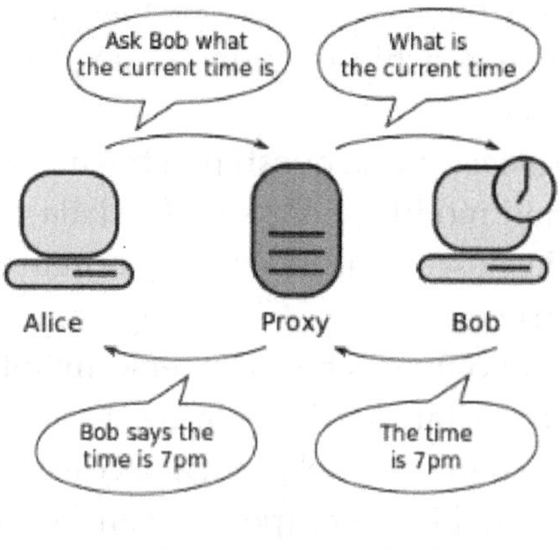

Nel dialogo tra il server che ospita il sito web e il computer dell'utente si inserisce un intermediario che veicola domande e risposte

Esistono varie tipologie di *proxy*, ma, ai fini che qui ci interessano, ci basta ricordare le seguenti:

– *Transparent proxy*: intercettano le normali comunicazioni senza richiedere particolari configurazioni. Il loro impiego tipico è o all'interno di grosse infrastrutture, in modo da imporre più facilmente adeguate regole di utilizzo del servizio, ovvero nell'ambito degli Internet Service Provider, in modo da migliorare le prestazioni relative alla navigazione dei propri utenti. Di solito si tratta di servizi che non hanno alcuna rilevanza in tema di tutela della riservatezza e sono finalizzati esclusivamente a migliorare la navigazione.

– *Anonymous proxy*: non trasmettono l'IP del richiedente, ma modificano o aggiungono alcuni *header*, rendendoli quindi facilmente riconoscibili e contrastabili. Per evitare ciò, alcuni (*anonymous proxy distorcenti*) trasmettono un IP casuale, diverso da quello del richiedente, e modificano o aggiungono alcuni *header*. Solitamente vengono scambiati per *proxy* anonimi, ma offrono una protezione maggiore, in quanto il server web vede le richieste di un utente provenienti da indirizzi IP diversi.

– *Highly Anonymous proxy*: questi non trasmettono l'IP del richiedente e non modificano gli *header* della richiesta. Sono difficili da riconoscere attraverso i normali controlli, ma sono molto rari.

– *Proxy CGI*: sono *proxy* che, attraverso un'interfaccia web, consentono di visitare altri siti in modo anonimo direttamente attraverso un sito web, senza necessità di modificare le impostazioni del browser (possono anche essere configurati per rifiutare cookie, rimuovere pubblicità ecc.).

– *Tor onion proxy software/ I2P proxy*: si tratta di vere e proprie catene di *proxy*, gestite da specifici programmi che verranno trattati in maniera approfondita nei prossimi paragrafi.

I *proxy* presentano numerosi problemi: il loro numero è relativamente basso e ancora meno sono quelli che consentono di navigare a una velocità decente. Molti sono creati e mantenuti da agenzie governative che li possono agevolmente impiegare per monitorare traffico e attività di coloro che li utilizzano. Alcuni supportano la sola navigazione e non, anche, altri protocolli.

Vediamo ora come è possibile tutelare la propria riservatezza utilizzando alcuni dei più diffusi strumenti di navigazione. Prima di procedere è però necessario chiarire un paio di punti.

3. *Anonymity is not a crime, it's a right*

Non sono soltanto i criminali ad avere bisogno di tutelare la riservatezza dei propri dati e delle proprie informazioni. Chiunque dovrebbe evitare di esporre un numero eccessivo di dati.

A tale proposito, è bene ricordare che l'anonimato non è un crimine, ma un diritto fondamentale, come ricorda la Carta dei diritti fondamentali dell'Unione Europea (2007/C 303/01, articolo 8) secondo cui: «Ogni persona ha diritto alla protezione dei dati di carattere personale che la riguardano e tali dati devono essere trattati secondo il principio di lealtà, per finalità determinate e in base al consenso della persona interessata o a un altro fondamento legittimo previsto dalla legge».

Molti soggetti affermano che se un individuo non ha nulla da nascondere allora non ha nulla da temere dalla trasparenza; ne consegue, logicamente, che la tutela della riservatezza servirebbe soltanto a criminali e depravati per nascondere le proprie nefandezze.

La realtà è molto differente, atteso che ognuno di noi ha un segreto: che si tratti di qualcosa di cui ci vergogniamo o, semplicemente, di un'informazione che non gradiamo vedere divulgata, tutti noi abbiamo qualcosa da nascondere. Si badi bene, non deve necessariamente trattarsi di qualcosa di turpe, vergognoso o imbarazzante, ma semplicemente di qualcosa che vogliamo tenere riservato e che abbiamo il diritto di difendere dalla curiosità degli altri.

In breve, che si tratti di una debolezza, di un ideale politico, religioso, filosofico o di un'opinione contraria a un regime non democratico, la riservatezza rappresenta un diritto di ogni essere umano. Ne consegue non soltanto che è sbagliato criticare gli strumenti di tutela dell'anonimato e coloro che li utilizzano, ma anche che è necessario imparare a utilizzarli correttamente. Questo è esattamente quello che cercheremo di fare nelle prossime pagine.

4. Perché proteggere l'anonimato?

Se anche non avessimo davvero nulla da nascondere, la protezione della riservatezza dovrebbe comunque essere una nostra priorità: sia per evitare di essere resi oggetto di profilazione sia per essere davvero sicuri della correttezza dei risultati delle nostre ricerche.

Utilizzando Google, ad esempio, i risultati presentati utilizzando la medesima stringa di ricerca variano in base alle nostre precedenti ricerche, alle nostre attività online e a eventuali acquisti fatti in precedenza.

Motori di ricerca e algoritmi

I motori di ricerca operano attraverso specifici algoritmi, quindi, per prima cosa, dobbiamo chiarire che con questo termine si indica un procedimento che risolve un determinato problema attraverso una serie di passaggi elementari, eseguiti secondo una sequenza logica e in un tempo ragionevole.

Il termine «algoritmo» deriva dal nome del matematico Mohammed ibn-Musa al-Khwarizmi, vissuto presso la corte reale di Baghdad tra il 780 e l'850 circa. Si tratta, dunque di un concetto dalle origini antichissime e ampiamente utilizzato in tutte le aree dell'IT (Information Technologies).

Per costruire un algoritmo devono essere seguite alcune regole di base.

– *Atomicità*: i passi che costituiscono lo schema devono essere «elementari» (non ulteriormente scomponibili).
– *Finitezza*: l'algoritmo deve essere finito, ogni singola istruzione deve poter essere eseguita in tempo finito e un numero finito di volte.
– *Non ambiguità*: i passi che costituiscono lo schema devono essere interpretabili in modo diretto e univoco dall'esecutore.
– *Effettività*: l'esecuzione dello schema deve condurre a un unico risultato.

BERT

A fine ottobre 2019, Google ha annunciato l'introduzione di BERT (acronimo di Bidirectional Encoder Representations from Transformers), un'importante modifica agli algoritmi del suo motore di ricerca effettuata per rendere Google capace di comprendere meglio il significato delle frasi che scriviamo quando cerchiamo qualcosa online. Secondo Google, con il nuovo sistema si potrà offrire un servizio migliore, soprattutto quando vengono utilizzate intere frasi come chiavi di ricerca, rendendo più naturale la formulazione delle richieste.

BERT rappresenta lo stato dell'arte in tutta una serie di campi legati all'elaborazione del linguaggio naturale (NPL, Natural Language Processing) tra cui Question Answering (SQuAD v1.1), Natural Language Inference (MNLI).

Si tratta di un sistema per l'elaborazione del linguaggio naturale sviluppato per trattare automaticamente le informazioni scritte (e parlate) in una lingua naturale, cioè nel modo in cui gli esseri umani parlano comunemente.

La principale caratteristica di BERT è che non tratta le parole indistintamente, ma le mette in relazione tra loro ed è, quindi, in grado di comprendere la loro importanza all'interno di una specifica frase, come spiegato da Pandu Nayak nel comunicato stampa ufficiale [1] con cui Google ha lanciato il nuovo algoritmo.

Algoritmi e rischi

Gli algoritmi rappresentano il pilastro dell'economia moderna, basata sui dati, che tende a capitalizzare le informazioni degli utenti-cittadini in modo da proporre loro specifici servizi e prodotti. Ma quali rischi presenta questa attività per i soggetti i cui dati vengono trattati?

Per capire la portata del fenomeno dobbiamo partire da una ricerca effettuata nel 2013 da un giornalista statunitense (Tom Gara) e disponibile nel blog del «Wall Street Journal» [2] oppure, meglio ancora, possiamo eseguire una semplice ve-

[1] https://www.blog.google/products/search/search-language-understanding-bert/.

[2] https://www.wsj.com/articles/SB10001424127887324170004578638402779534498.

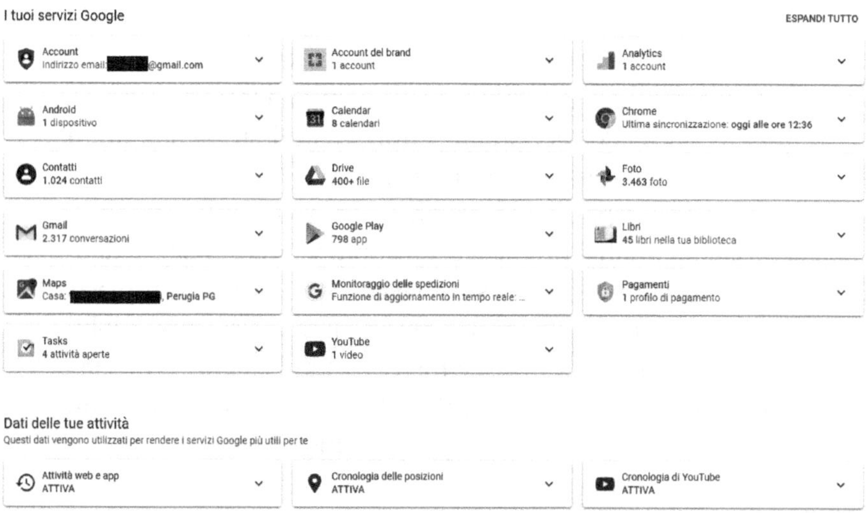

L'immagine raffigura il nostro cruscotto e le informazioni in esso contenute

rifica digitando «Google Dashboard» nella casella di ricerca di Google, cliccando poi su «Attività web e app» e dando un'occhiata ai risultati: tutte le nostre ricerche e le nostre attività sono amorevolmente archiviate e disponibili, in teoria solo per noi.

In realtà la possibilità che tali dati possano essere visualizzati da altri (e le rivelazioni di Edward Snowden riguardo agli abusi della NSA hanno effettivamente dimostrato che tale possibilità è reale), chiarisce la gravità e il rischio cui è esposta oggi la nostra riservatezza.

Prima di procedere è opportuno chiarire bene alcuni aspetti:

– I dati vengono raccolti solo quando si usano servizi dei marchi Google (Google search, Browser Chrome, YouTube, Gmail, Android Smartphone, Google Maps ecc.);

– L'utente non ha disattivato la memorizzazione dei dati;

– I dati sono protetti da password;
– L'utente è informato della raccolta dei dati.

Ciò non toglie che l'esperimento appena fatto ci dimostra quanto sia facile raccogliere informazioni su di noi, archiviarle e utilizzarle in ogni momento.

Anche Facebook usa sistemi simili di archiviazione e analisi per analisi predittive sui comportamenti degli utenti basate sulle preferenze espresse con il pulsante «Mi piace» oppure per suggerire nuovi «amici», per indirizzare pubblicità mirate dei suoi inserzionisti ai singoli utenti ecc., ma è appena il caso di notare che il rischio di abusi, come avvenuto nel caso Cambridge Analytica, è altissimo.

Autoradicalizzazione e manipolazione

L'utilizzo di algoritmi predittivi per individuare i risultati più pertinenti presenta, infine, un rischio ancora più grave, la cosiddetta «autoradicalizzazione».

Per comprendere questo fenomeno, dobbiamo partire da un'intervista rilasciata nel 2010 da Eric Schmidt, CEO di Google, che, parlando del futuro delle ricerche online, ha affermato come molte ricerche vengano effettuate senza che l'utente debba digitare nulla. «Penso che la maggior parte delle persone non voglia che Google risponda alle loro domande, essi vogliono che Google gli dica cosa fare dopo. Immagina di star camminando per strada. A causa di tutte le informazioni che Google ha raccolto su di te, noi sappiamo chi sei, a cosa sei interessato, chi sono i tuoi amici. Google sa, con l'approssimazione di pochi centimetri, dove ti trovi. Se hai bisogno di latte, e c'è un negozio che lo vende lì vicino, Google te lo segnalerà»[3] arrivando a sostenere che arriverà il

[3] https://www.telegraph.co.uk/technology/google/7951269/Young-will-

momento in cui i ragazzi saranno costretti a cambiare nome per sfuggire a tutte le foto imbarazzanti pubblicate nei social.

Questa situazione è oggi particolarmente evidente: basti pensare alle inserzioni mirate che ci appaiono, ad esempio su Facebook, dopo aver eseguito una ricerca in Amazon. Il vero problema è però rappresentato dalla necessità di capire dove sia (e se esista) il confine tra algoritmi in grado di prevedere le esigenze degli utenti e algoritmi in grado di influenzarne la volontà.

Di fatto oggi gli algoritmi decidono cosa ci interessa e selezionano i risultati di conseguenza, ma quello che apparentemente sembra un vantaggio nasconde di fatto il concreto rischio di non venire mai in contatto con tutti quei risultati contrari alle nostre convinzioni e, pertanto, ritenuti dagli algoritmi «non interessanti». Questa situazione rischia di pregiudicare la nostra capacità di formarci un'opinione veramente critica avendo accesso a un solo punto di vista. Questo determina una progressiva radicalizzazione del soggetto, che si trova a leggere solo ed esclusivamente risultati in grado di confermare e avvalorare i suoi pregiudizi, con conseguenze che è facile immaginare.

Questa circostanza può essere agevolmente appurata facendo un piccolo esperimento: si provi a impostare una ricerca utilizzando il medesimo termine, ad esempio «cane», nel browser che abitualmente utilizziamo e si provi a eseguire la medesima ricerca utilizzando un altro computer (oppure TOR, ne parleremo in seguito): basta una rapida occhiata per appurare come i risultati offerti dal medesimo motore di ricerca siano differenti.

have-to-change-names-to-escape-cyber-past-warns-Googles-Eric-Schmidt.html.

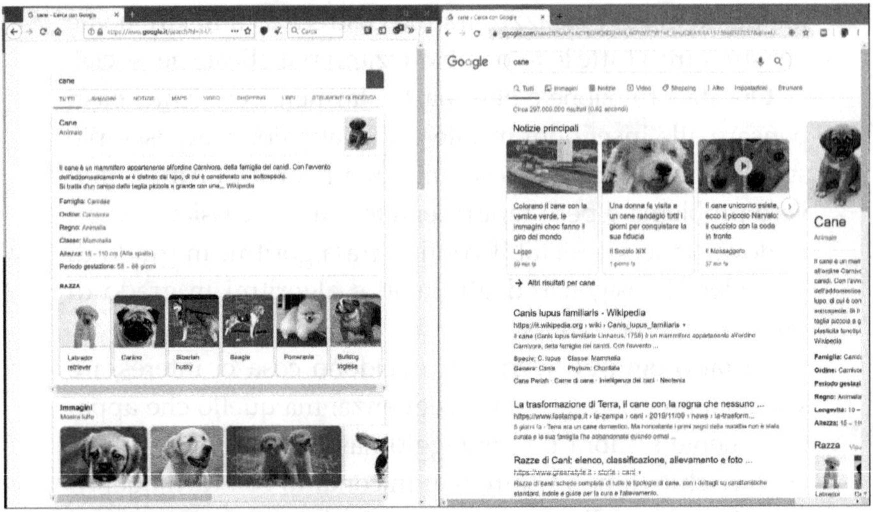

Confrontando le due immagini è facile verificare come i risultati possano variare a seconda del fatto che la ricerca parta da un utente oppure da un altro

Tecno-discriminazione

Infine, un'evoluzione della profilazione degli utenti potrebbe determinare numerose forme di discriminazione nascoste tra le pieghe degli algoritmi: polizze assicurative limitate in base al colore della pelle, alle opinioni politiche o al luogo in cui si vive; i giornali online potrebbero mostrare titoli o articoli diversi a seconda delle persone che si collegano al sito; un prestito potrebbe essere rifiutato perché il richiedente ha amici economicamente svantaggiati sui social (Facebook ha depositato un brevetto per la valutazione del credito in base al rating degli amici sul social) ecc.

In questo modo si verrebbero a creare nuove minoranze, che finirebbero per essere discriminate direttamente dai sistemi automatizzati sulla base di opinioni politiche, filosofiche o religiose, magari alimentate proprio dagli algoritmi deputati alla selezione dei risultati più rilevanti oppure dagli stessi utenti attraverso le loro scelte, i loro «mi piace» e le loro condivisioni.

5. *Java Anon Proxy*

Il primo strumento di cui parleremo, è JAP (Java Anon Proxy), noto anche come JonDonym: si tratta di un'applicazione scritta in linguaggio di programmazione JAVA, scaricabile direttamente dal sito http://anon.inf.tu-dresden.de e in grado di gestire sistema di *proxy* studiato per consentire la navigazione con una forma di pseudo-anonimato revocabile (vedremo poi che cosa questo significhi).

Il sistema è basato in Germania e, in origine, fu sviluppato come parte di un progetto di Technische Universität Dresden, Università di Regensburg e Privacy Commissioner of Schleswig-Holstein.

Il sistema può essere utilizzato su qualsiasi piattaforma, è gratuito ed è studiato per essere facile da utilizzare e configurare: anziché collegarsi direttamente al server, il programma si collega allo stesso attraverso vari intermediari, chiamati «Mixes». La connessione è cifrata e JAP utilizza una sequenza predeterminata di Mixes chiamata «Mix Cascade».

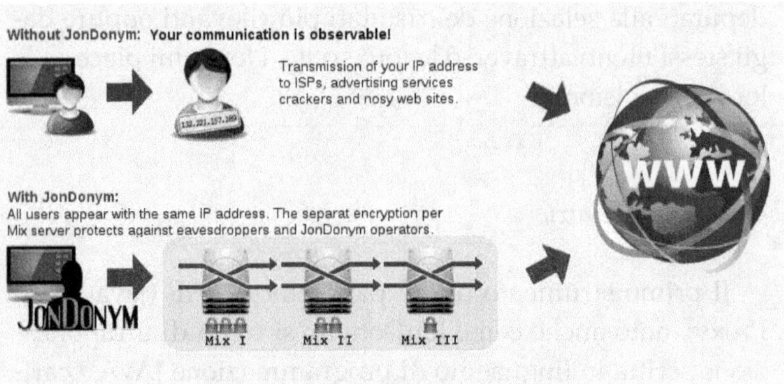

L'immagine illustra la differenza tra il navigare senza proxy e il navigare utilizzando JonDonym

Gli utenti possono scegliere tra differenti *Mix cascades* e, poiché molti utenti utilizzano il medesimo *proxy* nello stesso momento, la connessione internet di ogni singolo utente è nascosta tra i collegamenti di tutti gli altri utenti.

Gli intermediari sono, generalmente, istituzioni indipendenti che ufficialmente dichiarano di non conservare *log* di connessione (i *log* sono dei file di testo, di solito conservati nel sistema, in cui vengono registrate specifiche informazioni come, ad esempio, l'ora in cui è avvenuta una certa connessione, gli indirizzi coinvolti e ogni altro elemento che il programmatore ritenga opportuno registrare) e di non scambiare tali dati con altri soggetti; JAP mostra nel dettaglio l'identità e il numero delle organizzazioni in ciascuna cascata e ne verifica l'identità in modo che l'utente possa selezionare quelle ritenute più affidabili. Si tratta di una differenza molto importante che caratterizza JAP rispetto ad altri strumenti similari, ma resta comunque il fatto che l'utente deve potersi fidare della cascata che ha scelto.

In teoria, nessuno è in grado di determinare un legame

tra una data connessione e un dato utente, a meno che tutti gli intermediari non lavorino insieme per determinare la sua identità. Questo può accadere per numerose ragioni, ma di solito avviene perché la magistratura è intervenuta con un ordine di esibizione e di consegna dei *log* come si evince dall'immagine qui di seguito.

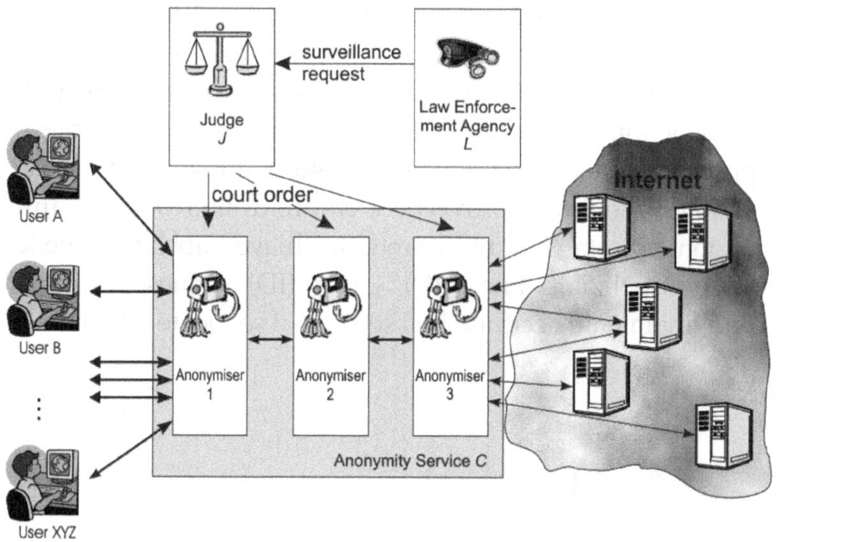

L'immagine illustra la procedura che viene seguita quando la magistratura richiede di identificare e tracciare un utente
(tratta da Revocable Anonymity *di S. Köpsell, R. Wendolsky, H. Federrath)*

Nel 2003, il Bundeskriminalamt (BKA, la polizia federale della Germania) ottenne un provvedimento per obbligare gli operatori del *Mix* ad acquisire e conservare i *log* relativi alle attività di alcuni specifici criminali. Stante la collocazione dei server, è ben possibile che, in presenza di gravi reati commessi tramite JAP, gli operatori tedeschi possano essere costretti a registrare l'indirizzo IP di un utente per alcune specifiche attività e per un determinato intervallo di tempo.

L'immagine che segue (tratta da *Revocable Anonymity* di S. Köpsell, R. Wendolsky, H. Federrath), illustra nel dettaglio la procedura di revoca dell'anonimato. È molto interessante per comprendere come anonimato privato e sicurezza pubblica possano coesistere. Se V individua un messaggio sospetto, il *group manager* (GM) può revocare l'anonimato dell'utente: viene attivato uno pseudonimo Y e lo si lega a un certificato attivato da una terza parte I. Questo certificato collega Y a un'identità cifrata Enc_{yc} (ID) realizzata attraverso la chiave pubblica yc del servizio di anonimato. A questo punto il servizio di anonimato provvede a cifrare di nuovo le comunicazioni, questa volta utilizzando la chiave pubblica yL delle forze di polizia L: Enc_{yC} (ID) $>_P$ Enc_{yL}(ID). A questo punto L può finalmente decifrare l'ID secondo il seguente schema.

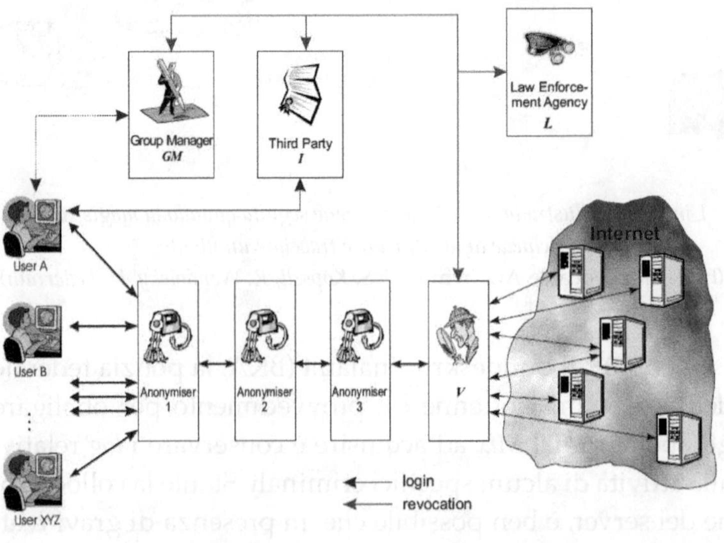

L'immagine illustra la procedura di identificazione dell'utente

Questa circostanza ha compromesso la fiducia degli utenti nel software, soprattutto da quando sono state ampiamente diffuse le voci relative a una presunta *backdoor* nel software JAP (una backdoor, letteralmente «porta sul retro», è una sorta di accesso secondario che il programmatore inserisce nel proprio software, in modo da poter accedere a specifiche informazioni in caso di necessità).

La notizia venne diffusa attraverso un esplicito messaggio avente come oggetto «WARNING: JAP now comes with spyware!» inviato, anonimamente, a vari gruppi di discussione.

Nel messaggio è scritto espressamente che il team di «JAP» ha ammesso di aver installato un software spia (*spyware*) e di aver ingannato i propri utenti per indurli a scaricare il software. Lo scopo dello *spyware* era quello di compromettere la catena di *Mix* in modo da ridurre notevolmente l'anonimato degli utenti. La conclusione è drastica «Effectively, JAP no longer exists as a privacy tool» (JAP non è più uno strumento per proteggere la riservatezza) per poi proseguire indicando la riga di codice che contiene la presunta *backdoor*.

In seguito a questo messaggio, venne pubblicata sugli stessi gruppi la risposta di AN.ON che, nel confermare quanto scoperto dall'utente, rassicurava i propri utilizzatori, spiegando quanto accaduto e affermando che il servizio restava, comunque, il più affidabile tra quelli disponibili.

Stabilire se ciò sia vero è attività che esula dalla portata del presente lavoro, ma resta il fatto che, se non si ha intenzione di commettere reati, il servizio offerto da JAP è indubbiamente uno dei migliori soprattutto perché il sistema ora sta utilizzando server internazionali rendendo necessaria una cooperazione tra forze di polizia appartenenti a differenti Stati.

Attualmente il programma distingue tra An.ON (gratuito) e JonDo (a pagamento) e il servizio da AN.ON e JonDonym[4].

6. TOR

Sebbene esistano anche altri strumenti di navigazione anonima (per esempio I2P, Freenet e simili), in questa sede ci limiteremo a parlare di uno soltanto di essi: TOR.

La scelta è caduta su questo programma in quanto è quello che, al momento, risulta essere il più diffuso e il più affidabile. TOR, un acronimo che sta per The Onion Router, è un sistema di comunicazione anonima per Internet, basato sulla seconda generazione del protocollo di *onion routing*, che rende molto più difficile tracciare l'attività internet di un utente.

TOR nasce per proteggere la privacy degli utenti, la loro libertà di navigare nel web e la possibilità di condurre delle comunicazioni confidenziali senza che vengano monitorate. Il nucleo centrale di TOR fu sviluppato a metà degli anni '90 dal matematico Paul Syverson e da Micheal Reed per lo US Naval Research Laboratory, con lo scopo di proteggere le comunicazioni dei servizi segreti americani. Il suo sviluppo fu poi continuato da DARPA[5] nel 1997.

La prima versione di TOR fu lanciata il 20 settembre 2002 da Syverson e altri collaboratori finché, nel 2004, il codice fu rilasciato con una licenza libera e la Electronic

[4] https://anon.inf.tu-dresden.de/index_en.html.
https://anonymous-proxy-servers.net.

[5] La Defense Advanced Research Projects Agency, un'agenzia governativa del Dipartimento della Difesa degli Stati Uniti.

Frontier Foundation (EFF) concesse dei fondi per mantenere attivo il suo sviluppo. Nel 2006 Dingledine, Mathewson e altri cinque collaboratori che lavoravano originariamente al progetto, fondarono The TOR Project, un'associazione senza scopo di lucro responsabile dello sviluppo di TOR e dei progetti correlati il cui sponsor principale continua a essere la EFF.

Oggi il progetto viene utilizzato per differenti scopi da diverse tipologie di utenti: militari, giornalisti, agenti e ufficiali di polizia, attivisti e molte altre categorie di utenti. La rete TOR viene continuamente alimentata da nuove categorie di volontari che mettono a disposizione degli altri la propria connessione per creare un nodo della rete TOR.

Nelle prossime pagine vedremo più nel dettaglio il funzionamento di TOR, qui limitiamoci a dire che gli utenti di TOR impiegano questa rete collegandosi attraverso una serie di tunnel virtuali, senza fare una connessione diretta. Grazie a questo sistema è possibile condividere informazioni sulla rete pubblica senza compromettere la propria identità ed è possibile eludere la censura imposta da governi non democratici, dato che la rete di TOR consente di raggiungere destinazioni o contenuti altrimenti bloccati e irraggiungibili.

Si badi bene: un'infinità di soggetti ha bisogno di tutelare in maniera robusta il proprio anonimato, pur non avendo intenzione di commettere crimini o attività immorali o riprovevoli.

– È il caso delle comunicazioni altamente delicate: vittime di violenza sessuale, persone con malattie particolari o vittime di reati di estorsione, usura o criminalità organizzata possono utilizzare TOR per segnalare la loro situazione senza correre il rischio di essere individuati dalle persone sbagliate.

– I giornalisti possono utilizzare TOR per comunicare in modo più sicuro con informatori e dissidenti.
– Le organizzazioni non governative (ONG) possono utilizzare TOR per permettere ai loro lavoratori di collegarsi al loro sito web mentre sono in un Paese straniero, senza che il Paese straniero possa conoscere la loro identità o che stanno lavorando con tale organizzazione.
– Gruppi come Indymedia raccomandano di utilizzare TOR per la tutela della privacy online dei loro membri e la loro sicurezza.
– EFF raccomanda TOR come un meccanismo per difendere le libertà civili in rete.
– Le aziende possono utilizzare TOR come un modo sicuro per condurre analisi sulla concorrenza e per proteggersi dallo spionaggio industriale e dalle intercettazioni.
– Un ramo della marina americana usa TOR per l'intelligence, impiegandolo nella raccolta delle fonti di informazione *open source*.
– Le forze dell'ordine usano TOR per visitare o sorvegliare siti web senza lasciare indirizzi IP governativi nei loro *web log* e per la sicurezza nelle operazioni sotto copertura.

In breve, quasi ogni categoria di utente utilizza o potrebbe utilizzare TOR con profitto.

7. I figli di TOR

Esistono varie versioni di TOR, in grado di essere utilizzate con quasi tutti i principali sistemi operativi ed esistono varie distribuzioni LIVE (con questo nome si indica una distribuzione Linux che si avvia da un CD o da una chiavetta

USB senza installare nulla; in gergo informatico si parla di «distro»).

Le due distribuzioni LIVE più famose sono:
- Lightweight Portable Security (LPS): è una distro particolarmente leggera realizzata dal Dipartimento della Difesa americano e dalla Software Protection Initiative. Al momento di andare in stampa, la versione più recente è la 1.7.6 e risulta essere stata rilasciata a maggio 2019;
- TAILS (The Amnesic Incognito Live System): è una distro studiata per preservare riservatezza e anonimato dei suoi utilizzatori. Tutte le connessioni verso l'esterno vengono inoltrate esclusivamente attraverso il sistema di comunicazione anonima TOR e tutte le connessioni dirette in entrata sono bloccate in quanto non anonime. Per navigare TAILS propone Iceweasel, un browser nato da Mozilla che al suo interno ha già preinstallato un *client* di rete TOR e supporta lo standard OpenPGP per cifrare messaggi di posta elettronica e testi. Al momento di andare in stampa, la versione più recente è la 4.7 e risulta essere stata rilasciata a giugno 2020. È bene precisare che dalla versione 3.0, TAILS richiede necessariamente un processore a 64 bit per funzionare.

8. Come funziona TOR

TOR protegge i suoi utenti dall'analisi del traffico attraverso una rete di *router* (detti *onion router*) gestiti da volontari, che permettono il traffico anonimo in uscita e la realizzazione di servizi anonimi nascosti, in modo da rendere difficile l'analisi del traffico e proteggere così la privacy, la riservatezza delle comunicazioni e l'accessibilità dei servizi.

Il funzionamento della rete TOR è concettualmente molto semplice: i dati che appartengono a una qualsiasi comunicazione non transitano direttamente dal *client* al server, ma passano attraverso i server di TOR, che agiscono come *proxy server*, costruendo un circuito virtuale crittografato a strati da cui il nome (*onion* in inglese significa, per l'appunto, «cipolla»).

In breve, prima di inviarlo alla destinazione, TOR indirizza il traffico attraverso almeno tre server diversi e, per ciascuno dei tre *proxy*, c'è un livello separato di crittografia. TOR non modifica, e neppure conosce, che cosa si sta inviando attraverso la sua rete, limitandosi a reindirizzare il traffico, completamente cifrato attraverso i suoi nodi.

Le comunicazioni via TOR sono a bassa latenza, il che significa che il tempo tra l'invio della richiesta di dati e la ricezione dei dati stessi non è eccessivamente elevato e questo lo rende adatto alla navigazione web, alla posta elettronica, alla messaggistica istantanea, alle connessioni SSH ecc.

La rete TOR fornisce essenzialmente due servizi: connessioni anonime in uscita e fornitura di servizi nascosti. Vediamo come funziona questo programma nel dettaglio.

Il primo passaggio è la creazione della lista dei nodi di TOR affidabili: questa lista viene ottenuta da specifici server chiamati «directory server» (l'immagine che segue è tratta dalla pagina ufficiale di TOR).

La sicurezza di tutto il sistema poggia su questo scambio di informazioni, atteso che è sulla base di questa lista che viene creato il circuito della connessione e la catena di *proxy*. Proprio per questa ragione, il file di installazione di TOR contiene, al suo interno, le chiavi pubbliche dei *directory server*: questo significa che soltanto qualcuno in possesso della chiave privata corrispondente potrebbe impersonare un determinato server e, quindi, ingannare il sistema creando un falso circuito. Se anche questo dovesse accadere, e si tratta di un'ipotesi piutto-

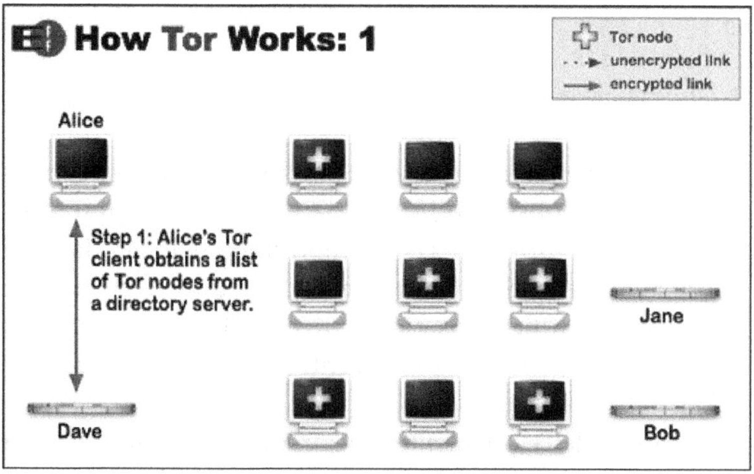

L'immagine illustra il primo passaggio relativo alla costruzione di una catena di proxy; in questa fase, il sistema ottiene una lista di nodi TOR utilizzabili

sto remota, gli altri *directory authority server* potrebbero intervenire, votare e far declassare il server in questione.

Esistono molteplici nodi, in posizioni geografiche diverse, che lavorano insieme per costruire un circuito sicuro.

Di seguito l'avvio della connessione alla rete di TOR.

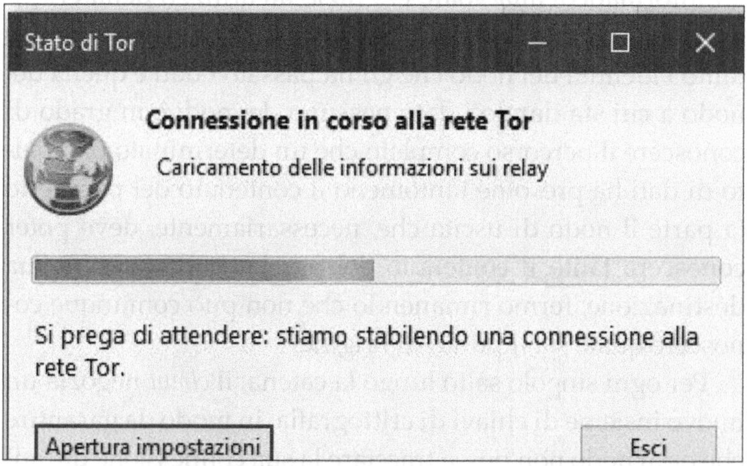

L'immagine illustra la fase di connessione tra il client TOR e la rete TOR, in questa fase vengono scaricate le informazioni sui singoli nodi

9. *Utilizzare il circuito di TOR*

Una volta effettuato l'accesso e ottenuta la lista dei nodi disponibili, è possibile iniziare a utilizzare il circuito di TOR per navigare in perfetto anonimato. L'idea alla base del sistema è quella di creare un circuito decisamente complesso e difficile da ricostruire, distribuendo i punti di passaggio attraverso differenti nodi sparsi in diversi Paesi.

Si tratta dell'equivalente informatico dell'utilizzare un percorso tortuoso per depistare un eventuale pedinatore, procedendo poi, periodicamente, a cancellare le proprie impronte. A tal fine i pacchetti vengono instradati attraverso un percorso casuale e coperto, in maniera tale che nessun osservatore, neppure se situato in un singolo punto del percorso, possa identificare il punto da dove provengono i dati, oppure dove stanno andando.

Questo circuito viene esteso un passaggio («salto» in gergo informatico) alla volta, e, grazie all'utilizzo della crittografia, ogni nodo lungo il percorso è in grado di sapere soltanto l'identità del nodo che gli ha passato i dati e quella del nodo a cui sta dando i dati: nessuno dei nodi è in grado di conoscere il percorso completo che un determinato pacchetto di dati ha preso né tantomeno il contenuto del pacchetto (a parte il nodo di uscita che, necessariamente, deve poter conoscere tanto il contenuto del pacchetto dati che la sua destinazione, fermo rimanendo che non può comunque conoscere quale sia il punto di origine).

Per ogni singolo salto lungo la catena, il *client* negozia un nuovo insieme di chiavi di crittografia, in modo da garantire che ogni nodo non possa tracciare la sua connessione durante il passaggio.

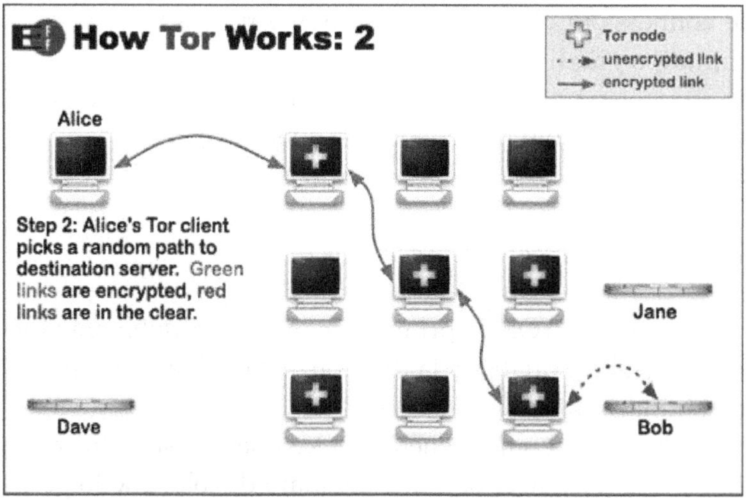

L'immagine illustra il percorso seguito dal pacchetto, evidenziando i singoli passaggi protetti dalla crittografia (immagine tratta dalla pagina ufficiale di TOR)

Una volta stabilito il circuito, l'utente può iniziare a scambiare dati e informazioni utilizzando qualsiasi tipo di applicazioni software in grado di connettersi a una rete utilizzando il protocollo TCP (Transmission Control Protocol – protocollo di trasmissione: si tratta di uno standard per la trasmissione dei dati tra diversi utenti di una rete informatica le cui origini risalgono al 1973).

Se anche uno dei punti di passaggio venisse compromesso, la sicurezza della comunicazione rimarrebbe invariata proprio perché ogni singolo nodo non è in grado di leggere le comunicazioni degli altri nodi. In questo modo, infatti, nessuno può utilizzare un'intercettazione (o un nodo compromesso) per analizzare il traffico generato dall'utente individuandone origine e destinazione.

Per garantire un giusto compromesso tra sicurezza ed efficienza, il software TOR utilizza lo stesso circuito per tutte le connessioni che avvengono all'interno degli stessi dieci minuti, o giù di lì. Le richieste successive vengono effettuate attraverso un nuovo circuito, in modo che nessuno possa collegare le azioni precedenti con quelle future.

10. TOR e sicurezza: alcune domande tipiche

Parlando di TOR, la prima domanda a cui dobbiamo fornire risposta è quale sia la differenza con gli altri programmi similari.

La risposta è che, generalmente, quando si utilizza un *proxy* ci si deve necessariamente fidare di colui che lo gestisce, in quanto questo soggetto è in grado di cedere il punto di origine della connessione e il punto di destinazione e, molto probabilmente, anche il suo contenuto. Con TOR questo non avviene: il traffico passa attraverso tre differenti nodi e nessuno di questi nodi può conoscere l'intero percorso (vedi sopra).

La seconda domanda a cui dobbiamo rispondere è: il primo server è in grado di vedere chi sono?

La risposta è affermativa, ma il traffico che attraversa il primo server è cifrato, quindi un eventuale attaccante che abbia compromesso il primo nodo, potrebbe vedere soltanto che del traffico viene generato da un certo indirizzo IP ed entra nella rete TOR senza avere la più pallida idea di dove il traffico sia diretto e, soprattutto, di che cosa si tratti.

Il terzo server è in grado di vedere di vedere il mio traffico?

Certo. Un soggetto ostile che abbia compromesso il terzo server è in grado di vedere il traffico dell'utente che, attraverso il nodo, esce dalla rete di TOR. Ma generalmente l'aggressore non sarà in grado di sapere chi effettivamente abbia inviato il traffico. Naturalmente, l'aggressore potrà

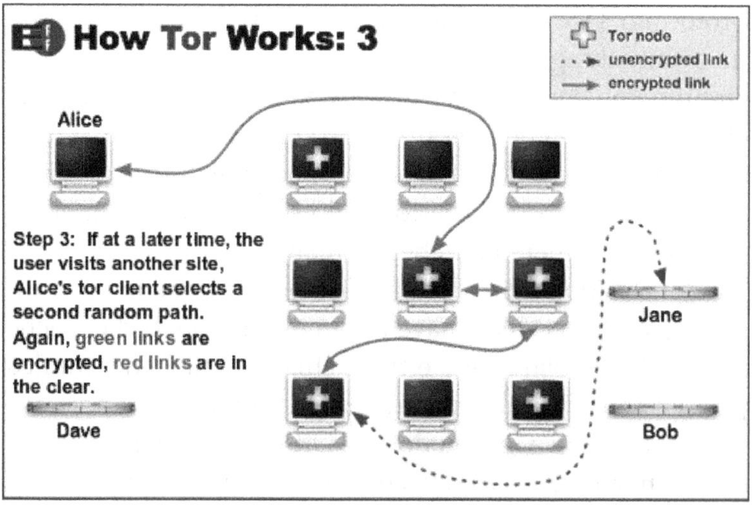

Ogni pochi minuti, TOR rinegozia un nuovo circuito, rendendo molto difficile intercettare il traffico (immagine tratta dalla pagina ufficiale di TOR)

capire chi ha generato il traffico analizzandone i contenuti (indirizzi e-mail, credenziali di accesso ecc.), ma, se l'utente sta utilizzando la crittografia per proteggere le proprie connessioni, il soggetto ostile sarà in grado di vedere esclusivamente la destinazione.

Quali chiavi utilizza TOR?

TOR utilizza differenti chiavi, in modo da raggiungere tre obiettivi:

- Cifrare le connessioni per garantire la riservatezza dei dati all'interno della rete di TOR.
- Garantire l'identità dei nodi di modo che il *client* sia sicuro di essere effettivamente connesso con quello specifico nodo.
- Garantire che tutti i *client* conoscano la stessa serie di nodi.

Tutto questo viene garantito attraverso tre specifici strumenti:

- *Crittografia.* Tutte le connessioni sono protette attraverso il protocollo TLS (Transport Layer Security), in questo modo un eventuale aggressore non sarà in grado di vedere a quale circuito una data cellula è destinata. A ciò deve aggiungersi che, ogni volta che crea un nuovo circuito, il *client* stabilisce una coppia di chiavi di crittografia temporanee con ogni nodo del circuito; in questo modo solo il nodo di uscita è in grado di leggere i pacchetti. Quando il circuito viene abbandonato (dopo circa dieci minuti), entrambe le parti distruggono la vecchia chiave di circuito in modo che, anche riuscendo a violare tutte e tre le chiavi, l'analisi del traffico possa essere effettuata per un tempo limitato.

– *Autenticazione.* Ogni nodo di TOR ha una chiave pubblica chiamata *the onion key*, che viene cambiata una volta a settimana. Quando stabilisce il circuito, TOR chiede a ogni nodo di provare la propria identità, poi procede alla verifica utilizzando questa chiave pubblica.

– *Coordinamento.* Per far sì che i *client* sappiano riconoscere i nodi e ne possano individuare la chiave, ogni nodo ha una chiave pubblica a lunga durata chiamata *identity key*. A ciò si aggiunga che ogni *directory authority* dispone di una propria chiave di firma e dispone di una lista formata da tutti i nodi disponibili. In breve: o l'avversario è in grado di controllare la maggior parte delle *authority* oppure non ha alcuna speranza di riuscire a ingannare la rete di TOR.

In breve, il sistema si presenta come decisamente sicuro e protetto da aggressioni esterne.

11. TOR Browser

TOR Browser, il programma che utilizzeremo per esplorare il *dark web*, è un browser dedicato alla rete TOR, realizzato dall'organizzazione Guardian Project. Si tratta di un'organizzazione no-profit, che ha realizzato e fornito alcune raccomandazioni per garantire anonimato e sicurezza che gli utenti dovrebbero rispettare per sé e per non compromettere sicurezza e anonimato degli altri utenti connessi.

Il programma è gratuito, a sorgente aperto e portabile: può essere lanciato direttamente da una chiavetta USB, a garanzia di un maggiore anonimato rispetto alle altre applicazioni che si installano sul PC, riducendo il rischio di una trasmissione di dati personali. A tal fine il programma blocca Java, Flash, RealPlayer, Quicktime e l'aggiunta di *add-on*, in quanto possono essere manipolati per rivelare l'indirizzo IP o altre informazioni utili per individuare l'identità dell'utente.

Ricordiamo che l'utilizzo di questo programma è perfettamente legittimo e, in molti casi, persino consigliato. Dato che non richiede alcuna configurazione è, probabilmente, il modo migliore per iniziare a utilizzare TOR per navigare proteggendo la propria riservatezza.

Una volta avviato, il programma consente di leggere una rapida guida su come proteggere il proprio anonimato e come evitare di sovraccaricare la rete TOR con applicazioni non adatte (ad esempio programmi di p2p e similari). A tal proposito è bene ricordare che installare e configurare TOR non rende automaticamente protette tutte le connessioni: risulteranno sicure soltanto quelle configurate per utilizzare TOR e per far circolare i propri dati; quindi, se anche ho installato TOR, ma non ho configurato adeguatamente il mio browser web, la mia navigazione sarà tutt'altro che anonima!

Un preciso rischio alla sicurezza viene, in particolare, dalle applicazioni basate sui file *torrent*. È stato infatti osservato che queste applicazioni tendono a ignorare i *proxy server* e a instaurare connessioni dirette, anche quando viene detto loro di utilizzare TOR.

Allo stesso modo, viene espressamente sconsigliato di aprire documenti scaricati da TOR mentre si è ancora online, dato che gli stessi potrebbero contenere degli elementi attivi che, se collegati a internet, potrebbero connettersi direttamente a un sito rivelando l'indirizzo IP dell'utente.

3

Un tuffo nel deep web

1. *Un po' di chiarezza (sì, di nuovo!)*

Già in precedenza abbiamo visto come sia importante distinguere tra *deep web* e *dark web*, e di come non si debba cadere nel grossolano errore di pensare che tutto ciò che si trova nel web sommerso sia brutto, sporco e cattivo. Cercheremo, ora e nelle prossime pagine, di spiegare un po' più nel dettaglio come funziona il *deep web* e quali materiali è possibile trovare. A tal fine utilizzeremo una classificazione arbitraria dei contenuti più legata a un'esigenza di praticità che a una situazione reale.

È importante evidenziare che non sempre è possibile attribuire una determinata categoria di contenuti a uno specifico contenitore: a volte è necessario fare qualche piccola forzatura o prendersi qualche piccola licenza «poetica» per rendere l'intero discorso più comprensibile.

Prima di procedere oltre è necessario fare un'ultima ulteriore precisazione. Nel *deep web* esistono già parecchi contenuti illegali o pericolosi: mia cura sarà di segnalare, volta per volta, accanto ai contenuti illegali o pericolosi, la loro natura. Ma dovrà essere vostra cura evitare di accedere a tali contenuti.

2. *Deep web di Stato: l'albo pretorio online*

La prima curiosità che vi rivelo, relativamente al *deep web*, è che in esso si trovano parte dei siti e dei portali della nostra Pubblica Amministrazione e che vi si trovano in forza di una legge dello Stato! Se, infatti, accediamo a un qualsiasi sito di una Pubblica Amministrazione, per esempio il sito del nostro Comune, vediamo che questo sito contiene una sezione chiamata «Albo pretorio online».

Istituito con la legge 18 giugno 2009, n. 69, che ha previsto che «gli obblighi di pubblicazione di atti e provvedimenti amministrativi aventi effetto di pubblicità legale si intendono assolti con la pubblicazione nei propri siti informatici da parte delle amministrazioni e degli enti pubblici obbligati», l'albo pretorio online rappresenta uno spazio informatico, accessibile senza formalità da chiunque, in cui sono pubblicati i documenti relativi ad atti e provvedimenti che, in base alla normativa vigente o per scelta delle singole amministrazioni pubbliche, devono essere resi potenzialmente conoscibili a chiunque.

Questa situazione rischiava di compromettere seriamente la riservatezza dei cittadini i cui dati venivano trattati in atti destinati alla pubblicazione, quindi il Garante per la protezione dei dati personali, dapprima con una serie di provvedimenti poi con le sue linee guida ha stabilito che, al fine di ridurre i rischi di decontestualizzazione del dato personale e la riorganizzazione delle informazioni secondo parametri non conosciuti dall'utente, è necessario evitare l'indicizzazione dei documenti non pubblicati per finalità di trasparenza tramite motori di ricerca generalisti, privilegiando funzionalità di ricerca interne ai siti web delle amministrazioni. Si tratta di documenti che, essendo raggiungibili soltanto attraverso un motore di ricerca interno al sito della Pubblica Amministrazione che li ha pubblicati, possono essere considerati parte del *deep web*.

Oltre a quelle indicate, esistono numerose altre pagine la cui indicizzazione viene impedita ai motori di ricerca utilizzando vari strumenti: tipicamente apposite istruzioni contenute in pagine di testo (come il file robot.txt) oppure altri strumenti, tipicamente i CAPTCHA (Completely Automated Public Turing Test-to-tell Computers and Humans Apart). Il termine, la cui traduzione potrebbe essere «Test di Turing pubblico e completamente automatico per distinguere computer e umani», indica una procedura in cui si richiede all'utente di scrivere quali siano le lettere o i numeri presenti in un'immagine che appare distorta o offuscata sullo schermo.

3. *Pagine private*

Un'altra tipologia di contenuti tipici del *deep web* è rappresentata da tutte quelle pagine che, per poter essere visualizzate, richiedono una qualche forma di *login*, come accade in tutti quei siti che limitano l'accesso alle proprie pagine interne attraverso la combinazione di un username e una password.

Si tratta di una tipologia di pagine piuttosto diffusa, i cui principali esempi sono rappresentati da:
– pagine interne dei servizi di posta elettronica come, ad esempio, Gmail, Yahoo, Hotmail ecc.; queste pagine, ovviamente, non vengono indicizzate dai motori di ricerca, dato che contengono informazioni private e riservate degli utenti come, ad esempio, la loro corrispondenza;

– contenuti interni dei vari *social network*; Facebook, ad esempio, ha numerosi contenuti che non vengono indicizzati pubblicamente, ma che sono disponibili soltanto ad alcuni utenti (quelli che nella terminologia del social vengono definiti «amici»); allo stesso modo, Google+ ha delle aree visibili soltanto a determinate categorie di contatti e che non vengono indicizzate dai motori di ricerca;
– contenuti interni/privati dei vari *cloud;* molti dei siti che consentono di caricare/conservare i dati degli utenti offrono la possibilità di decidere se far accedere a questi dati chiunque oppure soltanto alcuni utenti selezionati, in ogni caso l'accesso viene inibito ai motori di ricerca;
– pagine contenute negli archivi web, si tratta di servizi, come ad esempio il famoso sito Wayback Machine, che consentono agli utenti di accedere a versioni archiviate di vecchie pagine web, incluse quelle non più disponibili e non più indicizzate dai motori di ricerca.

Un'altra categoria di siti con pagine ad accesso ristretto è rappresenta da tutti i siti a pagamento o che richiedono una registrazione per poter essere visualizzati... e no, non si tratta soltanto dei siti pornografici! Si tratta delle pagine di numerosi quotidiani online che consentono l'accesso ai soli abbonati, delle banche dati, delle pagine dei conti correnti, delle pagine di configurazione dei vari portali ecc.

A questo proposito è bene sapere che esiste Unpaywall, un'estensione del browser Chrome che, automaticamente, ricerca nel web se esistono versioni gratuite di contenuti a pagamento. Da ultimo un'altra parte del *deep web* è tale in forza di un testo di legge: si tratta di tutti quei contenuti legati al cosiddetto «processo civile telematico».

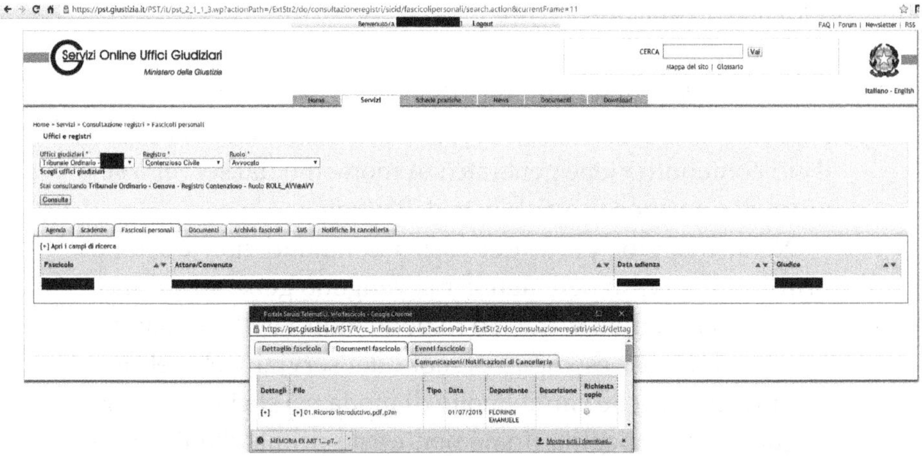

Nell'immagine è possibile vedere una delle pagine interne del portale Polisweb deputato alla gestione del processo civile telematico (PCT)

In breve, si tratta di un'area del portale del Ministero della Giustizia il cui accesso è riservato a particolari categorie di utenti muniti di un certificato di firma digitale e attraverso il quale è possibile svolgere tutta una serie di attività processuali quali, a titolo di esempio, l'accesso ai documenti contenuti nel fascicolo, la richiesta di copie e il deposito di atti.

Un esempio molto particolare di pagine ad accesso ristretto è rappresentato da alcune categorie di siti, tipicamente forum di discussione, alle cui pagine riescono ad accedere i motori di ricerca ma non gli utenti che, per poterne visualizzare i contenuti, devono procedere alla registrazione.

A rigor di logica, questi siti non si potrebbero definire parte del *deep web*, dato che i loro contenuti vengono comunque indicizzati, ma le particolari modalità di fruizione ci spingono a ricondurli in tale ambito.

4. *Contenuti dinamici e script*

Alcuni dei contenuti che popolano il *deep web* sono rappresentati dalle cosiddette «pagine web dinamiche», pagine il cui contenuto viene generato sul momento dal server a seguito di una specifica richiesta dell'utente.

Nella maggior parte dei casi, i contenuti non esistono prima dell'accesso dell'utente, ma vengono generati sul momento (compilando un *form* o rispondendo a delle domande) come accade, per esempio, in molti dei servizi web del tipo «scopri chi sei» che vanno molto di moda nei social network: in questi siti la pagina finale non esiste prima che il sito la generi sulla base delle risposte fornite dall'utente a una serie di domande. Si vedano, per esempio i contenuti generati dai siti www.politicalcompass.org, www.cambridgeenglish.org/ ecc.

In altri casi, invece, la pagina desiderata è già esistente, ma viene mostrata solo in risposta a una particolare richiesta, come accade, ad esempio, per tutti quei contenuti che sono presenti in un database con un motore di ricerca interno (Pagine Bianche, Registro Imprese...).

Altre pagine possono essere raggiunte solo attraverso *script*, tipicamente realizzati in Java o in Flash, come accade per i *browser games*, ovvero quei videogiochi praticabili via Internet, utilizzando un qualsiasi browser grazie al quale è possibile connettersi al rispettivo sito web.

5. *Contenuti non testuali*

Alcuni dei materiali presenti nel *deep web* sono rappresentati da contenuti non testuali. A questo proposito, dobbiamo distinguere tra i contenuti direttamente fruibili attraverso un comune browser e quelli che, invece, richiedono uno specifico programma per poter essere utilizzati.

Appartengono alla prima categoria tutti quei file multimediali (immagini, filmati, audio) che, essendo privi di tag e di riferimenti testuali in grado di indentificarne il contenuto, non possono essere correttamente indicizzati dai motori di ricerca anche se, a onor del vero, sono oggi in uso algoritmi sempre più evoluti in grado di «leggere» anche le immagini.

In realtà, Google non è (non ancora almeno) in grado di comprendere adeguatamente il contenuto di un'immagine, ma è capace di confrontare più immagini per identificare somiglianze e similitudini. In questo modo, il motore di ricerca è in grado di raggruppare immagini con contenuti similari e, se una o più di esse è stata taggata, è anche in grado di indovinarne il contenuto.

Molto più vasti ed eterogenei, invece, i contenuti della seconda categoria: se si ignorano le pagine appartenenti al *dark web*, di cui parleremo tra poco, questi contenuti possono essere ricondotti alle seguenti tipologie di materiale:
- giochi online e relativi server;
- contenuti condivisi attraverso i programmi di p2p;
- contenuti condivisi attraverso Usenet;
- contenuti condivisi attraverso programmi di chat e messaggistica;
- server FTP.

Giochi online

I giochi online rappresentano un vero e proprio universo parallelo che vive in Internet e la cui portata è invisibile ai più. Salvo rarissime eccezioni, tutti i videogiochi moderni supportano una funzione multiplayer e questo consente a videogiocatori di tutto il mondo di incontrarsi, sfidarsi e collaborare giocando in uno dei tanti server sparsi nella rete.

Nella maggior parte dei casi, questi programmi supportano protocolli di comunicazione online limitati alla sola trasmissione di comunicazioni vocali, ma, in molte altre occasioni, ai giocatori è consentito anche condividere materiale multimediale di vario genere. Tutto questo materiale risulta invisibile ai motori di ricerca, ma è perfettamente fruibile per coloro che sono in possesso di una versione compatibile del programma di gioco.

Esemplare, in tal senso è il gioco Second Life, un mondo virtuale cui gli utenti accedono attraverso un avatar tridimensionale e in cui, nel rispetto dei termini di servizio, sono liberi di fare qualunque cosa. A oggi non esistono statistiche attendibili relative al materiale disponibile in questo settore del *deep web,* ma alcuni dati possono permetterci di comprenderne la portata.

Contenuti condivisi attraverso i programmi di p2p

Altrettanto vasto, e interessante, è il mondo del materiale distribuito attraverso i programmi di file sharing come, ad esempio, Gnutella, OpenNap, BitTorrent, eDonkey, Kademlia... Questi programmi nascono e vengono distribuiti con il preciso intento di favorire lo scambio e la distribuzione di file di ogni genere (audio, video, testo, immagini) all'interno di una rete di calcolatori che, tipicamente, utilizza una delle seguenti architetture: *client-server* o *peer-to-peer.* Quest'ultima architettura rappresenta la soluzione oggi più diffusa, in quanto offre numerosi vantaggi teorici e pratici il cui esame esula, però, dalla portata del presente lavoro.

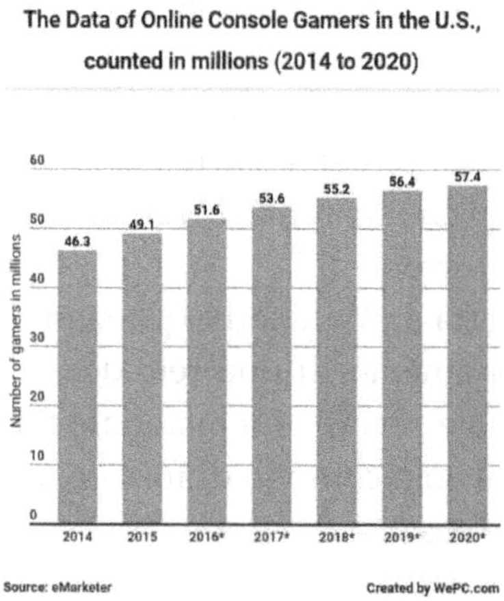

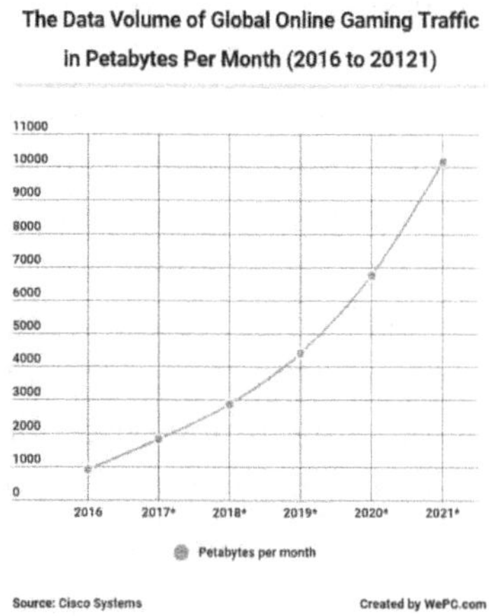

Le due immagini mostrano com'è cresciuto il traffico di dati legato ai giochi online negli ultimi anni

All'interno di queste reti è possibile ricercare un file in particolare per mezzo di un URI (Universal Resource Identifier) o di una parola chiave, di individuare più copie dello stesso file, anche se con nome differente, utilizzando *hash* crittografici, di eseguire lo scaricamento da più fonti contemporaneamente, di riprendere lo scaricamento del file dopo un'interruzione.

Sebbene il *file sharing*, come fenomeno di massa, sia indissolubilmente legato all'avvento e alla diffusione della banda larga, non mancano esempi di tale pratica all'alba dei tempi (informaticamente parlando, ovvio!). Basti qui ricordare, a titolo di curiosità, il caso di una piccola emittente radiofonica siciliana che, nei primi anni '80, utilizzava la modulazione di frequenza per diffondere brevi programmi, utility e giochi *freeware* attraverso l'etere. L'allora popolare dj Alex, attraverso le frequenze della radio, trasmetteva il suono emesso dai nastri contenenti software per Commodore e Atari, che gli ascoltatori potevano registrare e riprodurre sul proprio Personal Computer.

Attualmente esistono diversi programmi di *file sharing* che operano attraverso reti differenti, ma la parte del leone viene giocata da quei programmi che sfruttano le reti decentralizzate, tipicamente eMule e Torrent.

Nell'immagine che segue (tratta da Wikipedia) possiamo osservare lo schema di funzionamento di una rete decentrata: i singoli nodi si contattano e scambiano materiale tra di loro, demandando al server il solo compito di fornire un indice generale di chi condivide cosa.

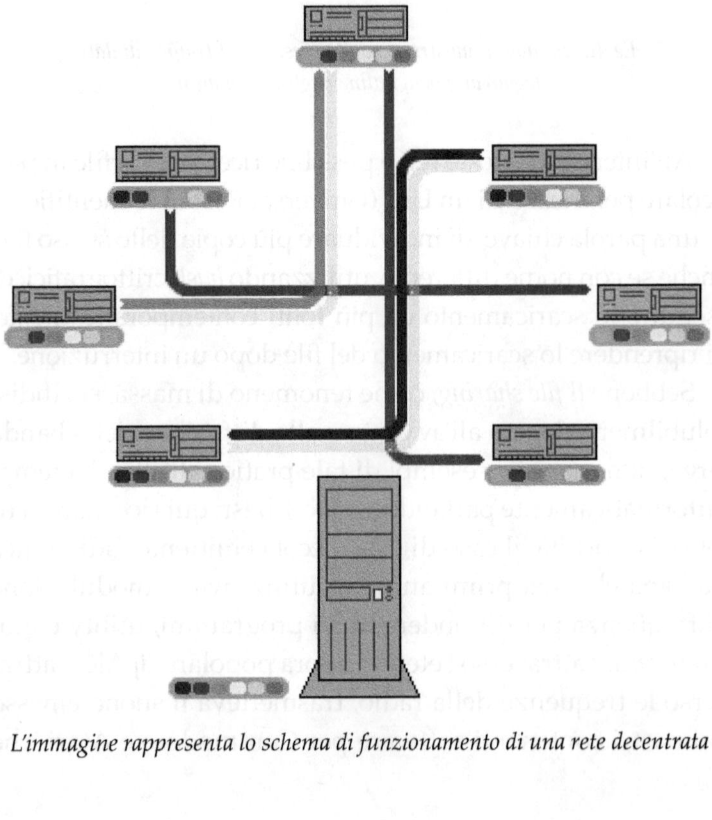

L'immagine rappresenta lo schema di funzionamento di una rete decentrata

Si stima che la quantità di materiale che circola attraverso i circuiti del p2p rappresenti più della metà dell'intero contenuto del *deep web*, ma, a oggi, non esistono stime attendibili relativamente alla quantità, in termini di file e di petabyte di dati, del materiale diffuso attraverso questi circuiti.

Attenzione!

Prima di procedere oltre, dobbiamo chiarire i rischi legati all'impiego di questi programmi:
1) all'interno delle reti p2p è davvero possibile trovare qualsiasi cosa, anche materiale pedopornografico la cui semplice detenzione viene punita dalla legge con pene che possono superare i tre anni di carcere: non cercate e non scaricate questo genere di materiale, neppure per semplice curiosità;
2) eventuali software, archivi o programmi scaricati attraverso questo circuito, potrebbero contenere al loro interno virus o altri programmi potenzialmente molto pericolosi per la sicurezza dei dati degli utenti e per la loro riservatezza;
3) installare un programma di p2p significa installare nel proprio computer un server abilitato a trasmettere e ricevere materiale: si tratta di un potenziale rischio per la sicurezza del sistema e della rete.

Ora vediamo di seguito un esempio di una schermata relativa alla condivisione di materiale pedopornografico acquisita dalla Polizia Postale nel corso di un'operazione contro la divulgazione di tale materiale.

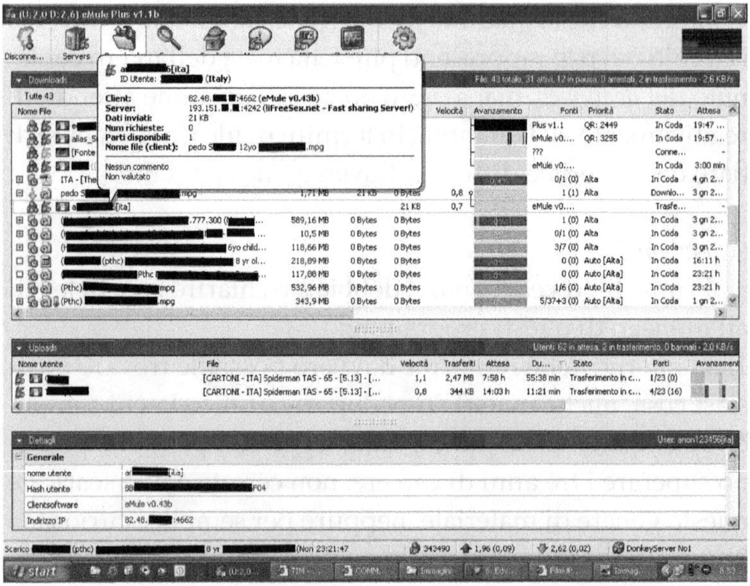

Una schermata acquisita dalla Polizia Postale e delle Comunicazioni nel corso di un'indagine e dimostra la condivisione di materiale relativo ad abusi su minori

Nel caso preso ad esempio, l'utente è stato individuato e condannato per divulgazione di materiale pedopornografico.

Ovviamente, non tutto il materiale presente nel p2p è illegale; in rete è possibile trovare dei siti che fungono da motore di ricerca specializzato per fornire riferimenti e informazioni utili per accedere al materiale presente nelle reti p2p come, ad esempio, thepiratebay.se mentre lo storico portale tntvillage.scambioetico.org risulta essere stato chiuso a settembre 2019, dopo lo scioglimento dell'Associazione Scambio Etico avvenuta il 17 luglio 2019.

Quest'ultimo portale era particolarmente interessante, in quanto tentava, purtroppo senza successo, di individuare una via per arrivare a un sistema legale di condivisioni e, a tal fine, da un lato promuoveva e sosteneva l'esigenza di una riforma sostanziale della legge sulla tutela dei diritti d'autore, allo scopo di liberare la condivisione di tutte quelle opere che, ormai, non sono più commercialmente appetibili e dall'altro la comunità adottava un preciso codice etico che vietava l'inserimento e la pubblicazione di *torrent* aventi come contenuto: materiale pornografico; musica, se non dopo almeno 12 mesi dalla pubblicazione; e-books e audiobooks (a-books), se non dopo almeno 12 mesi dalla data di prima pubblicazione dell'opera, con esclusione di tutta l'area scolastica; film, anime e cartoon, se non dopo almeno 12 mesi dalla prima divulgazione nell'idioma in cui viene effettuata la condivisione; videomusic, se non dopo almeno 12 mesi dalla pubblicazione del brano musicale; opere allegate ai quotidiani, periodici ecc., se non dopo la data di uscita del numero successivo, o comunque dopo 30 giorni dalla pubblicazione. Si ricorda che il portale non metteva a disposizione degli utenti copie dei file condivisi, ma forniva esclusivamente il collegamento attraverso cui avviare il download del materiale attraverso la rete torrent.

Contenuti diffusi attraverso Usenet

Altrettanto vasto, e forse persino più interessante, è il panorama del materiale contenuto nei gruppi di discussione.

L'universo dei gruppi di discussione (noto come Usenet, dalla crasi dei due termini inglesi *user* e *network*) è, infatti, composto da una rete mondiale, formata da migliaia di server, tra loro interconnessi, ognuno dei quali raccoglie i messaggi (articoli testuali, news, o file) che le persone, aventi accesso alla rete, inviano in un determinato gruppo di discussione. Con questo termine, in inglese *news group*, si indica uno spazio virtuale, definito da un nome che ne indica il contenuto, creato su una rete di server connessi tra di loro (Usenet appunto) che consente agli utenti di discutere su uno specifico argomento (detto *topic* del gruppo).

I *news server* sono configurati per comunicare tra loro attraverso uno specifico protocollo, tecnicamente identificato attraverso la sigla NNTP (Network News Transport Protocol), e la loro caratteristica principale è che tutti i messaggi inviati a un server si trovano poi duplicati su tutti gli altri server anche se, per diversi motivi (economie di spazio, interesse degli utenti e, non ultimo, censura), non tutti i server contengono gli stessi *news group*.

In realtà, non esiste nessun server in grado di poter affermare di garantire ai suoi utenti l'accesso a tutti gruppi di discussione esistenti: ogni gestore di *news server*, tipicamente gli stessi *provider*, ma anche un gestore privato, può autonomamente stabilire quali gruppi tenere o, addirittura, può decidere se crearne di nuovi, magari riservandone l'accesso ai propri utenti.

Questo aspetto è molto importante ai fini del presente lavoro: non soltanto i gruppi di discussione possono, a ragion veduta, essere ritenuti una parte importante del *deep web*, in quanto i loro contenuti sfuggono all'indicizzazione da parte dei motori di ricerca (anche se alcuni motori fungono da portale di accesso e di ricerca nei gruppi), ma vi sono non pochi gruppi di discussione segreti la cui esistenza è nota esclusivamente a coloro i quali ne conoscono ubicazione e password di accesso.

Sebbene Usenet oggi conti un numero di utenti molto inferiore a quello di pochi anni fa, rappresenta comunque ancora un poderoso strumento di comunicazione e di diffu-

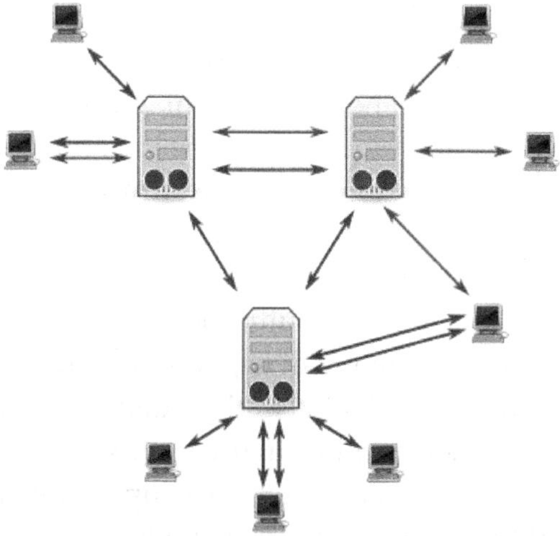

L'immagine rappresenta lo schema di funzionamento dei gruppi di discussione (immagine tratta da Wikipedia)

sione del proprio pensiero e, sotto molti aspetti, è di molto superiore agli altri strumenti web.

La sua caratteristica fondamentale è che, trattandosi di un sistema diffuso, ogni singolo articolo viene replicato automaticamente, e in tempo quasi reale, su tutti i server Usenet e in tutto il mondo, ed è proprio questa caratteristica a essere, al tempo stesso, un problema e un vantaggio di Usenet: una volta inviato un messaggio, è praticamente impossibile cancellarlo totalmente da tutti i server. Esistono dei comandi tesi a rimuovere un messaggio, ma questi comandi non sempre hanno efficacia (tecnicamente si dice che non tutti i server «onorano il comando di cancel»).

In Usenet è possibile trovare moltissimi gruppi di discussione, il cui oggetto può essere relativo ai più svariati argomenti, ma la prima e principale suddivisione che dobbiamo effettuare è tra «gruppi testuali» (che supportano soltanto messaggi di testo) e gruppi che, invece, consentono anche di inviare degli allegati (cosiddetti «gruppi Binaries»). Quest'ultima tipologia di gruppi consente agli utenti di condividere file di ogni genere (immagini, video, audio, giochi, programmi...) e l'accesso agli stessi è generalmente possibile tanto attraverso i comuni server che attraverso specifici fornitori che offrono un servizio tarato appositamente per gli utenti interessati ad accedere ai gruppi Binaries.

Non esiste un numero «ufficiale» di *news group,* ma i principali server affermano di ospitare oltre 120.000 gruppi. Molto più difficile, si rivela la stima della quantità di materiale presente nei gruppi Binaries: secondo il sito www.binsearch.info, attualmente questi gruppi contengono oltre 1.220.269.409 file, per un peso complessivo, in termini di spazio occupato, di circa 35.58 petabyte, pari a oltre 35.580 terabyte di dati! Tutto questo, lo si ribadisce, senza contare i gruppi ospitati in server segreti!

Ancora oggi, i gruppi Binaries sono pesantemente utilizzati per scambiare materiale, tanto che nel mese di gennaio 2019 si è registrato un traffico medio giornaliero di oltre 104 milioni di messaggi pari a circa 60 terabyte di dati.

L'accesso a questa miniera di informazioni, può essere effettuato attraverso appositi programmi (noti come *news reader*) oppure attraverso apposite interfacce web, generalmente definite *web front-ends (web2news),* di solito messe a disposizione dai fornitori di servizio di accesso ai gruppi come, ad esempio, EasyNews, Giganews, Astraweb e Google Group.

binsearch.info

basic search - advanced search - F.A.Q. - watchlist - disclaimer - browse newsgroups

Newsgroup information

In this section you will find additional information about the newsgroups we index, like the purpose of the group and statistics.

Note that the charter information was obtained from the ISC FTP site using an automated process, and may therefore be incorrect. Also the statistics on this page are only updated once every few days, so the actual numbers are a bit higher.

If you are only interested in the **contents** of the groups, go to browse groups

Groups sorted by size

Only the most popular groups are shown.
Alternatively, you can view the other groups indexed

	Newsgroup	Current retention	Number of files	Number of parts	Total size of files
1.	alt.binaries.warez.ibm-pc.french	---	1		0 B
2.	esp.binarios.peliculas.misc	---	0		0 B
3.	alt.binaries.movies.divx.horror.french	---	1		0 B
4.	alt.binaries.multimedia.disney	---	0		0 B
5.	alt.binaries.dvd.horror.german	---	0		0 B
6.	alt.binaries.sounds.lossless.repost	---	0		0 B
7.	alt.binaries.multimedia.late-night-talkshows	---	0		0 B
8.	alt.binaries.pl.divx	---	0		0 B
9.	alt.binaries.cd.image.playstation2	---	0		0 B
10.	alt.binaries.movies.shadowrealm	---	0		0 B
11.	alt.binaries.multimedia.utilities	---	0		0 B
12.	alt.binaries.reportages.documentaires.french	---	4928		0 B
13.	alt.binaries.warez.ibm-pc.german.games	---	0		0 B
14.	alt.binaries.dvd.repost	---	0		0 B
15.	alt.binaries.series.tv.divx.french.reposts	---	0		0 B
16.	alt.binaries.warez.pocketpc	---	0		0 B
17.	alt.binaries.multimedia.filipino	---	6		0 B
18.	alt.binaries.warez.pocketpc.gps	---	0		0 B
19.	alt.binaries.boneless	1124 days	159253430	11140012503	6.17 PB
20.	alt.binaries.atl	1124 days	91068982	8127390213	3.56 PB
21.	alt.binaries.mom	1124 days	43029376	6563186734	3.3 PB
22.	alt.binaries.hdtv	1124 days	18514309	4647444943	2.3 PB
23.	alt.binaries.multimedia	1124 days	27853846	4232479817	2.15 PB
24.	alt.binaries.bloaf	1124 days	64780025	3563821435	1.86 PB
25.	alt.binaries.ftd	1124 days	33591040	4151448546	1.57 PB
26.	alt.binaries.misc	1124 days	62122212	2348892632	1.27 PB
27.	alt.binaries.etc	1124 days	46604411	2397891787	1.26 PB
28.	alt.binaries.cores	1124 days	39028174	2537805898	1.05 PB
29.	alt.binaries.nl	1124 days	9401954	2154419904	941.77 TB
30.	alt.binaries.usenet2day	1124 days	21905759	2540483716	868.17 TB
31.	alt.binaries.frogs	1124 days	77949282	1222415317	865.87 TB
32.	alt.binaries.erotica	1124 days	16920296	1811658333	856.56 TB
33.	alt.binaries.kenpsx	1124 days	75269427	1056255299	750.81 TB
34.	alt.binaries.warez	1124 days	4665872	790062829	487.79 TB

L'immagine riproduce l'elenco dei gruppi di discussione presenti in uno dei tanti server

Attenzione!

Alla luce di quanto detto, ricordiamo alcuni rischi legati all'impiego di questi strumenti:

1) Nei gruppi Binaries è davvero possibile trovare qualsiasi cosa, anche materiale pedopornografico, la cui semplice detenzione viene punita dalla legge con pene che possono superare i tre anni di carcere: non cercate e non scaricate questo genere di materiale, neppure per semplice curiosità;

2) eventuali software, archivi o programmi scaricati attraverso questo circuito, ben potrebbero contenere al loro interno virus o altri programmi potenzialmente molto pericolosi per la sicurezza dei dati degli utenti e per la loro riservatezza;

3) nei gruppi di discussione, sia quelli testuali che nei gruppi Binaries, è possibile imbattersi in ogni genere di persone, dalle più normali alle più folli: non attaccate briga (in gergo «flame») con nessuno e state attenti a non divulgare troppe informazioni personali; ove possibile utilizzate un servizio di accesso che vi garantisca un minimo di anonimato protetto, come, ad esempio, il servizio di *news server* offerto da Eternal September (http://www.eternal-september.org/).

... segue: Usenet e i contenuti illeciti

Proprio le peculiari caratteristiche di Usenet rendono particolarmente difficoltoso, se non direttamente impossibile, procedere all'eliminazione del materiale illegale e, a oggi, l'unica soluzione praticabile è quella di creare delle *black list*, da aggiornare periodicamente, contenenti un elenco dei gruppi banditi per aver ospitato materiale illegale.

L'utilizzo dei gruppi di discussione, tanto per accedere quanto per diffondere materiale illegale, presenta notevoli vantaggi per gli autori dell'illecito, atteso che individuare gli autori di un *download* è estremamente difficile (al limite dell'impossibilità) e individuare l'autore di un *post* è altrettanto difficoltoso, soprattutto quando l'autore del messaggio si è avvalso di uno dei tanti servizi di trasmissione anonima.

Da un punto di vista tecnico, la debolezza del sistema (dal punto di vista della possibilità di identificare gli autori di un messaggio) è dovuta al fatto che il protocollo NNTP si fonda sul presupposto che le intestazioni dei messaggi siano veritiere e corrette, ma, in realtà, queste informazioni (in termini tecnici definite *header*) possono essere facilmente falsificate.

Ne consegue che, oggi come oggi, per molti di coloro che vogliono condividere materiale illegale, Usenet rappresenti una scelta preferenziale, rispetto all'alternativa dei canali del p2p, preferiti da questa tipologia di utenti fino a pochi anni fa, dato che riduce davvero al minimo il loro rischio di essere individuati e identificati dalle forze dell'ordine.

Da non confondere con i gruppi di discussione sono i cosiddetti «repository»: siti web dedicati alla raccolta e all'indicizzazione dei contenuti di uno o più specifici gruppi di discussione.

Infine, parliamo di un'istruzione molto particolare, tipica essenzialmente dei gruppi di discussione: il comando X-NO-ARCHIVE. Con questo comando un utente ordina (anzi, diciamo «chiede cortesemente», poi vedremo perché) ai vari server di non archiviare il messaggio con questa intestazione; questo significa che, trascorso un certo numero di giorni (tipicamente sette), tutti i server in cui il messaggio è stato propagato, dovrebbero rimuoverlo e procedere alla sua cancellazione.

Il condizionale è d'obbligo perché, esattamente come accade per il *cancel*, non tutti i server onorano questo comando, con il risultato che anche un messaggio con XNA potrebbe rimanere in circolazione.

Programmi di chat e messaggistica

Ognuno degli infiniti programmi di messaggistica oggi in uso (WhatsApp, Hangout, Viber, Telegram, Signal, ChatOn) è in grado di creare una propria rete privata attraverso cui scambiare messaggi e contenuti multimediali.

Il principale protocollo utilizzato a tal fine è l'Internet Relay Chat (IRC), un protocollo di messaggistica istantanea che consente sia la comunicazione diretta fra due utenti che il dialogo contemporaneo di gruppi di persone all'interno di specifiche stanze virtuali dette canali.

Il protocollo di comunicazione utilizzato su IRC viene ampiamente descritto e regolato da numerosi documenti, mentre altri testi descrivono un insieme di proposte di estensioni al modello IRC, prevalentemente basate sul modello IRC2 con vari *add-on* che dovrebbero prevedere le incompatibilità causate dalle differenze tra i software utilizzati per la gestione dei server di rete.

Da un punto di vista tecnico, IRC è un protocollo di rete aperto che utilizza il protocollo di trasmissione TCP; opzionalmente, per ragioni di sicurezza, può essere utilizzato il Transport Layer Security (TLS). Una volta creato, un server IRC è in grado di connettersi con gli altri server, andando così a creare una rete di comunicazione a cui possono accedere utenti di ogni genere mediante un *client*.

Molti dei server non richiedono all'utente di eseguire un'autenticazione, ma soltanto di specificare il proprio *nickname*, che dovrà essere univoco nell'ambito della rete IRC. Una sessione di IRC viene eseguita attraverso un «canale»; questo termine indica un gruppo utenti che, nell'ambito del canale, possono mandare dei messaggi (sia di testo che immagini, foto, multimediali), che sono leggibili unicamente dagli utenti dello stesso gruppo.

Nel corso degli ultimi anni, l'impiego di IRC è andato scemando perdendo quasi il 60% dei suoi utenti.

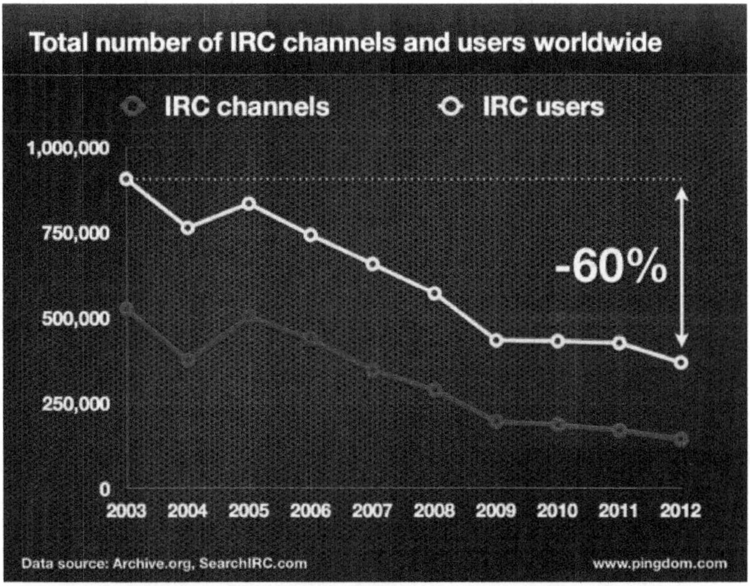

Il grafico rappresenta il calo degli utenti che utilizzano IRC

Ciò nonostante, negli ultimi tempi si stanno diffondendosi nuovamente i download di contenuti tramite reti centralizzate Internet Relay Chat, soprattutto grazie a XDCC, un'estensione del protocollo DCC che permette lo scambio di file. In breve, più utenti si collegano a un server centrale, attivando tanti download indipendenti.

Attenzione!

Alla luce di quanto detto, ricordiamo alcuni rischi legati all'impiego di IRC:

1) nei canali e nei server IRC è davvero possibile trovare qualsiasi cosa, anche materiale pedopornografico, la cui

semplice detenzione viene punita dalla legge con pene che possono superare i tre anni di carcere: non cercate e non scaricate questo genere di materiale, neppure per semplice curiosità;
2) eventuali software, archivi o programmi scaricati attraverso questo circuito, ben potrebbero contenere al loro interno virus o altri programmi potenzialmente molto pericolosi per la sicurezza dei dati degli utenti e per la loro riservatezza;
3) nei canali e nei server IRC è possibile imbattersi in ogni genere di persone, dalle più normali alle più folli: non attaccate briga con nessuno e state attenti a non divulgare troppe informazioni personali e, ove possibile, utilizzate un servizio di accesso che vi garantisca un minimo di anonimato protetto.

Server FTP

Un'altra parte importante del materiale presente nel *deep web* è rappresentata da file che si trovano all'interno di appositi spazi di archiviazione (server), accessibili esclusivamente attraverso l'impiego di uno specifico protocollo di connessione, noto con la sigla FTP. Il File Transfer Protocol (protocollo di trasferimento file) è un protocollo appositamente ottimizzato per la trasmissione di dati tra computer, basato su un'architettura di tipo *client-server.*

Si tratta di uno dei primi protocolli della rete internet e, nel corso degli anni, ha subito una lunga evoluzione. Da un punto di vista tecnico, il protocollo FTP utilizza due connessioni separate per gestire comandi e dati: il server rimane in ascolto, tipicamente sulla porta 21, finché non si connette un *client;* a questo punto, si avvia la connessione attraverso il canale comandi, attraverso cui il *client* e il server si scambiano comandi e risposte; a questo punto, per lo scambio effettivo dei dati (come per esempio un file), viene aperto uno specifico canale dati.

In Internet, esistono numerosi server FTP, i quali contengono una grande quantità di materiali, leciti e illeciti, ma trovarli non è sempre semplice. A tal fine possono essere utilizzati appositi motori di ricerca come, ad esempio, http://oth.net/.

Attenzione!

Prima di procedere oltre, ricordiamo alcuni rischi legati all'impiego di FTP:

1) nei server FTP è possibile trovare qualsiasi cosa, anche materiale pedopornografico, la cui semplice detenzione viene punita dalla legge con pene che possono superare i tre anni di carcere: non cercate e non scaricate questo genere di materiale, neppure per semplice curiosità;

2) eventuali software, archivi o programmi scaricati attraverso questo circuito, ben potrebbero contenere al loro interno virus o altri programmi potenzialmente molto pericolosi

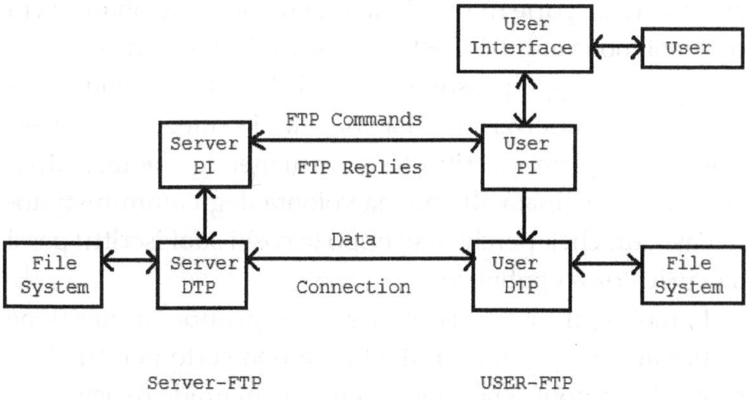

L'immagine rappresenta lo schema di funzionamento del protocollo FTP (immagine tratta da Wikipedia)

per la sicurezza dei dati degli utenti e per la loro riservatezza; 3) alcuni server FTP potrebbero essere collocati in macchine compromesse ed essere attivi all'insaputa dei legittimi titolari delle macchine stesse; sebbene l'accesso abusivo a un sistema informatico richieda la consapevolezza di violare il sistema, è sempre una buona norma verificare la legittimità dell'accesso che si intende effettuare. Attraverso il sito indicato, è possibile trovare l'indirizzo del server che contiene il materiale desiderato, nonché tutte le indicazioni necessarie per collegarsi a esso (login e password).

Nell'immagine seguente, ad esempio, abbiamo cercato e trovato la *Cavalcata delle Valchirie* di Richard Wagner e abbiamo avviato il download del file in formato mp3 utilizzando un *client* FTP.

Gruppi privati di Facebook

Un settore molto particolare del *deep web* è rappresentato dai gruppi di Facebook con impostazione privacy settata su «privato». Si tratta di gruppi il cui accesso è subordinato ad accettazione o invito da parte di un *admin* (o di un altro membro) e i cui contenuti non vengono mostrati a coloro che non sono iscritti.

Questi gruppi possono avere differenti contenuti, ma sono tutti caratterizzati dalla volontà di proteggere la riservatezza dei propri iscritti, fermo rimanendo che tale situazione è subordinata alla buona volontà degli amministratori: basta un click perché il gruppo (e così i suoi iscritti) passi da «privato» a «pubblico».

È, inoltre, il caso di ricordare che il gruppo in questione è «privato» per i comuni utenti, ma non certo per gli algoritmi di Facebook, che sono comunque in grado di acquisire informazioni e dati personali relativamente alle azioni dei membri di questi gruppi.

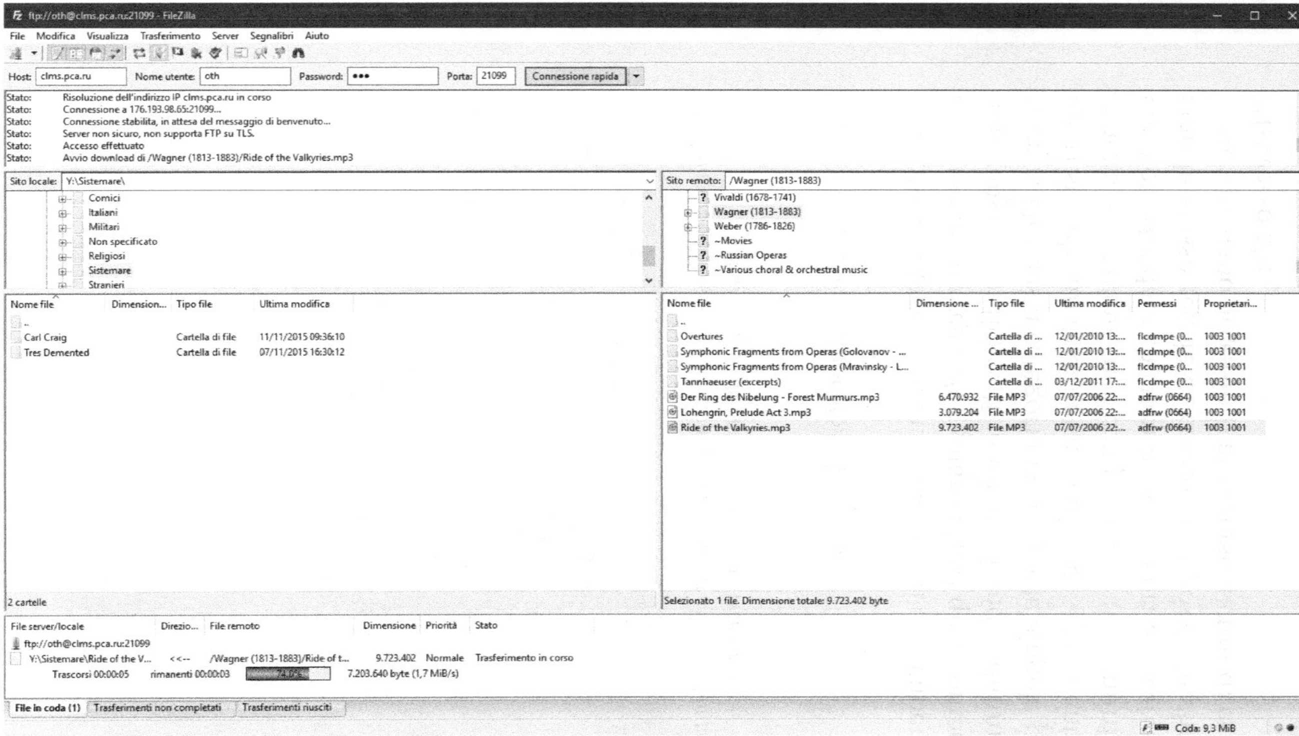

L'immagine rappresenta il funzionamento di un client FTP durante l'accesso a un server e il download di un file

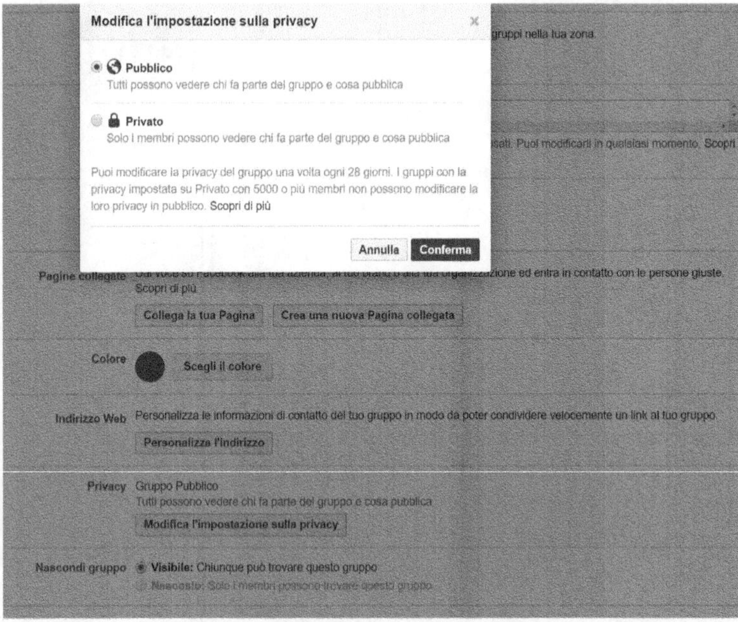

L'immagine rappresenta la funzione che consente di cambiare l'impostazione di un gruppo da pubblico a privato e viceversa

6. *Contenuti banditi dai motori di ricerca*

L'ultima categoria di materiali di cui ci occuperemo relativamente al *deep web*, riguarda tutti quei contenuti che non vengono indicizzati in quanto banditi dai motori di ricerca. Di questa categoria fanno parte singole pagine o interi siti, eliminati dai motori di ricerca in quanto il loro contenuto è ritenuto non compatibile con i termini del servizio offerto; dato che non tutti i motori di ricerca rispettano le stesse regole di condotta, è possibile che alcuni contenuti siano accessibili attraverso alcuni di essi e non attraverso altri.

Attenzione!

Prima di procedere oltre, diciamo subito che nelle prossime pagine parleremo di contenuti illegali, nocivi o pericolosi; ne consegue che, prima di approfondire l'argomento è bene chiarire che:

1) questa è, forse, la zona più pericolosa del web: siamo vicini alle *dark net*, ma non abbiamo ancora avuto accesso agli strumenti di anonimato che, paradossalmente, le rendono maggiormente sicure;

2) in quest'area del *deep web* si aggirano quelli che probabilmente sono i soggetti più pericolosi della rete: criminali informatici, terroristi, trafficanti di droga, armi e materiale pedopornografico. Accedere a quest'area senza possedere adeguate conoscenze informatiche e senza adottare le necessarie misure di sicurezza è decisamente sconsigliabile;

3) lo abbiamo detto fino alla nausea, ma ripetere fa sempre bene: in quest'area del web è possibile, anzi probabile, trovare materiale pedopornografico, la cui semplice detenzione viene punita dalla legge con pene che possono superare i tre anni di carcere: non cercate e non scaricate questo genere di materiale, neppure per semplice curiosità; se per caso vi imbattete in questo genere di materiale, non salvate nulla, segnatevi l'indirizzo del sito e segnalatelo alla Polizia Postale;

4) in quest'area siti web, forum o pagine PHP ben potrebbero contenere al loro interno virus o altre applicazioni maligne (*script* o codici), potenzialmente molto pericolosi per la sicurezza dei sistemi degli utenti e per la loro riservatezza (a onor del vero, quanto appena detto potrebbe valere anche per i contenuti del web di superficie, ma qui nel *deep web* le probabilità sono esponenzialmente maggiori);

5) navigando in quest'area del web è possibile imbattersi in

forum o BBS (Bulletin Board System) contenenti messaggi o commenti in grado di far innervosire o perdere il controllo: non mettetevi a discutere con nessuno, la gente che bazzica questi quartieri della rete è tutt'altro che raccomandabile.

Ne consegue che, sebbene tutti questi contenuti possano essere visualizzati e acceduti senza particolari difficoltà tecniche, attraverso l'impiego del semplice *browser* che utilizziamo per navigare, farlo non corrisponde esattamente a quella che definirei una mossa intelligente.

Nella seconda metà del 2015, la NASA ha annunciato di voler unire i propri sforzi a quelli della DARPA (vedi nota 5 a p. 34) per tentare di tracciare una mappa del *deep web* e del *dark web*.

In un'intervista rilasciata nel 2015, Chris Mattmann, il leader del progetto per conto della NASA, ha spiegato che l'agenzia spaziale americana prenderà parte al progetto Memex, finalizzato ad accedere e catalogare i contenuti «di questo misterioso mondo online»[1].

Il progetto, che si basa sull'idea di organizzare l'accesso ai contenuti del *deep web* e di costruire un motore di ricerca alternativo a Google, non dovrà soltanto consentire alla NASA di individuare una strada più agevole per accedere ai materiali presenti nel *deep web*, ma è previsto che l'intero sistema possa essere configurato in maniera tale da garantire, a qualunque utente, un più agevole accesso ai contenuti della parte nascosta di Internet, con particolare riguardo a tutti i database scientifici (immagini, filmati, audio e documenti) che, oggi, non sono in alcun modo indicizzati e, quindi non sono reperibili attraverso i comuni motori di ricerca.

[1] https://www.nasa.gov/jpl/deep-web-search-may-help-scientists.

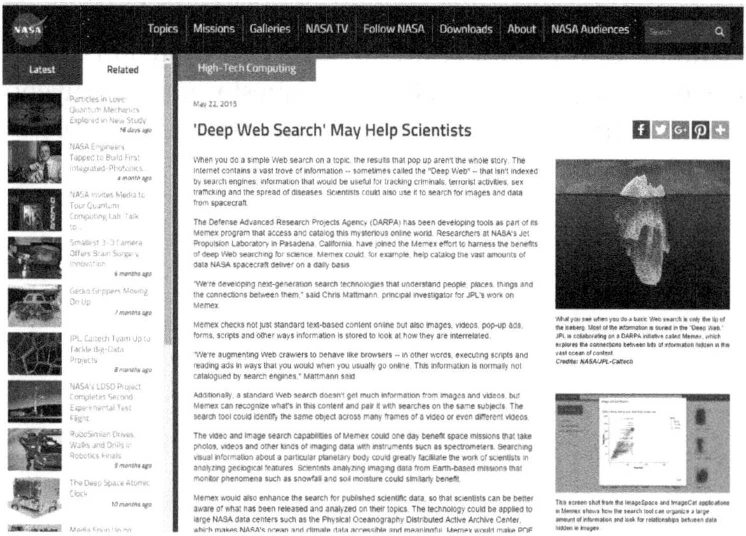

NASA | Topics | Missions | Galleries | NASA TV | Follow NASA | Downloads | About | NASA Audiences | Search

Latest | Related

Particles in Love: Quantum Mechanics Explored in New Study — *16 days ago*

NASA Engineers Tapped to Build First Integrated-Photonics... — *a month ago*

NASA Invites Media to Tour Quantum Computing Lab, Talk to...

Smallest 3-D Camera Offers Brain Surgery Innovation — *6 months ago*

Gecko Grippers Moving On Up — *7 months ago*

JPL, Caltech Team Up to Tackle Big-Data Projects — *8 months ago*

NASA's LDSD Project Completes Second Experimental Test Flight

RoboSimian Drives, Walks and Drills in Robotics Finals — *9 months ago*

The Deep Space Atomic Clock — *10 months ago*

High-Tech Computing

May 22, 2015

'Deep Web Search' May Help Scientists

When you do a simple Web search on a topic, the results that pop up aren't the whole story. The Internet contains a vast trove of information -- sometimes called the "Deep Web" -- that isn't indexed by search engines: information that would be useful for tracking criminals, terrorist activities, sex trafficking and the spread of diseases. Scientists could also use it to search for images and data from spacecraft.

The Defense Advanced Research Projects Agency (DARPA) has been developing tools as part of its Memex program that access and catalog this mysterious online world. Researchers at NASA's Jet Propulsion Laboratory in Pasadena, California, have joined the Memex effort to harness the benefits of deep Web searching for science. Memex could, for example, help catalog the vast amounts of data NASA spacecraft deliver on a daily basis.

"We're developing next-generation search technologies that understand people, places, things and the connections between them," said Chris Mattmann, principal investigator for JPL's work on Memex.

Memex checks not just standard text-based content online but also images, videos, pop-up ads, forms, scripts and other ways information is stored to look at how they are interrelated.

"We're augmenting Web crawlers to behave like browsers -- in other words, executing scripts and reading ads in ways that you would when you usually go online. This information is normally not catalogued by search engines," Mattmann said.

Additionally, a standard Web search doesn't get much information from images and videos, but Memex can recognize what's in this content and pair it with searches on the same subjects. The search tool could identify the same object across many frames of a video or even different videos.

The video and image search capabilities of Memex could one day benefit space missions that take photos, videos and other kinds of imaging data with instruments such as spectrometers. Searching visual information about a particular planetary body could greatly facilitate the work of scientists in analyzing geological features. Scientists analyzing imaging data from Earth-based missions that monitor phenomena such as snowfall and soil moisture could similarly benefit.

Memex would also enhance the search for published scientific data, so that scientists can be better aware of what has been released and analyzed on their topics. The technology could be applied to large NASA data centers such as the Physical Oceanography Distributed Active Archive Center, which makes NASA's ocean and climate data accessible and meaningful. Memex would make PDF

What you see when you do a basic Web search is only the tip of the iceberg. Most of the information is buried in the "Deep Web." JPL is collaborating on a DARPA initiative called Memex, which explores the connections between bits of information hidden in this vast ocean of content.
Credits: NASA/JPL-Caltech

This screen shot from the ImageSpace and ImageCat applications in Memex shows how the search tool can organize a large amount of information and look for relationships between data hidden in images.

L'articolo pubblicato nel sito della NASA

Mattmann ha affermato che l'obiettivo del progetto non è tanto quello di costruire un motore di ricerca delle «cose cattive» del *deep web*, quanto di realizzare uno strumento in grado di migliorare notevolmente la possibilità per gli utenti della rete di accedere a tutte quelle informazioni che non vengono indicizzate dai motori di ricerca: «[Quei file] appartengono al secondo strato del web, quello che normalmente chiamiamo Deep Dark Web... se utilizzi Google, probabilmente sei a 10-30 click di distanza dai dati scientifici: le informazioni effettive.[2] [...] Con Memex, i navigatori del web saranno solo da uno a quattro click di distanza dai dati scientifici.[3]

[2] «[Those files] get in the second class of the web, that normally we call the Deep Dark Web... if you go to Google, you're probably 10-30 clicks away from the science data – the actual information».

[3] «With Memex, web surfers will be just one to four clicks away from the science data».

A oggi il progetto ha dato luogo ad alcuni interessanti sviluppi, tutti tesi a portare in superficie contenuti appartenenti al *deep web.* Nell'attesa che questo progetto diventi realtà, andiamo ora a vedere le caratteristiche del *dark web.*

4

Dark net

1. Un po' di chiarezza (e tre!)

Siamo, infine, arrivati a parlare della parte più segreta del web, quello comunemente noto come *dark web*, composto da pagine residenti su server di difficile individuazione.

Nelle prossime pagine vedremo nel dettaglio come funzionano le *dark net*, quali informazioni sia possibile trovare e come individuare all'interno delle stesse i contenuti di maggior interesse, evitando materiali illeciti o pericolosi.

Nel prossimo capitolo, invece, andremo ad analizzare nel dettaglio proprio questa categoria di contenuti, facendo riferimento tanto al materiale presente nel *deep web* che a quello presente nelle *dark net*.

Non tutti sanno che, anche se la funzione più popolare di TOR è quella di fornire anonimato ai vari *client* connessi alla rete, questo programma può essere anche utilizzato per fornire anonimato ai server.

2. *Hidden Services*

Usando la rete TOR, è possibile creare e ospitare dei server, facendo in modo che gli stessi siano raggiungibili dagli utenti pur mantenendo ignota la loro precisa localizzazione nella rete.

Un servizio nascosto (in termini tecnici: *hidden service*) può essere ospitato da qualsiasi nodo della rete TOR, sia esso un *router* o solo un semplice *client*, ma, per poter accedere al servizio, è sempre necessario l'uso di TOR da parte del *client*. A questi servizi nascosti, infatti, si accede soltanto se si utilizza uno pseudo-dominio di primo livello identificato dal suffisso «.onion».

Uno dei principali vantaggi degli *hidden services* è rappresentato dal fatto che, non utilizzando nessun indirizzo pubblico, possono essere resi operativi anche se ci si trova dietro a un firewall in grado di bloccare o controllare le connessioni, come avviene in caso di censura. Proprio questa caratteristica rende TOR, e i servizi nascosti, uno strumento ineguagliabile per aggirare la censura e garantire la libertà di espressione e di parola nei Paesi non democratici.

Prima di addentrarci nell'analisi specifica degli usi legittimi di TOR, vediamo, sia pure brevemente, come funzionano questi servizi e come è facile avviarne e gestirne personalmente uno.

Partiamo dal presupposto di avere TOR installato e funzionante, di utilizzare Linux come sistema operativo e di aver già installato e configurato un server web sulla nostra macchina.

Ovviamente, il server verrà configurato in maniera tale da non fornire a eventuali utenti alcuna informazione relativamente alla macchina su cui viene avviato e al titolare della stessa: a tal fine, è necessario che il server non possa essere raggiunto direttamente dalla rete, senza passare attraverso il sistema TOR, dato che, in questo caso, un avversario potrebbe avere conferma che il computer in questione è quello che sta offrendo il servizio. A tal fine, la guida di TOR consiglia di eseguire il server all'interno di una macchina virtuale.

A questo punto, l'utente può iniziare la configurazione del servizio nascosto impostando *directory* e contenuti. Una volta avviato, TOR genererà una nuova coppia di chiavi crittografiche dedicate al servizio nascosto e che rendono impossibile, per altri soggetti, impersonare quello specifico server. TOR andrà poi a generare un documento, chiamato *hostname,* contenente la chiave pubblica del server e l'indirizzo pubblico dello stesso; quest'ultimo apparirà come qualcosa di simile a «3g2upl4pq6kufc4m.onion/» e potrà essere utilizzato per accedere ai contenuti pubblicati nel server. A questo punto, perché i *client* possano trovare il server, è necessario comunicarne l'esistenza all'interno della rete di TOR attraverso la pubblicazione di uno specifico «descrittore».

Nell'immagine che segue, tratta dai documenti di pagine ufficiali di TOR, vediamo che Bob si collega ai cosiddetti «introduction point» utilizzando il circuito di TOR anziché una connessione diretta. Questo sistema rende molto più difficile per chiunque associare un *introduction point* con l'indirizzo IP del server nascosto.

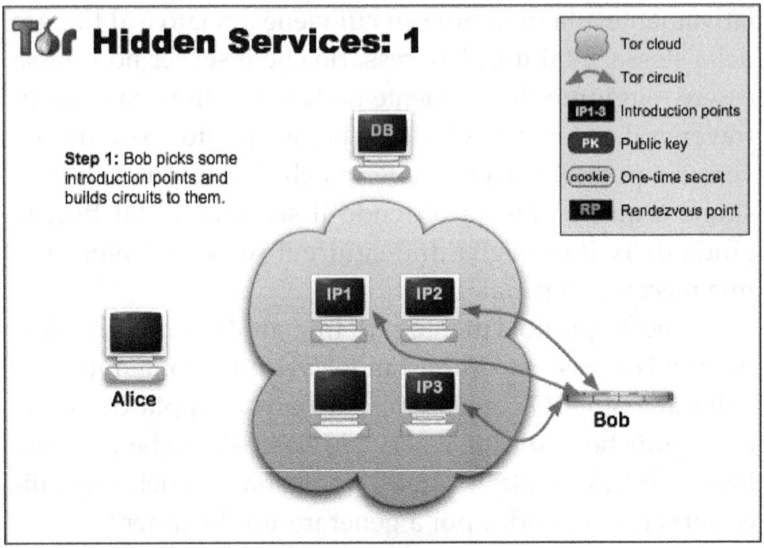

L'immagine illustra il primo passaggio relativo alla costruzione del circuito

Nell'immagine seguente (fonte http://www.torproject.org), vediamo come, individuati gli *introduction points,* Bob generi e comunichi al database (DB) il descrittore del proprio *hidden service.* Questo file conterrà un elenco degli *introduction points* e la chiave pubblica del server e si chiamerà xyz.onion. A questo proposito osserviamo che il nome del servizio (composto da 16 caratteri seguiti da .onion) viene generato automaticamente dal sistema in maniera completamente casuale a partire dalla chiave pubblica.

Sebbene possa apparire davvero molto poco pratico utilizzare un nome generato automaticamente in maniera casuale per identificare il server, l'obiettivo che ci si prefigge con tale pratica è di garantire a chiunque di poter verificare di essersi collegati al giusto *hidden service.*

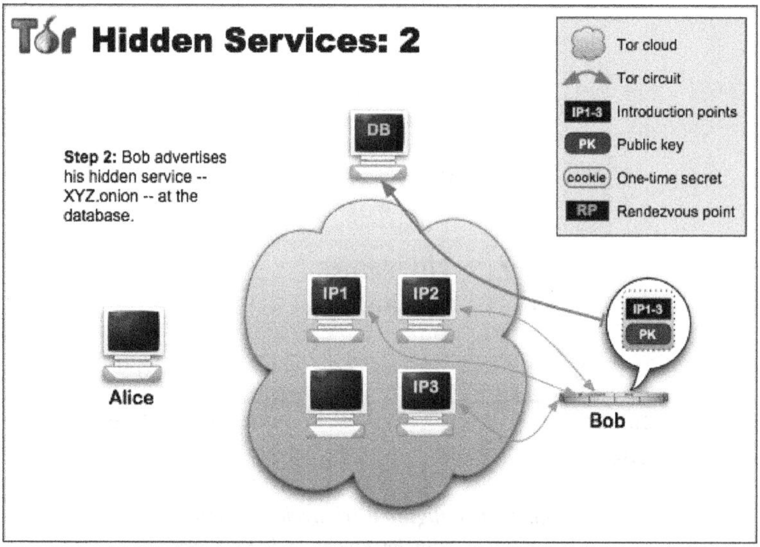

L'immagine presenta il secondo passaggio relativo alla costruzione del circuito

3. … segue: The Zooko's conjecture

Per meglio comprendere questa esigenza è necessario ricordare qui la teoria nota come «teorema del triangolo di Zooko»: stabilisce che un qualsiasi nome non può essere al tempo stesso facile da ricordare, decentrato e sicuro:
Human-meaningful: possiamo tradurlo con «facile da ricordare», e significa che il nome ha un significato per un essere umano ed è facile da ricordare;
Decentralized: possiamo tradurlo con «decentrato», e significa che non si ha bisogno di un'autorità centrale per determinare il significato del nome;
Secure: possiamo tradurlo con «sicuro», e significa che vi può essere una sola entità a cui il nome si applica.

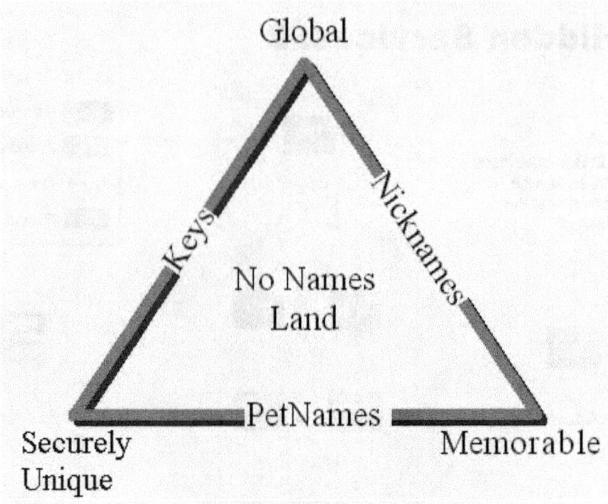

L'immagine raffigura il triangolo di Zooko, con alcune modifiche apportate da Stiegler

La figura precedente, tratta da un articolo scritto da Marc Stiegler, illustra graficamente questa teoria, ma, al tempo stesso, introduce alcune varianti di cui parleremo tra breve.

Un esempio classico di questo teorema è rappresentato dai nomi di dominio: sono globali e facili da ricordare, come il rapido aumento del *phishing* dimostra (cioè l'attività volta a ingannare un utente per indurlo a collegarsi a un sito civetta, che imita un sito legittimo, per impossessarsi delle credenziali di accesso), non sono affatto sicuri, oppure i DNSSec (Domain Name System Security Extensions, una serie di specifiche per garantire sicurezza e affidabilità delle informazioni fornite dai sistemi DNS) che possono essere considerati sicuri, facili da ricordare, ma non decentrati, oppure gli indirizzi .onion che sono sicuri e decentrati, ma difficili da ricordare.

In breve, mentre secondo il teorema originale nessun nome sembrerebbe poter avere tutte e tre le proprietà, Stiegler sostiene che il sistema definito *petname* potrebbe riuscire a incarnare tutte e tre le caratteristiche contemporaneamente. Molto brevemente e semplificando al massimo il tutto, la teoria di Stiegler si basa su di una modifica dei punti chiave del triangolo di Zooko, definendoli secondo questi termini:
– *Memorable*: un nome può essere considerato «facile da ricordare» se, vedendolo scritto sulla fiancata di un autobus in movimento, un soggetto è in grado di ricordarlo fino a casa;
– *Global*: «globale» significa che il nome è pubblicamente accessibile e che l'entità a cui il nome è attribuito ha una certa attrattiva; a tal proposito si osserva come un obiettivo cardine del marketing e della pubblicità è proprio quello di avere nomi facili da ricordare e globalmente legati a una specifica entità;
– *Securely unique*: «unico in maniera sicura», significa che il nome non può essere contraffatto o imitato; un nome può essere contraffatto se un soggetto estraneo è in grado di realizzare un esatto duplicato del nome, mentre può essere imitato se un soggetto terzo è capace di realizzare un nome sufficientemente simile da ingannare un essere umano: un classico esempio di impiego fraudolento dell'imitazione di un nome noto è rappresentato dal *phishing*.

Poste queste premesse, Stiegler stabilisce che ogni set deve essere composto da tre elementi (i lati del triangolo):
– *Key* («chiave»): è «globale» e «unico in maniera sicura», ma non necessariamente «facile da ricordare»;
– *Nickname* («alias»): è «globale» e «facile da ricordare», ma non «unico»;

– *Petname* («nomignolo»): può essere considerato «sicuro», «facile da ricordare», ma non «globale».

Le chiavi rappresentano il cuore del sistema: mentre *petname* e *nickname* hanno lo scopo di rendere la gestione delle stesse più facile per gli esseri umani, la robustezza dell'intero sistema è legata principalmente alla univocità della chiave stessa, dato che la sicurezza del tutto non può mai essere superiore alla difficoltà di duplicazione della chiave.

Vi sono vari modi per arrivare ad avere una chiave difficile da duplicare, mentre la teoria non prende in nessuna considerazione la possibilità che la chiave possa essere imitata. Le chiavi, infatti, sono gestite solo dal computer, dato che l'essere umano vi accede, solo indirettamente, attraverso il *petname*: ne consegue che, per una particolare persona e una particolare applicazione, vi sarà un rapporto di 1 a 1 tra la chiave e il «nomignolo».

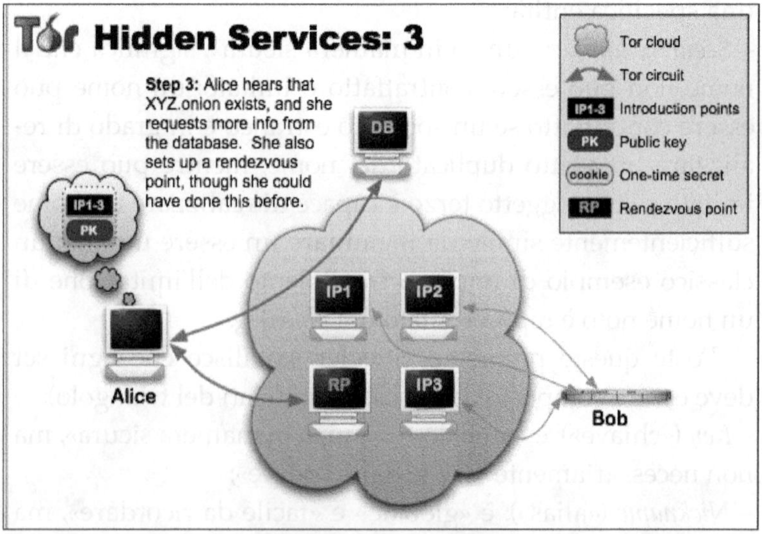

Il client (Alice) per contattare il servizio riceve dal sistema l'indirizzo a cui collegarsi

In breve, un essere umano può utilizzare l'*alias* per recuperare la chiave e per selezionare un *petname*. Gli *alias* sono scelti dai proprietari delle chiavi con la speranza di creare un collegamento distintivo, ma non necessariamente univoco, tra un *nickname* facile da ricordare e una chiave. Il *nickname* potrebbe essere (anzi, sicuramente sarà) non univoco; ed è proprio per questa ragione che dobbiamo fare riferimento al *petname*. Quest'ultimo avrà un collegamento privato e bidirezionale con la chiave, dato che a ogni chiave corrisponderà sempre e soltanto un unico *petname*, il quale tipicamente verrà mantenuto riservato, in modo da accrescerne la sicurezza.

Per semplificare al massimo: immaginiamo che il mio numero di cellulare rappresenti la chiave, «Emanuele Florindi» rappresenti il mio *nickname* mentre il «nomignolo» assegnatomi in rubrica dal destinatario della chiave (ad esem-

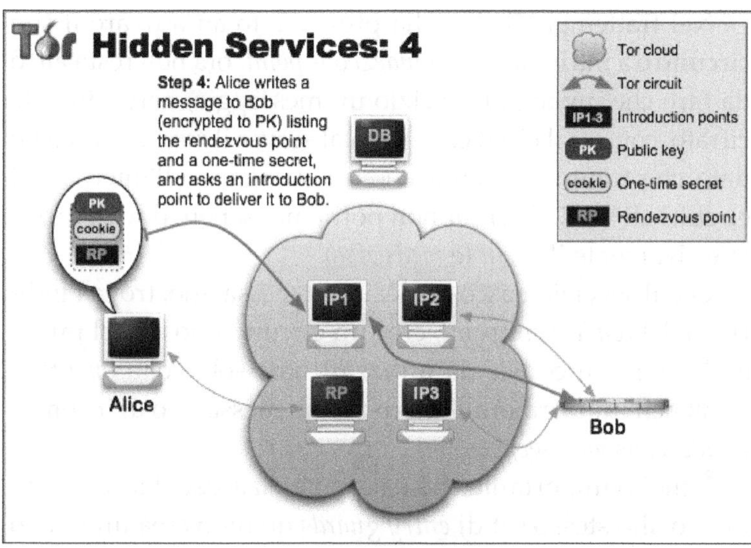

Ricevuto il messaggio con i dati il client (Alice) è in grado di contattare il servizio

pio, «papà» per mio figlio) rappresenterà il mio *petname* per quello specifico soggetto.

4. ... *segue: TOR hidden service*

Guardiamo ora l'immagine qui di seguito (sempre tratta dalla guida di TOR): a questo punto il *client* vuole contattare un servizio nascosto; necessita, quindi, di avere alcune informazioni.

In primo luogo, il *client* deve sapere che all'indirizzo XYZ.onion c'è un server preciso e, a questo punto, deve avere l'indirizzo a cui potersi collegare; una volta acquisita questa informazione il *client* può iniziare la procedura di connessione, tentando di scaricare il *descrittore*; una volta trovato il *client*, è in grado di sapere il percorso da seguire per raggiungere il servizio e la corretta chiave pubblica da utilizzare.

Nel frattempo, il *client* ha provveduto ad attivare il suo circuito e a individuare il *rendezvous point*: ora non resta altro da fare che inviare al servizio un messaggio, naturalmente cifrato, con cui il *client* comunica al server il *rendezvous point*: dato che tutte le comunicazioni avvengono all'interno del circuito di TOR, il server non potrà mai sapere dove si trova effettivamente il *client* (e *vice versa*).

Ora il servizio nascosto decifra il messaggio, trova l'indirizzo del *rendezvous point*, crea un circuito fino a quel punto e gli invia un codice da utilizzare una sola volta (*one-time secret* nell'immagine) all'interno di un messaggio di incontro (*rendezvous message*).

È molto importante che il servizio nascosto faccia riferimento allo stesso set di *entry guards* quando crea un nuovo circuito dato che, in caso contrario, un attaccante potreb-

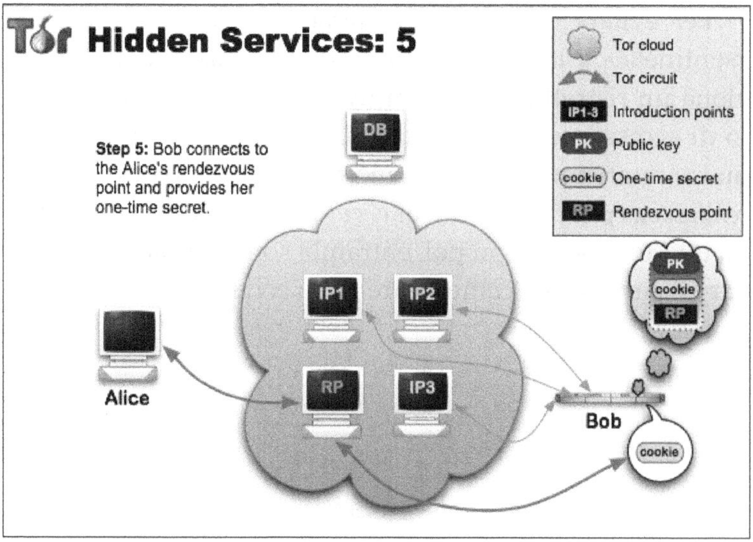

A questo punto l'utente è in grado di connettersi al rendezvous point

be far girare un proprio *relay* e forzare un *hidden service* per creare un numero arbitrario di circuiti nella speranza che il *relay* corrotto venga preso come nodo di ingresso, in modo da apprendere l'indirizzo IP del servizio nascosto attraverso un'analisi nota come «timing analysis» (l'attacco viene accuratamente descritto in un articolo di Øverlier e Syverson [1]).

[1] L. Øverlier, P. Syverson, *Locating Hidden Servers,* 2006, 15 pp. 10.1109/SP.2006.24. «We present fast and cheap attacks that reveal the location of a hidden server. Using a single hostile Tor node we have located deployed hidden servers in a matter of minutes. Although we examine hidden services over Tor, our results apply to any client using a variety of anonymity networks. In fact, these are the first actual intersection attacks on any deployed public network: thus confirming general expectations from prior theory and simulation. We recommend changes to route selection design and implementation for Tor. These changes require no operational increase in network overhead and are simple to make; but

Per evitare questo tipo di attacco, TOR ricorre a delle «sentinelle» (*entry guards*): in breve ogni *client* di TOR seleziona un ristretto numero di *relay* da utilizzare come punto di accesso: se l'attaccante non controlla o osserva uno di questi punti non potrà mai vincere. Nell'ultimo passaggio, il *rendezvous point* comunica al *client* l'avvenuta connessione e, da questo momento in poi, entrambi sono in grado di utilizzare il circuito per comunicare l'uno con l'altro.

they prevent the attacks we have demonstrated. They have been implemented».

5

Servizi dal profondo (web)

1. *Non solo ombre*

Ora siamo pronti a immergerci nel famigerato *dark web* e a esplorare tutti quei servizi che lo popolano ma, come tutte le immersioni in profondità, dobbiamo prepararci bene per non correre rischi inutili.

Per prima cosa, dobbiamo considerare che non è possibile tracciare una netta linea di demarcazione tra una parte «buona» e una «cattiva» del *dark web*: la maggior parte dei servizi si presta tanto a un uso lecito quanto a un utilizzo illecito essendo, gli stessi, perfettamente neutrali. Ciò detto, per mera comodità espositiva, nelle prossime pagine distingueremo tra contenuti e servizi e, poi, ove possibile, tra contenuti legali e illegali, in modo da fornire una panoramica, il più possibile accurata, del *deep web*, delle sue luci e delle sue molteplici zone oscure.

Prima di procedere è però necessario stabilire alcune definizioni: a tal fine, con il termine «servizi» indicheremo tutti quei siti, presenti tanto nel *surface web* quanto nel *deep web*, che forniscono servizi legati all'anonimato e alla protezione della riservatezza degli utenti. Con il termine «contenuti», invece, indicheremo nello specifico tutti quei siti che forniscono fotografie, filmati, documenti e materiali relativi a informazioni di ogni genere, distinguendo poi tra contenuti leciti e illeciti, valutandoli sulla base del codice penale italiano.

In rete esistono, infatti, numerosi servizi pensati per chi si trova a dover proteggere il proprio anonimato e la sicurezza delle proprie comunicazioni, e tutti questi servizi sono liberamente accessibili e fruibili per chiunque. Naturalmente, non è possibile escludere utilizzi abusivi e illeciti di questi servizi, ma possiamo tranquillamente affermare che, nella maggior parte dei casi, gli utenti che vi fanno ricorso li impiegano per finalità di autodifesa o per diffondere informazioni o notizie proteggendo fonti confidenziali.

Per esplorare con sicurezza (sia pure relativa) il *deep web* dobbiamo controllare la nostra attrezzatura. Sono infatti necessari:

- un buon antivirus aggiornato;
- un buon firewall, ben configurato;
- TOR o, meglio ancora, TAILS;
- un computer «sacrificabile», cioè una macchina che non contenga informazioni sensibili e che, in caso di virus o altro, possa essere formattata e ripristinata senza troppi problemi.

Potrebbero sembrare delle raccomandazioni eccessive, ma è bene ribadire che il *deep web* è un posto potenzialmente molto pericoloso dove, in tema di sicurezza, essere paranoici rappresenta una grande virtù…

2. The Hidden Wiki [http://zqktlwiuavvvqqt4ybvgvi7tyo4hjl5xgfuvpdf6otjiycgwqbym2qad.onion]

Pur trattandosi di un portale e, quindi, logicamente riconducibile ai contenuti, il punto di partenza della nostra

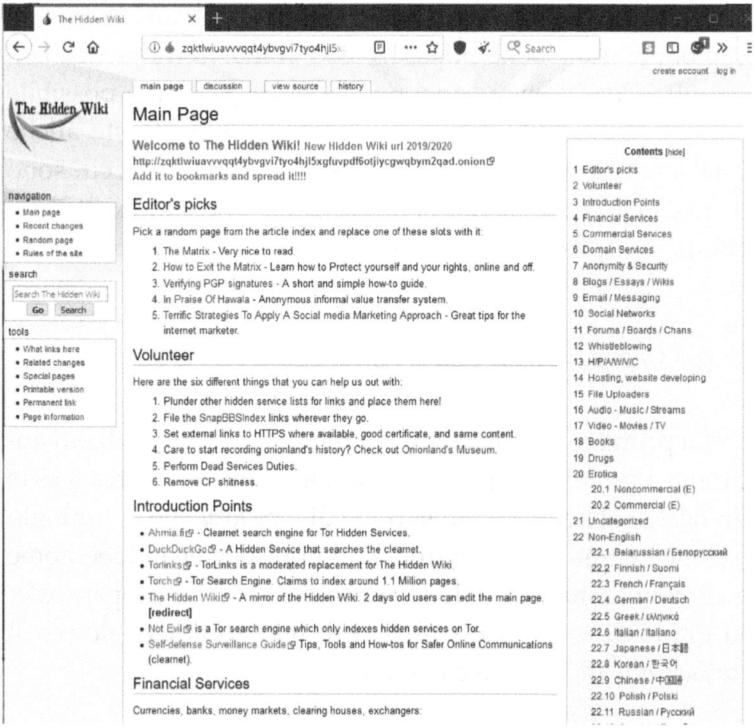

La pagina principale della Hidden Wiki

esplorazione non può non essere il sito noto come The Hidden Wiki: una vera e propria enciclopedia che illustra i principali servizi presenti del *dark web*.

Questo sito rappresenta, di fatto, la versione nascosta di Wikipedia ed è un eccezionale punto di partenza per esplorare e comprendere fino in fondo il *dark web* e i suoi contenuti. Si tratta, indubbiamente, di una delle più grandi raccolte di siti funzionanti del *dark web*, tutti catalogati per genere e contenuto, con delle regole molto precise e severe in merito all'aggiornamento, alla gestione degli indirizzi e alla descrizione dei contenuti offerti.

Nelle prossime pagine analizzeremo alcuni di questi contenuti, ma è bene precisare che, stante la frequenza con cui gli *hidden service* vengono chiusi o spostati, è possibile che gli indirizzi forniti non siano più validi. Esiste anche una versione non censurata della Hidden Wiki, in cui sono disponibili anche quei (pochi) contenuti che Hidden Wiki si rifiuta di ospitare, ma di questo parleremo tra poco.

3. Motori di ricerca dedicati

La prima categoria di servizi relativi al *deep web* di cui andremo a parlare è rappresentata dai motori di ricerca a esso dedicati: sebbene a volte si tratti di *directory* che si limitano a elencare una lista di indirizzi .onion specificandone nome e contenuto, non di rado si trovano dei veri e propri *spider* in grado di indicizzare, al pari di quanto fa Google per il *surface web,* indirizzi e contenuti.

Ahmia [http://msydqstlz2kzerdg.onion/]

Si tratta di un motore di ricerca pensato e progettato per facilitare l'individuazione dei servizi nascosti che, volontariamente, richiedono l'inserimento del proprio indirizzo all'interno del database. Il motore è accessibile anche direttamente dal web di superficie, utilizzando l'indirizzo http://ahmia.fi, e riporta un'interessante statistica relativa ai siti maggiormente richiesti e all'impiego del motore di ricerca.

Particolarmente interessante è la scelta di rimuovere dal motore di ricerca il materiale contenente pornografia infantile e di segnalare tale scelta nella pagina *blacklist.*

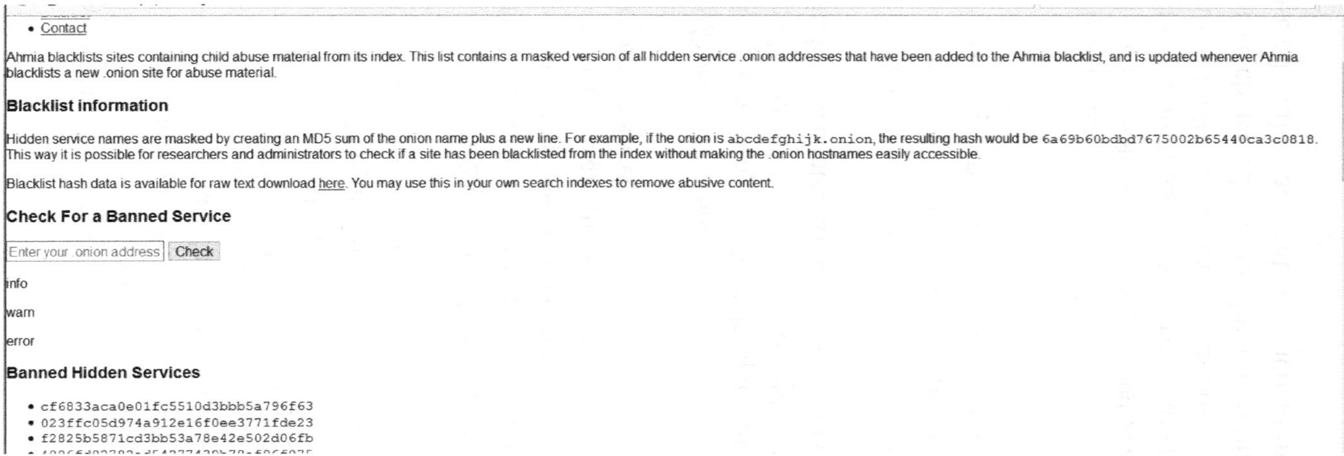

Per verificare se un sito è inserito in blacklist non viene inserito l'indirizzo del sito, ma l'hash (impronta) equivalente

Al fine di evitare ogni pubblicità a questo genere di materiale, l'elenco dei siti viene fornito attraverso il calcolo del valore MD5 dell'indirizzo del sito stesso: in questo modo per chi vuol segnalare un sito è facile verificare se lo stesso è già presente nel database mentre è impossibile partire dall'elenco e generare una lista di indirizzi. A tal proposito, l'avviso legale del sito specifica che la legittimità dei contenuti viene valutata in base alle leggi finlandesi e fornisce un indirizzo di *abuse* a cui inviare eventuali segnalazioni.

DuckDuckGo [http://3g2upl4pq6kufc4m.onion/]

Si tratta di un altro motore di ricerca, ma questa volta il servizio è pensato appositamente per consentire agli utenti di effettuare ricerche anonime e non tracciabili relativamente a siti presenti nel web di superficie.

Torch [http://xmh57jrzrnw6insl.onion/]

Si tratta, probabilmente, del principale motore di ricerca pensato esclusivamente per TOR; completamente privo di censure, indicizza contenuti di qualsiasi genere.

Tormax [http://tormaxunodsbvtgo.onion/tormax/]

Simile al precedente è un motore di ricerca completamente privo di censure che indicizza contenuti di qualsiasi genere.

Grams [http://grams7ebnju7gwjl.onion/]

Si tratta di un motore di ricerca specializzato in *dark marketing* e *bitcoin cleaning* (dei bitcoin parleremo più avanti), con la possibilità di effettuare ricerche di beni e servizi utilizzando parole chiave ed, eventualmente, raffinando le ricerche in base alle valute accettate nei mercati individuati.

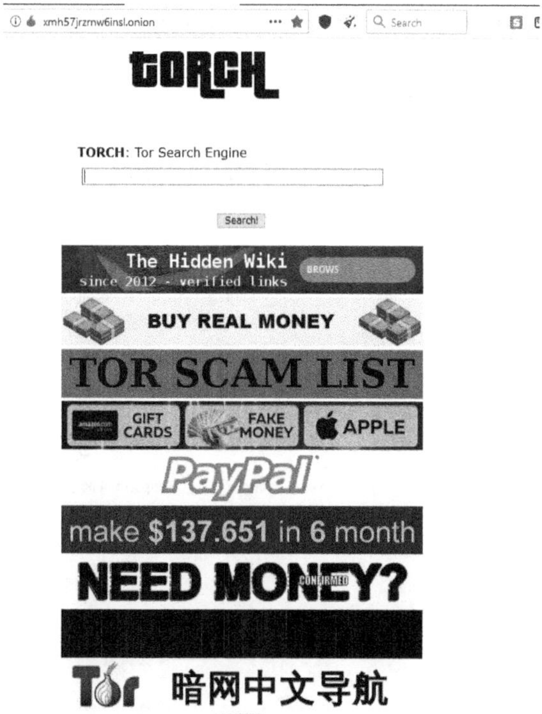

L'immagine riproduce la pagina di ricerca del motore Torch

In fondo a ogni pagina, Grams indica la quotazione attuale dei bitcoins in relazione alle principali valute (euro, dollari, sterline e dollari australiani).

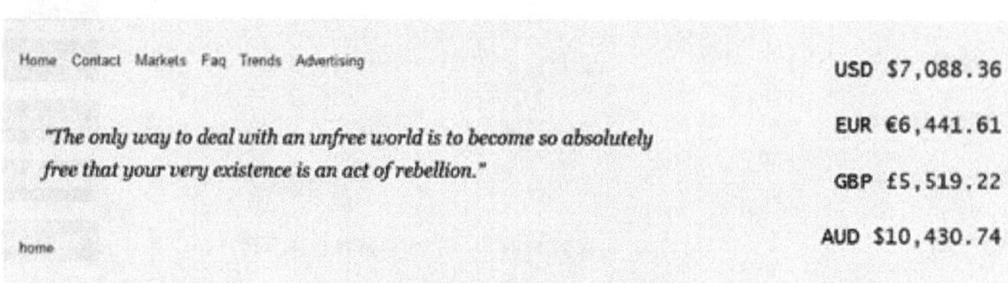

Le quotazioni del 7 gennaio 2020

L'utente può poi vedere, in ogni momento, un elenco dei *market* al cui interno Grams esegue la ricerca, e valutarne l'attendibilità vedendo come gli altri utenti registrati li hanno valutati e recensiti.

Al fine di evitare recensioni fraudolente, per poter recen-

DeepDotWeb.com's List of Hidden Marketplaces

For a list of the different features of each market. Grams recommends...

dnstats.com's Market Chart

Market Ratings

Market	Overall Rating	Support Rating	Votes	
Darknet Hero League	★★★★★	★★★★★	8	Rate Darknet Hero League
Oasis	★★★★★	★★★★★	1	Rate Oasis
Hansa	★★★★☆	★★★★★	5	Rate Hansa
Nucleus Market	★★★★☆	★★★★☆	138	Rate Nucleus Market
AlphaBay	★★★★☆	★★★★☆	146	Rate AlphaBay
Agora	★★★★☆	★★★★☆	180	Rate Agora
Abraxas	★★★★☆	★★★☆☆	81	Rate Abraxas
Majestic Garden	★★★★☆	★★★☆☆	11	Rate Majestic Garden
Middle Earth	★★★★☆	★★★☆☆	52	Rate Middle Earth
Real Deal Market	★★★★☆	★★★★☆	3	Rate Real Deal Market
Silkkitie	★★★★☆	★★★☆☆	16	Rate Silkkitie
Oxygen	★★★☆☆	★★★☆☆	8	Rate Oxygen
Outlaw Market	★★★☆☆	★★★☆☆	18	Rate Outlaw Market
Tochka Market	★★★☆☆	★★★★☆	8	Rate Tochka Market
Arsenal	★★☆☆☆	★★☆☆☆	9	Rate Arsenal

L'immagine presenta l'elenco dei market e le loro quotazioni

sire un *market*, l'utente deve essere registrato e, per poterlo fare, deve versare una quota di accesso (pari a 0.01 bitcoin, circa 65 euro). L'importo versato viene poi contabilizzato nell'account dell'utente, che potrà utilizzarlo per le successive transazioni.

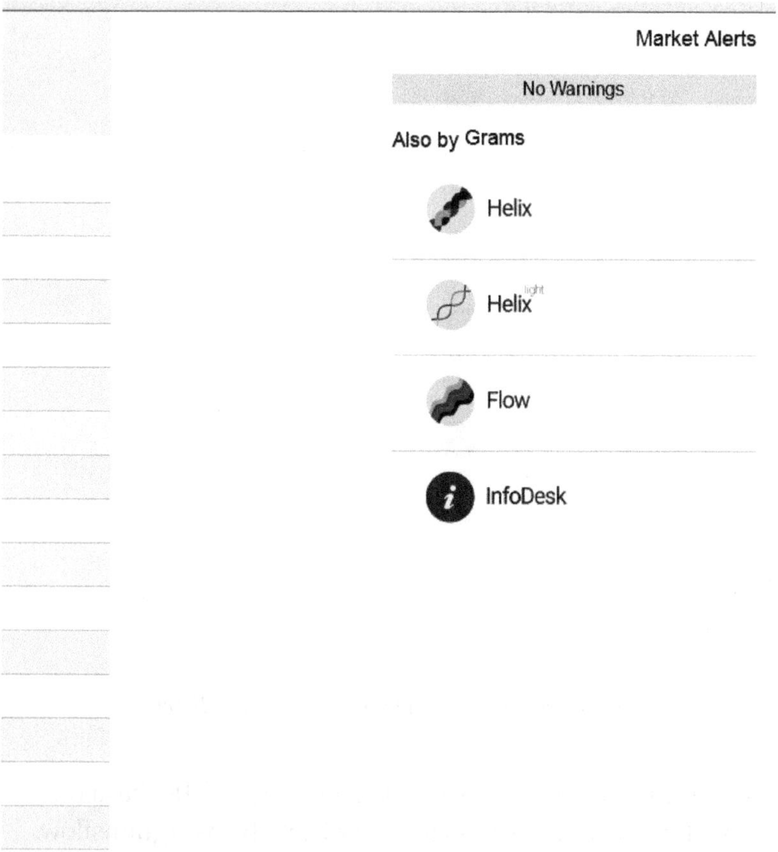

Nell'immagine prodotta di seguito, vediamo una statistica dei principali termini di ricerca utilizzati dagli utenti e proposti su base giornaliera (per il giorno 26 novembre 2019) e assoluta.

Trending Today		Trending All-Time	
porn	384	porn	6,012
weed	212	weed	3,326
gun	186	Market	3,121
cocaine	172	gun	3,059
sex	153	sex	2,626
Guns	131	cocaine	2,480
LSD	128	Source code	2,460
cannabis	111	lsd	2,183
drugs	96	Bitcoin	2,096
money	91	guns	2,089
Mdma	91	password hash	2,060
heroin	90	Security	2,028
porno	88	hack	2,027
casting	76	hack tools	2,016
dream market	70	money	1,616
hack	64	mdma	1,590
weapon	63	black hat	1,588
rape	63	cannabis	1,564
teen	62	drugs	1,518
drug	62	attack tools	1,508

Le statistiche dei principali termini di ricerca utilizzati

Da ultimo si segnala il servizio Flow che, di fatto, ha la funzione di reindirizzare, passando per il sito https://gramsflow.com/ gli indirizzi digitati dagli utenti sostituendo agli indirizzi .onion degli altri nomi più facili da ricordare.

Not Evil [http://hss3uro2hsxfogfq.onion/]

Si tratta di un motore di ricerca che indicizza soltanto gli indirizzi nascosti della rete TOR senza registrare alcunché e senza utilizzare JavaScript, Cookies o Flash, in modo da garantire la massima riservatezza agli utenti. Il motore di ricerca non ammette determinate categorie di contenuti quali pornografia infantile, vendita di armi e droga e contenuti illegali in generale, invitando gli utenti a segnalare questa tipologia di contenuti.

Interessante osservare che è la comunità a stabilire cosa è legale e cosa, invece, non lo è, dato che: «Not Evil è un riflesso di quello che la comunità sta cercando e di quello che la comunità ritiene illecito o inappropriato» [1].

In breve, quando un contenuto viene segnalato come «illegale», il sito in questione viene automaticamente inserito all'interno di una specifica lista contenente tutti i siti segnalati. Si badi bene: il sito non verrà mai valutato e/o visionato da un essere umano, ma nel momento in cui più persone, purché siano abbastanza da poter essere considerate un numero rappresentativo della comunità, segnalano il sito come «cattivo», allora il sistema stabilisce, in maniera autonoma, che la comunità stessa ha deliberato che il sito deve essere considerato illegale e, quindi, viene automaticamente rimosso dall'indice.

Il sito contiene, poi, un elenco aggiornato di notizie, provenienti dal *surface web*, relative al *dark web* e, per ogni novità, viene riportata la fonte e uno specifico canale di chat. Il sito contiene, infatti, anche una *chat room* con numerosi canali dedicati ai più svariati argomenti.

[1] «Not Evil is a reflection of what the community is searching for and what the community reports as abusive or inappropriate content» (vedi http://hss3uro2hsxfogfq.onion/about.htm).

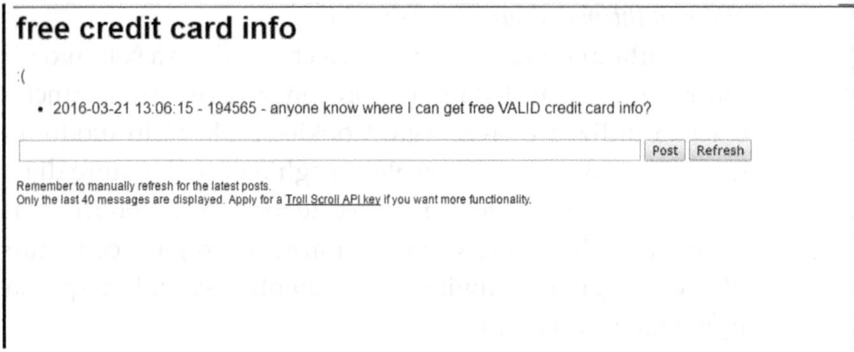

Alcuni esempi dei messaggi presenti nella bacheca

La chat (denominata *TrollScroll*) può, naturalmente, essere utilizzata senza alcuna registrazione e consente agli utenti di creare canali pubblici e privati e di leggere e scrivere commenti nei vari canali.

Harry71's Onion Spider [http://skunksworkedp2cg.onion/]

Più che di un motore di ricerca, si tratta di una pagina che raccoglie siti .onion conosciuti e attivi; li riporta in un lungo elenco con accanto una descrizione dei loro contenuti e alcune statistiche.

DeepDotWeb [http://deepdot35wvmeyd5.onion/]

Si trattava della versione relativa al *deep web* del noto portale (presente nel web di superficie) DeepDotWeb, il cui obiettivo è quello di fornire agli utenti del *surface web* informazioni e notizie relative alle *dark net*.

Gli autori del portale, che dichiarano di non essere anglofoni, affermano che la decisione di realizzare e gestire il sito nasce come hobby in seguito alla loro volontà di vendicarsi contro le loro autorità locali per aver arrestato i loro ami-

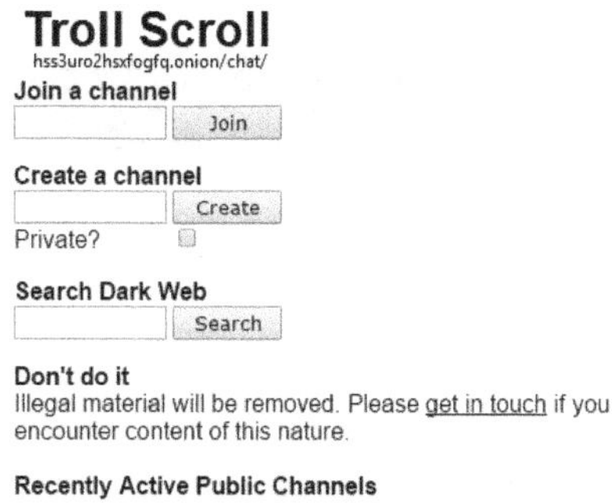

ci accusandoli di aver comperato droga attraverso il *market* SilkRoad. Il loro scopo dichiarato era quello di rendere le informazioni relative ai *market* presenti nel *dark web* più accessibili per ciascuno, rendendo, al contempo, i *dark net market* un po' più sicuri grazie alla segnalazione di problemi, truffe od operazioni delle forze dell'ordine.

Gli autori affermano di essere in stretto contatto con le varie *dark net communities,* da cui raccolgono informazioni, e di non avere alcuna preferenza tra un mercato e l'altro dato che l'unico aspetto che interessa loro è quello che accade nei vari *market*: la condotta dei compratori, dei venditori, degli amministratori, dei moderatori e di chiunque altro operi nei vari mercati. L'obiettivo è quello di fornire informazioni oneste e accurate a utenti e giornalisti, aiutandoli a comprendere ciò che accade in questi luoghi ed evitando al contempo truffe e inganni.

Al momento di andare in stampa, il portale risulta essere stato posto sotto sequestro dalle autorità.

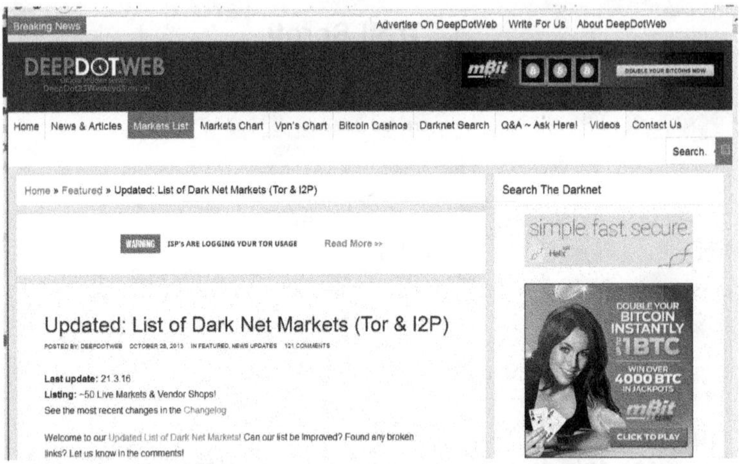

La home page del portale prima del sequestro

La home page del portale oggi

Dir [link volutamente omesso]

Si tratta di una raccolta di link e collegamenti a risorse, prevalentemente illegali, presenti nel *dark web.* Ogni collegamento è accompagnato dalla descrizione dei contenuti, da una valutazione da parte degli utenti e della data e ora in cui ne è stata verificata la disponibilità l'ultima volta.

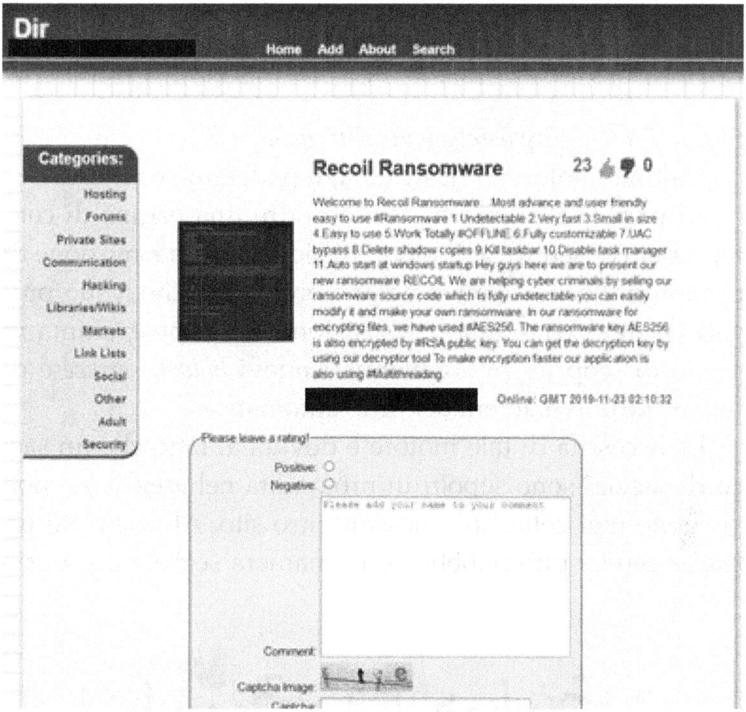

La home page del portale

Google.onion [http://ggonionvhfq7brmj.onion/]

Si tratta di un motore di ricerca che imita il più celebre Google. Nella descrizione è possibile leggere che il motore indicizza automaticamente i siti e che la loro posizione dipende dal contenuto della descrizione, dalle parole chiave utilizzate, dai titoli delle pagine e dalle visite degli utenti. Il motore di ricerca è automatico, opera senza alcun intervento umano e non viene effettuata alcuna verifica o censura relativamente ai contenuti.

Sinbad Search [http://sinbad66644fr5lq.onion/]

L'ultimo motore di ricerca di cui parleremo è Sinbad.

Al pari di altri servizi, Sinbad offre una pagina di contatto per consentire agli utenti di richiedere la rimozione di contenuti illeciti. L'autore del motore spiega che il suo progetto è finalizzato alla realizzazione di un programma in grado di scoprire in autonomia i nuovi *hidden service* e di indicizzarli in maniera del tutto automatica.

La necessità di tale motore è dovuta al fatto che un sacco di servizi sono sepolti in profondità nel *deep web* e non vengono mai collegati a nessun altro sito. Al momento un *hidden service* può pubblicare in maniera segreta il proprio

La home page del motore di ricerca

descrittore in una specifica *directory* e, sebbene tali informazioni siano astrattamente pensate per aiutare il *client* TOR a connettersi al servizio (e quindi, teoricamente, si dovrebbe trattare di informazioni pubbliche), le stesse non sono facilmente interpretabili da un operatore umano o dalla maggior parte dei motori di ricerca dedicati al *dark web*. A questo punto, entra in gioco Sinbad, che si occupa di scoprire in autonomia i nuovi *hidden service* e, se offrono servizi basati sul protocollo http, di aggiungerli al proprio database.

4. *Anonymity & Security*

Particolarmente rilevanti nel *dark web* sono, ovviamente, i siti dedicati alla sicurezza e alla protezione dell'anonimato: sebbene molti di questi servizi possano essere trovati anche nel web di superficie, le pagine in questione si rivelano in genere molto più dettagliate e interessanti in quanto, spesso, contengono delle istruzioni e delle guide fatte molto bene.

Mixing Service

Un *Mixing Service* è un'abbreviazione per *Cryptocurrency Mixing Service*, ovvero un servizio finalizzato a mescolare e rendere non tracciabili denaro digitale o, come si dice in gergo, criptovaluta (di questa categoria di beni parleremo dettagliatamente più avanti), in modo da confondere le tracce e rendere non identificabile l'origine del denaro.

Di fatto si tratta di servizi dedicati al cyber-riciclaggio ed espressamente finalizzati a tale attività, con un occhio di riguardo alla criptomoneta più diffusa nel *dark web*: i *bitcoin*; per tale ragione parleremo più accuratamente di questi servizi nella parte del libro a essi dedicata.

Anonimato

In TOR esistono numerosi servizi finalizzati alla tutela dell'anonimato: essenzialmente, dato che il principale strumento di protezione è lo stesso TOR, si tratta di guide e di *how to* su come utilizzare nel migliore dei modi questo strumento, riducendo al minimo il rischio legato alla componente umana.

È molto importante non confondere con TOR i vari servizi *gateway* che offre la rete: si tratta di siti web che consentono agli utenti di accedere a indirizzi .onion senza dover installare TOR, ma che, proprio perché semplici punti di accesso, non sono in grado di garantire l'anonimato.

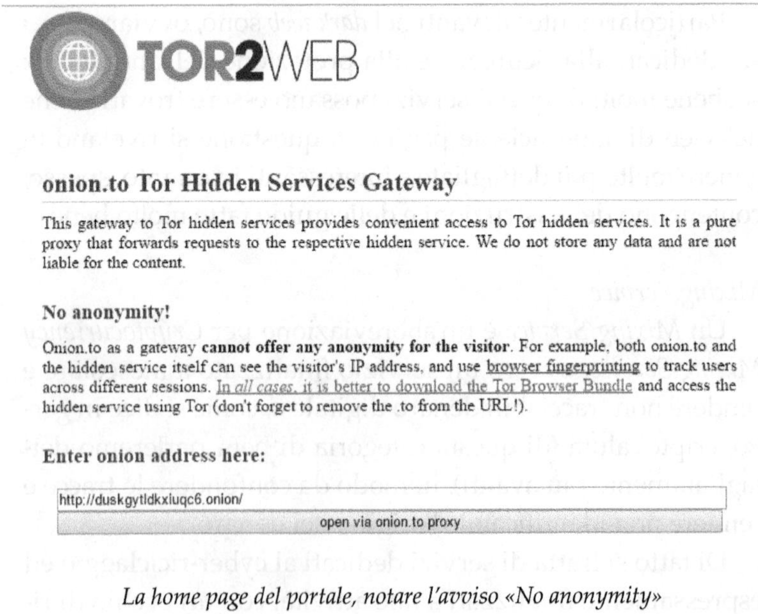

La home page del portale, notare l'avviso «No anonymity»

Sicurezza

Uno degli argomenti più dibattuti del *deep web* è rappresentato dalla sicurezza del sistema, soprattutto per quanto riguarda il rischio di intercettazione e profilazione dell'utente. Da un punto di vista tecnico, la sicurezza di un sistema è data dalla sua capacità di resistere a (o proteggere da) un'eventuale azione di danno. Può essere applicata a ogni elemento che abbia un valore e che sia vulnerabile, sia esso una persona, una cosa, una nazione o una comunità.

Un test interessante potrebbe essere rappresentato dall'impiego del sito Panopticlick (https://panopticlick.eff.org/) attraverso cui si dimostra la possibilità di identificare un utente semplicemente attraverso l'analisi del browser utilizzato.

Nell'immagine di p. 108 è possibile vedere il risultato ottenuto utilizzando il browser Firefox mentre nell'immagine di p. 109 abbiamo utilizzato TOR: nel primo caso la nostra impronta è risultata univoca e differente da quella dei 253.264 utenti che hanno visitato il sito negli ultimi 45 giorni (il che significa che per il sito è possibile identificarci con relativa sicurezza) mentre nel secondo caso il sito ci informa che ogni 122 utenti browser ce ne è un altro la cui impronta è identica alla nostra.

Quali sono i sistemi utilizzati per identificare il nostro browser? Sempre Panopticlick ci mostra gli algoritmi utilizzati e i risultati ottenuti (la descrizione delle voci può essere trovata in questo articolo https://medium.com/@useradd_deploy/whats-my-fingerprint-b8df1d8e3293 mentre la questione può essere approfondita tramite questo articolo https://www.cybersecurity360.it/nuove-minacce/il-fingerprinting-del-browser-cose-e-come-funziona-il-tracciamento-delle-nostre-attivita-online/).

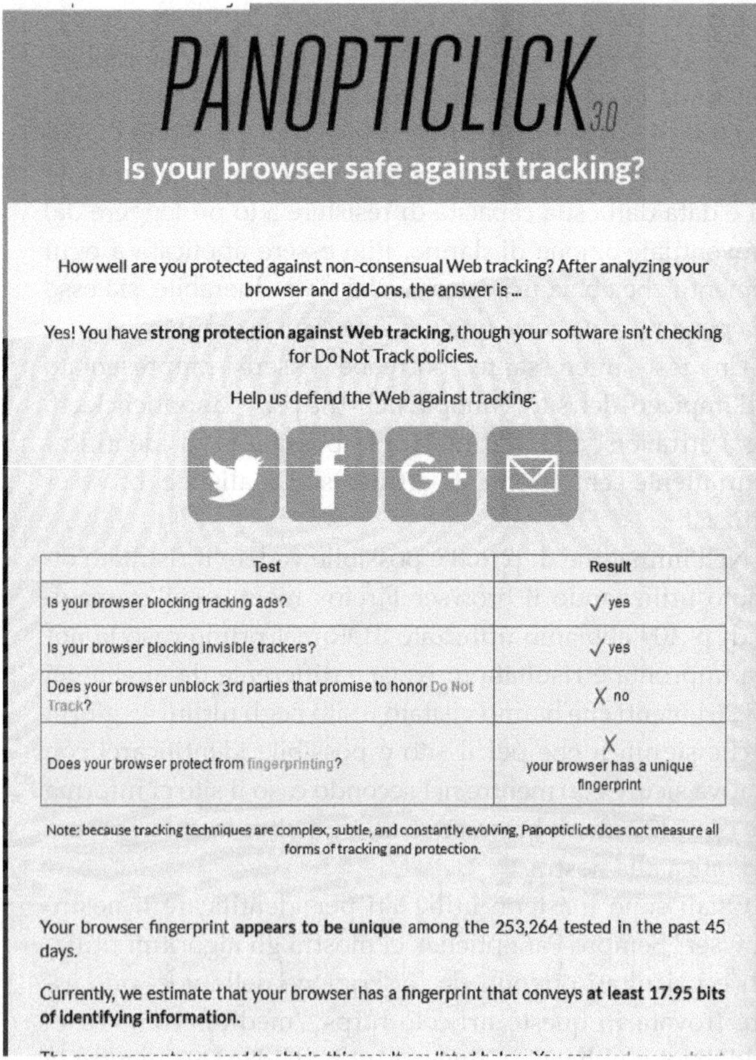
PANOPTICLICK 3.0

Is your browser safe against tracking?

How well are you protected against non-consensual Web tracking? After analyzing your browser and add-ons, the answer is ...

Yes! You have **strong protection against Web tracking**, though your software isn't checking for Do Not Track policies.

Help us defend the Web against tracking:

Test	Result
Is your browser blocking tracking ads?	✓ yes
Is your browser blocking invisible trackers?	✓ yes
Does your browser unblock 3rd parties that promise to honor Do Not Track?	✗ no
Does your browser protect from fingerprinting?	✗ your browser has a unique fingerprint

Note: because tracking techniques are complex, subtle, and constantly evolving, Panopticlick does not measure all forms of tracking and protection.

Your browser fingerprint **appears to be unique** among the 253,264 tested in the past 45 days.

Currently, we estimate that your browser has a fingerprint that conveys **at least 17.95 bits of identifying information.**

A sinistra è possibile vedere il risultato ottenuto utilizzando il browser Firefox senza particolari precauzioni mentre a destra abbiamo utilizzato TOR

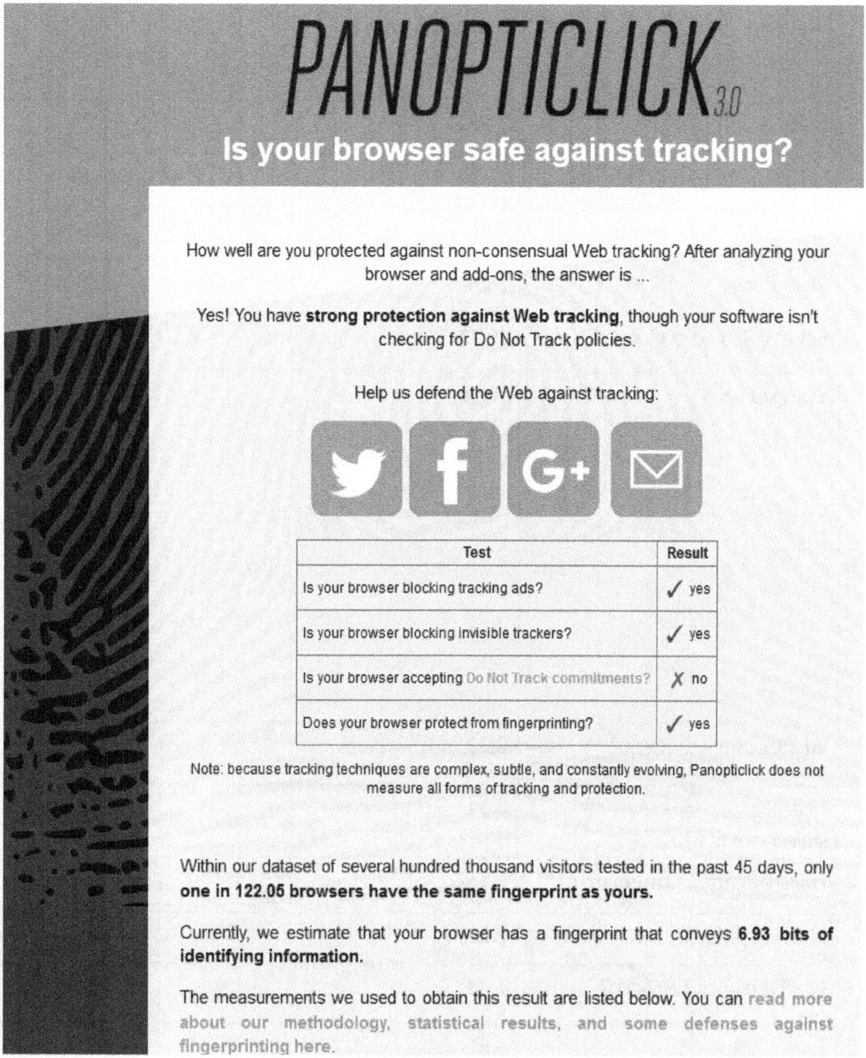

PANOPTICLICK 3.0

Is your browser safe against tracking?

How well are you protected against non-consensual Web tracking? After analyzing your browser and add-ons, the answer is ...

Yes! You have **strong protection against Web tracking**, though your software isn't checking for Do Not Track policies.

Help us defend the Web against tracking:

Test	Result
Is your browser blocking tracking ads?	✓ yes
Is your browser blocking invisible trackers?	✓ yes
Is your browser accepting Do Not Track commitments?	✗ no
Does your browser protect from fingerprinting?	✓ yes

Note: because tracking techniques are complex, subtle, and constantly evolving, Panopticlick does not measure all forms of tracking and protection.

Within our dataset of several hundred thousand visitors tested in the past 45 days, only **one in 122.05 browsers have the same fingerprint as yours.**

Currently, we estimate that your browser has a fingerprint that conveys **6.93 bits of identifying information.**

The measurements we used to obtain this result are listed below. You can read more about our methodology, statistical results, and some defenses against fingerprinting here.

Browser Characteristic	*Bits of identifying information*	*One in x browsers have this value*
User Agent	3.55	11.73
HTTP _ ACCEPT Headers	7.72	210.88
Browser Plugin Details	0.81	1.76
Time Zone	2.26	4.78
Screen Size and Color Depth	10.72	1688.43
System Fonts	10.36	1312.25
Are Cookies Enabled?	0.22	1.17
Limited supercookie test	0.34	1.26
Hash of canvas fingerprint	12.52	5889.86
Hash of WebGL fingerprint	5.28	38.8
DNT Header Enabled?	1.08	2.11
Language	6.5	90.58
Platform	1.3	2.46
Touch Support	0.66	1.59

La tabella mostra nel dettaglio la miriade di informazioni che consegniamo a una pagina web ogni volta che la visitiamo

Value
Mozilla/5.0 (Windows NT 10.0; Win64; x64; rv:70.0) Gecko/20100101 Firefox/70.0
text/html, */*; q=0.01 gzip, deflate, br it-IT,it;q=0.8,en-US;q=0.5,en;q=0.3
undefined
-60
3072x1728x24
Arial, Arial Rounded MT Bold, Book Antiqua, Bookman Old Style, Calibri, Cambria, Cambria Math, Century, Century Gothic, Century Schoolbook, Comic Sans MS, Consolas, Courier, Courier New, Garamond, Georgia, Helvetica, Impact, Lucida Bright, Lucida Calligraphy, Lucida Console, Lucida Fax, Lucida Handwriting, Lucida Sans, Lucida Sans Typewriter, Lucida Sans Unicode, Microsoft Sans Serif, Monotype Corsiva, MS Gothic, MS Outlook, MS PGothic, MS Reference Sans Serif, MS Sans Serif, MS Serif, MYRIAD PRO, Palatino Linotype, Segoe Print, Segoe Script, Segoe UI, Segoe UI Light, Segoe UI Semibold, Segoe UI Symbol, Tahoma, Times, Times New Roman, Trebuchet MS, Verdana, Wingdings, Wingdings 2, Wingdings 3 (via JavaScript)
Yes
DOM localStorage: Yes, DOM sessionStorage: Yes, IE userData: No
[omissis]
[omissis]
False
it-IT
Win32
Max touchpoints: 0; TouchEvent supported: false; onTouchStart supported: false

L'impiego delle dimensioni delle finestre, la lingua impostata, i font di sistema sono solo alcuni esempi dei vari sistemi che possono essere utilizzati per individuare un utente e di cui dobbiamo essere consapevoli per tutelare la nostra sicurezza. La prima e la più importante decisione in tema di sicurezza riguarda la scelta del sistema operativo da utilizzare e, a tal proposito, viene espressamente suggerito l'impiego del sistema integrato TAILS, di cui viene indicato il link. Viene poi suggerito anche di utilizzare macchine virtuali (come ad esempio VirtualBox), in modo da avere un sistema esclusivamente dedicato alla navigazione anonima.

In merito alla tutela della riservatezza, vista come la capacità di nascondere sé stessi o informazioni a sé relative da un'entità qualsiasi, viene invece indicato un sito specializzato nel fornire documenti di identità e licenze di guida contraffatte. I costi sono piuttosto contenuti: il solo passaporto italiano costa circa 550 euro, mentre con 750 euro è possibile ottenere un set completo di documenti nuovi (passaporto, carta di identità e patente di guida).

Sebbene il sito (il cui nome, FakeID, è decisamente evocativo) affermi che i documenti vengono inviati solo *For entertainment only* (ovvero solo a scopo ludico), la reale finalità degli acquirenti appare evidente dalla fattura degli stessi e dalla possibilità di «invecchiarli», inserendo timbri di entrata e uscita da vari Paesi, nonché dalla possibilità di registrare il passaporto nel database di alcuni governi. Infine, si segnala la presenza di un'involontaria autoironia tra le FAQ del sito: alla domanda se è possibile pagare il passaporto con carta di credito gli operatori rispondono: «Date le caratteristiche del nostro servizio ci resta difficile accettare questo tipo di pagamento...».

Nell'immagine è possibile vedere i servizi offerti dal sito

5. Servizi di hosting [Web, File o Immagini]

Un altro servizio particolarmente apprezzato è quello dedicato all'*hosting* di contenuti: siano essi siti web, file musicali, filmati, documenti o immagini, questi servizi consentono agli utenti di mettere a diposizione degli altri determinati contenuti in maniera del tutto anonima.

Vediamo, ora, alcuni di questi servizi.

Nell'immagine è possibile vedere il costo dei vari servizi offerti dal sito

Real Hosting [http://hosting6iar5zo7c.onion/]

Il sito offre la possibilità di acquistare uno spazio web in un *hidden service* con l'opzione di poter personalizzare la prima parte del nome a dominio.

Il servizio è molto simile ai suoi fratelli presenti nel *surface web*; le principali differenze consistono nel fatto che l'unica valuta accettata per i pagamenti è il bitcoin e che il servizio base offre soltanto 256 MB di disco, sia pure con la possibilità di chiedere più spazio in caso di bisogno.

Gli unici contenuti non ammessi sono quelli inerenti la pornografia infantile e ogni tipologia di attività o servizio finalizzato a danneggiare altri siti web o server e, nello specifico: DDoS, brute-force attack, software cracking ecc.

TorShops [http://shopsat2dotfotbs.onion/]

Si tratta di un portale che offre servizi di *e-commerce* dedicati ai *dark market*, come evidenzia il brand del sito: «TorShops | Create il vostro .onion store personale – comprate e vendete droghe, armi, denaro falso, documenti di identità e passaporti falsi, in cambio di bitcoin»[2].

La tariffa di accesso base è pari a 100 dollari (0,01368 BTC) e una provvigione sugli acquisti che varia da un massimo del 6% per arrivare al 3% per operatori con un gran numero di transazioni. Una delle caratteristiche principali del servizio offerto è la piena integrazione con il sistema dei bitcoin e la possibilità di integrazione con gli altri *dark market* già presenti nel *dark web*.

[2] «TorShops | Create your own .onion store - buy and sell drugs, guns, counterfeits, fake ids, fake passports for bitcoin».

Bittit [http://ejz7kqoryhqwosbk.onion/]

Disponibile tanto nel *dark web* come nel *surface web*, questo sito non si occupa semplicemente di vendere fotografie, bozzetti, disegni o fumetti originali degli utenti in cambio di bitcoin, ma introduce un nuovo meccanismo di vendita legato alla proprietà intellettuale. Il meccanismo alla base del servizio è molto semplice: l'utente carica le proprie foto e inserisce l'indirizzo del proprio borsellino elettronico per l'accredito dei pagamenti. L'immagine viene proposta in una frazione della risoluzione originale e, man mano che gli utenti pagano per poterla vedere, la risoluzione dell'immagine viene aumentata. Una volta che viene raggiunto il compenso richiesto dall'autore, chiunque può fruire dell'immagine alla sua massima qualità, senza dover pagare ulteriori somme all'autore. Per parafrasare il motto del sito, è come se la società stessa, nella sua collettività, pagasse per il diritto di godere, tutta insieme e senza limiti, di quello specifico lavoro. Al momento di andare in stampa, risulta attivo soltanto il sito presente nel *surface web*.

Liberty's Hackers [http://libertygb2nyeyay.onion/]

Il sito offre una serie di servizi di *hosting*, finalizzati a garantire a chiunque l'esercizio del diritto di espressione nel pieno rispetto dell'anonimato, sia pure con alcune restrizioni. Il servizio viene proposto gratuitamente per progetti personali mentre viene richiesto un contributo per progetti commerciali; agli utenti viene fornito uno spazio disco di 500 MB che può essere aumentato in caso di bisogno.

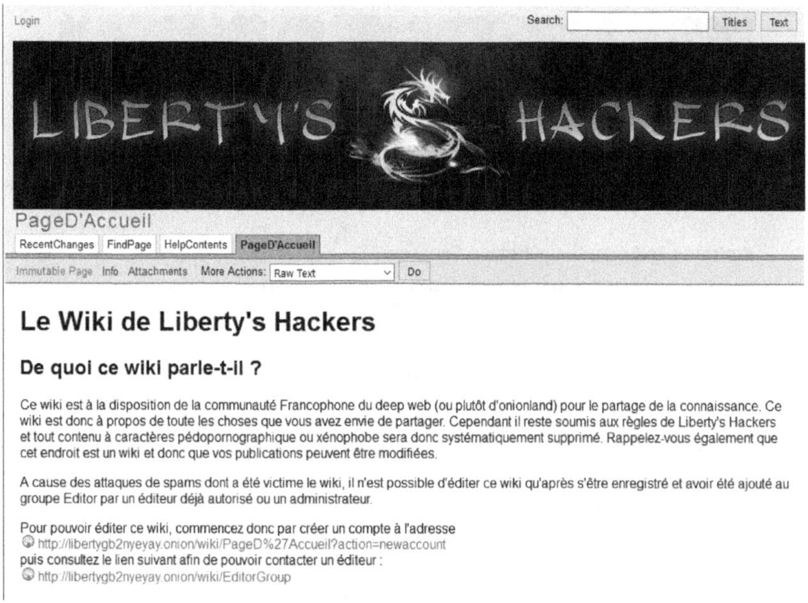

La pagina iniziale del sito

È poi presente un deposito per eventuali progetti *software* che possono essere condivisi pubblicamente o tenuti privati. Vengono vietati espressamente soltanto alcuni contenuti: pornografia infantile, razzismo e xenofobia; il gestore del sito si riserva il diritto di eliminare questi contenuti dai propri servizi. Al momento di andare in stampa il sito non risulta attivo.

Prometheus_Hidden_Services [http://prometh5th5t5rfd.onion/]

Il sito offre una serie di servizi a pagamento, tutti legati agli *hidden service*. Questi servizi consentono agli utenti di gestire una macchina virtuale collocata nel *dark web*.

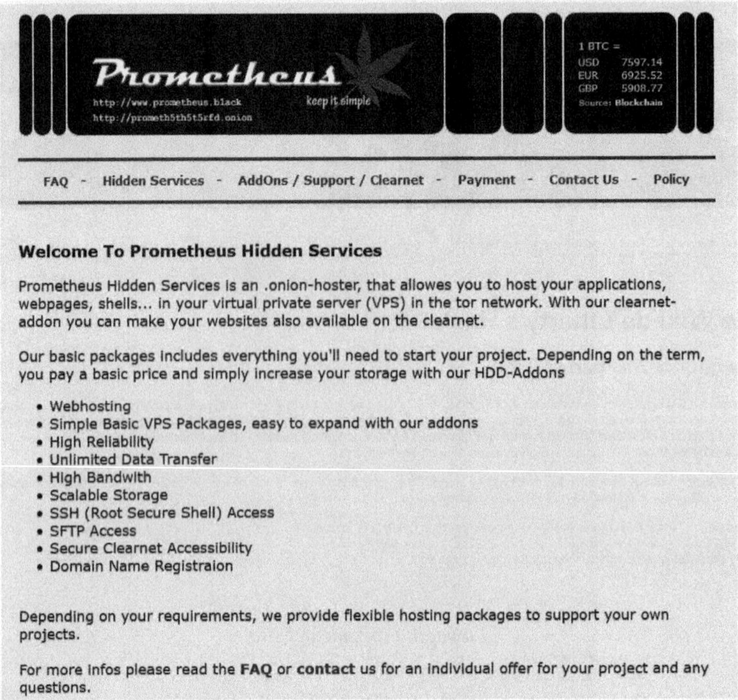

La pagina con la descrizione dei servizi offerti dal sito

Viene espressamente vietato l'utilizzo dei servizi offerti per attacchi di tipo DoS, sabotaggi, diffusione di contenuti contro l'umanità (pedopornografia) e pubblicazione di materiali che istighino uno o più soggetti ad avviare attacchi contro altri individui, come, ad esempio, terrorismo.

Freedom hosting II [http://libertygb2nyeyay.onion/]

Il sito offre servizi di *hosting* gratuiti su .onion, garantendo ai propri iscritti tutta una serie di funzioni finalizzate a tutelare la loro riservatezza. In particolare viene fornito un accesso FTP, 256 MB di spazio-disco, un database MySQL,

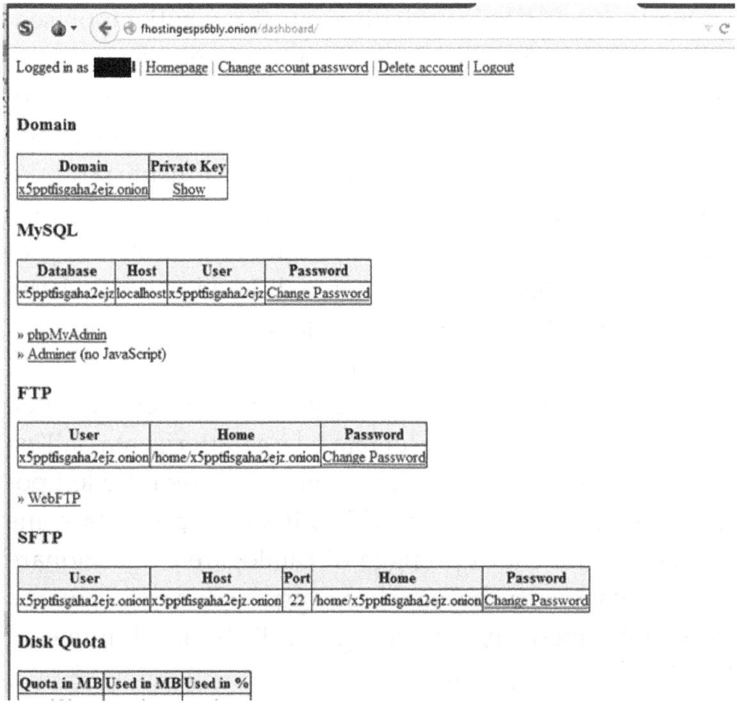

La pagina con il pannello di controllo del sito

traffico illimitato, nessun *log* e possibilità di cancellare immediatamente tutti i contenuti premendo un solo tasto «wipe». Di seguito il pannello di controllo del sito.

6. *Altre Wiki*

Passiamo, ora, ad analizzare blog, siti dedicati a saggi, informazioni e contenuti enciclopedici sul modello di Wikipedia. Il panorama di questa tipologia di materiali è molto vasto e, sebbene spesso si tratti di siti piuttosto effimeri, non mancano contenuti che possiamo considerare «storici».

Questi siti, dedicati ai più disparati argomenti, rappresentano un'interessantissima fonte di notizie e, spesso, contengono utilissime guide in tema di tutela della riservatezza, anonimato e sicurezza informatica; ovviamente non potevano mancare i contenuti illeciti, o quelli potenzialmente pericolosi, ma questo, nel *dark web*, non rappresenta certo una novità!

Di tale categoria di contenuti, la più significativa è probabilmente quella nota con il nome di Hidden Wiki. *Attenzione!* Questo sito contiene materiale illegale e/o pericoloso, quindi se ne sconsiglia l'accesso.

Questa pagina rappresenta una variante della Hidden Wiki precedentemente presentata ed è caratterizzata dall'assenza di censure e dal fatto che sono ammesse tutte le tipologie di contenuti. Nello specifico, il sito si presenta come un'enciclopedia che si prefigge di catalogare e collezionare tutti quei contenuti che sarebbero oggetto di censura in una regolare Wikipedia e, per tale ragione, l'editing è limitato ad alcuni specifici soggetti.

Gli argomenti trattati, spaziano dal come fabbricare armi ed esplosivi

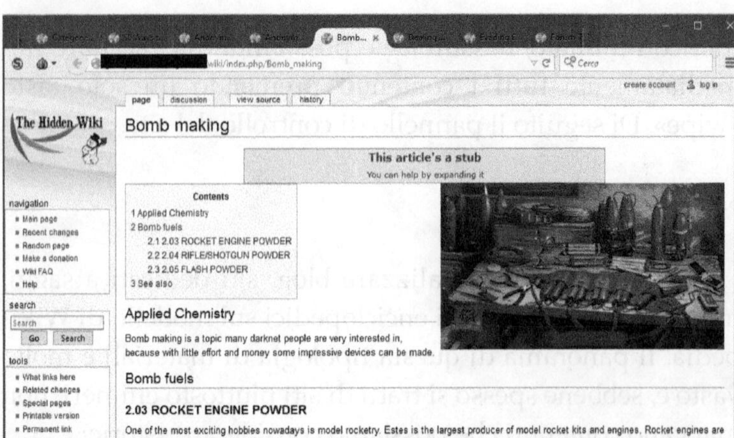

a dettagliate guide al suicidio

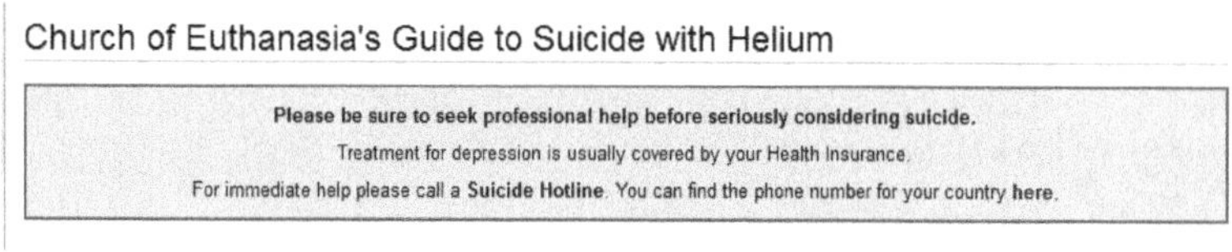

istruzioni su come gestire un arresto o una perquisizione

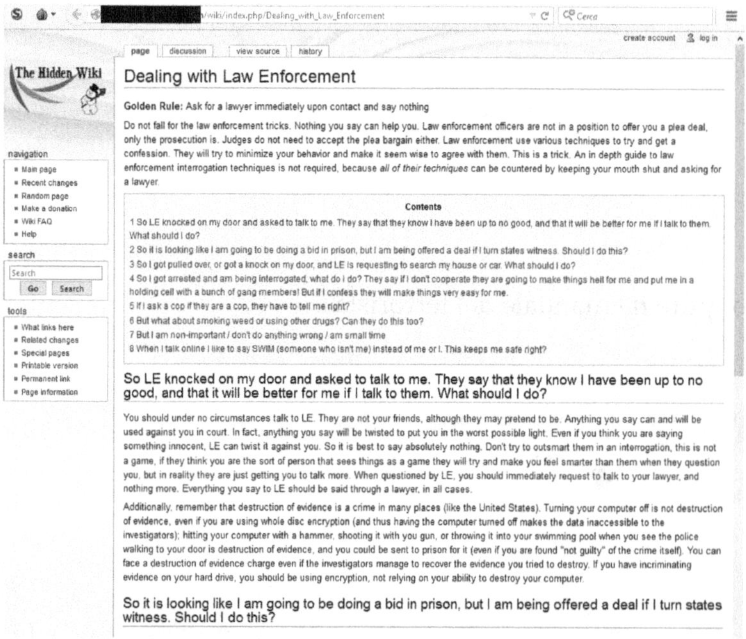

oppure su come deve comportarsi un cittadino americano per evitare l'estradizione rifugiandosi in Paesi «amici». Non mancano, poi, le pagine dedicate agli aspiranti terroristi: si parte dalla scelta degli obiettivi a come scrivere comunicati stampa (con tanto di dettagliati consigli su come evitare di essere riconosciuti attraverso lo stile di scrivere).

Si veda, ad esempio, un manuale attribuito ad Al Qaeda

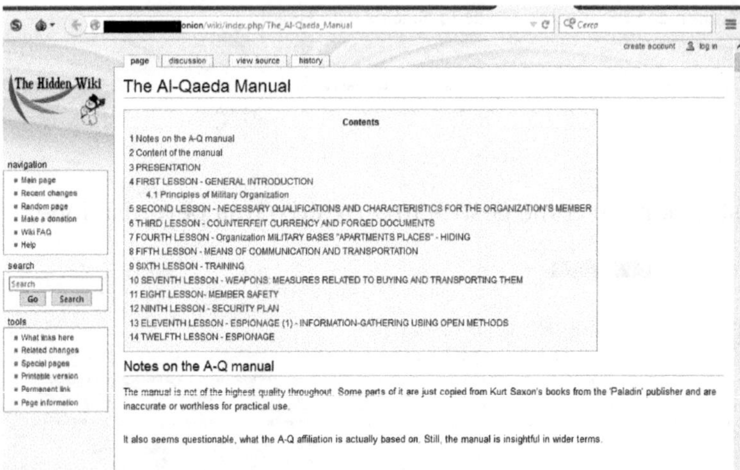

oppure il «manuale del terrorista»

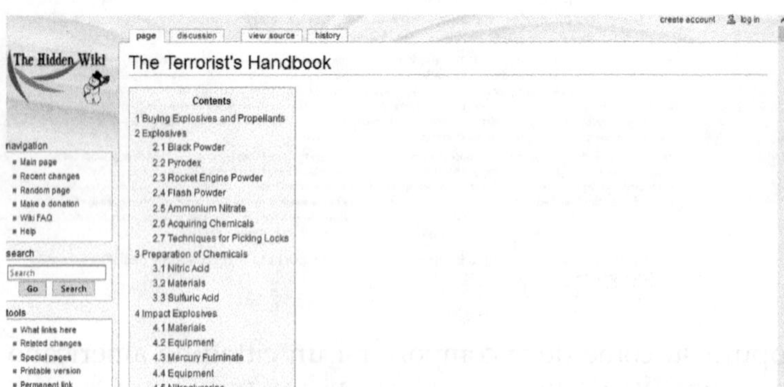

o il mini manuale di guerriglia urbana.

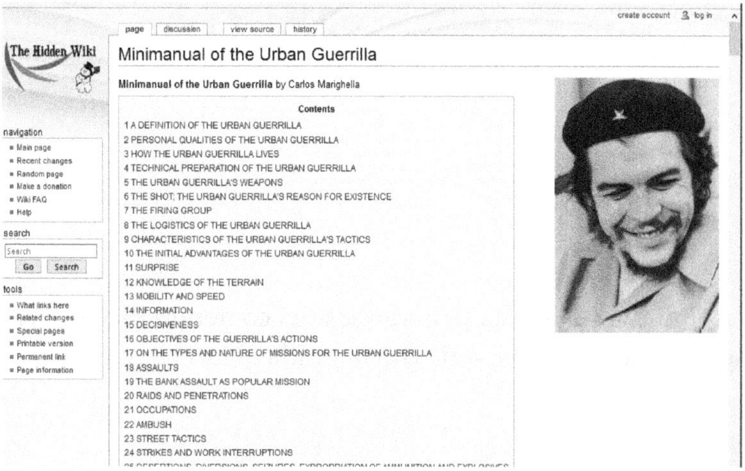

Molte altre pagine sono dedicate al mondo delle droghe, dalla marijuana

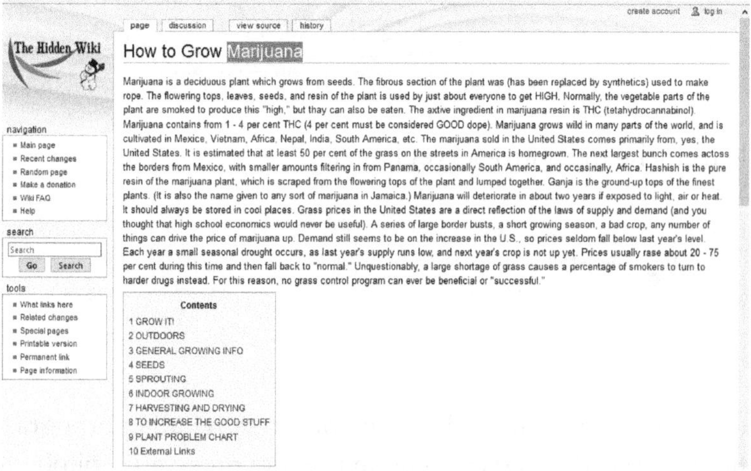

alla cocaina.

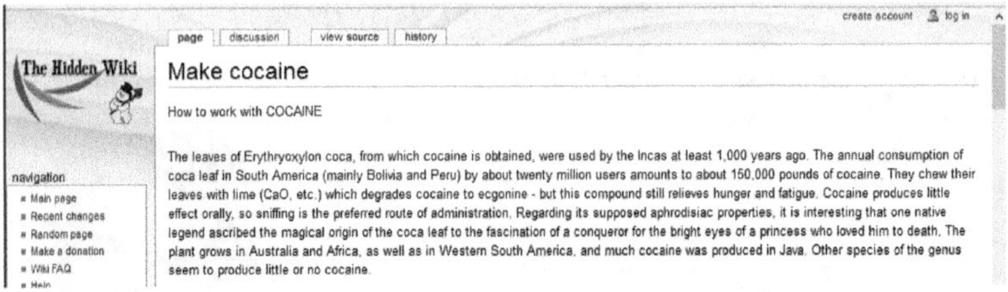

Chiudiamo questa panoramica dei contenuti illegali presenti in questa Wikipedia con la guida al taccheggio

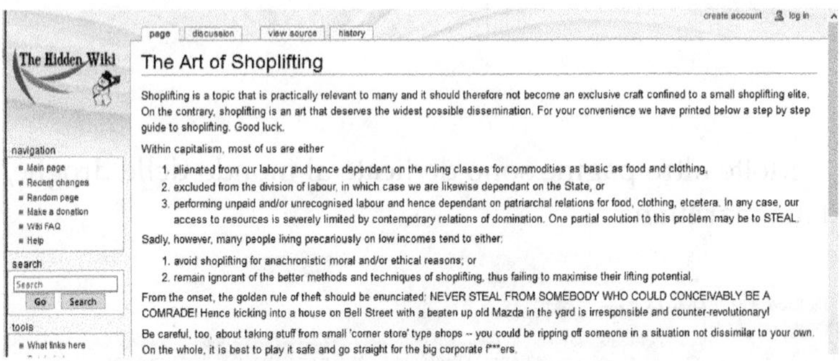

le tecniche di contro-sorveglianza

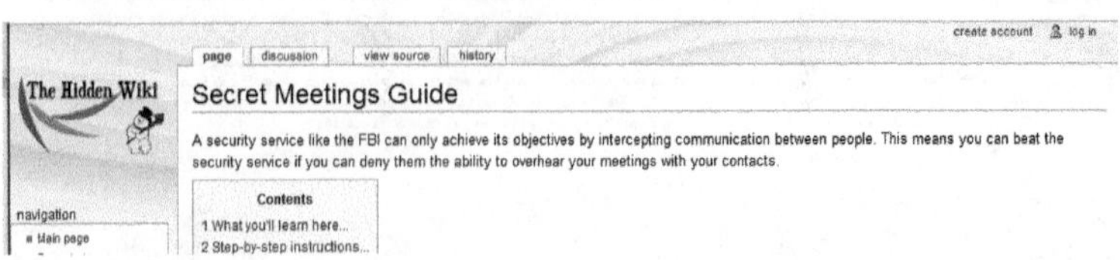

e i purtroppo immancabili contenuti relativi alla pornografia infantile, di cui parleremo in uno dei prossimi capitoli.

7. Email e messaggi

La categoria di servizi relativi al *deep web* di cui andremo a parlare ora è rappresentata dai siti di messaggistica (ricomprendendo in questa categoria anche quelli che forniscono servizi di posta elettronica e le *chat room*). Questi servizi sono in grado di consentire agli utenti di comunicare tra di loro in maniera anonima oppure di creare e utilizzare indirizzi e-mail usa e getta. Nelle prossime pagine vedremo alcuni di questi servizi.

Sigaint [http://sigaintevyh2rzvw.onion/]

Si tratta di uno dei principali *dark net* email service e consente agli utenti di inviare e ricevere e-mail senza rivelare la propria identità e la propria posizione.

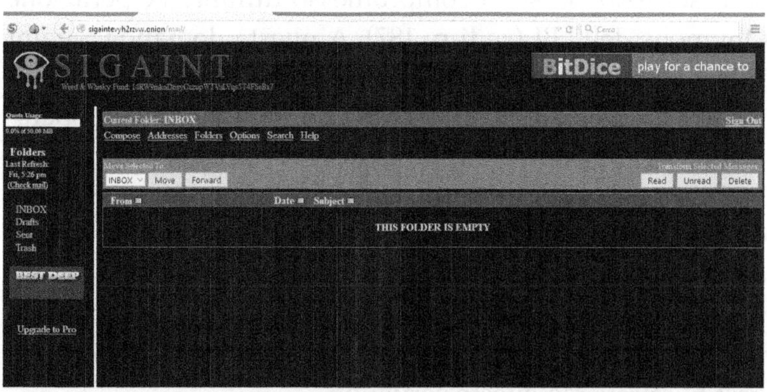

L'immagine mostra la pagina «posta in arrivo» di Sigaint

Il servizio offre 50 megabyte di spazio per gli account gratuiti e 1 gigabyte di spazio per gli account a pagamento. Questi ultimi possono anche utilizzare un *client* esterno per leggere e inviare messaggi. Gli utenti hanno due indirizzi email: username@sigaint.org e username@sigaintevyh2rzvw.onion. L'indirizzo che termina con .onion, ovviamente, è dedicato alle e-mail inviate attraverso altri *dark net mail service* mentre l'altro indirizzo può essere utilizzato per ricevere le normali e-mail. Quando l'utente invia un messaggio a un indirizzo mail di superficie, il destinatario non sarà in grado di determinare l'effettiva origine del messaggio stesso e neppure Sigaint potrà individuare il mittente originario, atteso che questo avrà operato utilizzando TOR.

Nelle FAQ del sito, Sigaint specifica che i server di superficie sono esclusivamente dei *proxy* e che, pertanto, non contengono alcuna informazione relativa agli utenti. Se gli stessi dovessero essere sequestrati, i gestori del servizio non dovranno fare altro che spostarsi presso un altro servizio. Molto interessante si rivela la risposta fornita alla domanda se il servizio sia stato compromesso durante l'Operazione Onymous dell'FBI (vedi p. 187). A questa domanda Sigaint risponde che il servizio ha superato gli attacchi volti a identificare gli utenti, dato che tanto gli utenti quanto gli operatori di Sigaint sono anonimi. Anche se un'agenzia governativa dovesse mettere sotto sequestro il dominio di Sigaint.org, ugualmente nessun dato degli utenti sarebbe comunque a rischio. Il dominio in questione rappresenta soltanto un ponte tra la rete TOR e il *surface web*: chiuso un ponte, ne verrà aperto un altro, e il traffico potrà essere agevolmente gestito attraverso questo servizio.

Mail2Tor [http://mail2tor2zyjdctd.onion/index.html]

Si tratta di un altro *dark net* email service, molto simile a Sigaint, ma permette di utilizzare *client* esterni (come Thunderbird) anche agli utenti che utilizzano un account gratuito. Per ragioni di sicurezza, il sistema consente di accedere al sito soltanto a quegli utenti che utilizzano TOR.

TorBox [http://torbox3uiot6wchz.onion/faq-en.php]

Si tratta di un *hidden mailbox service* accessibile unicamente attraverso TOR. La sicurezza delle comunicazioni degli utenti è garantita dal fatto che non vi è alcuna connessione tra TorBox e il *surface web*: tutti i messaggi sono inviati e ricevuti attraverso il servizio. A differenza di altri servizi, non è consentito agli utenti inviare o ricevere messaggi da servizi di posta collocati al di fuori di TOR e, anche per questi ultimi, possono essere inviati o ricevuti messaggi soltanto da domini ritenuti affidabili.

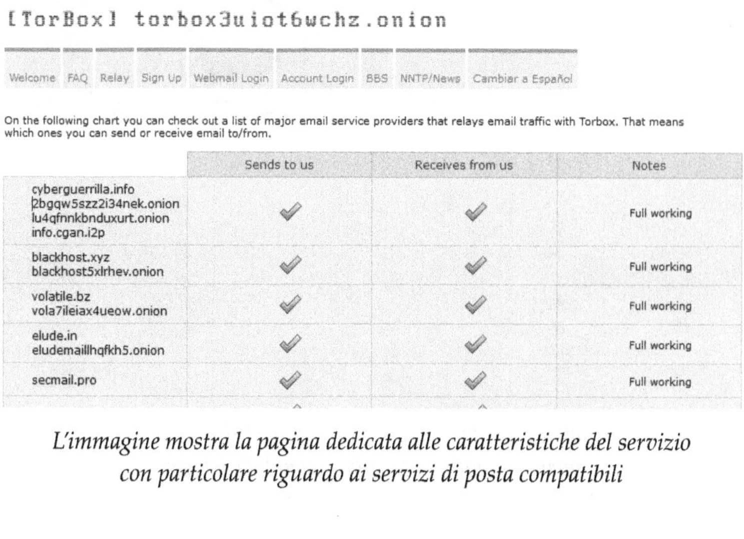
[TorBox] torbox3uiot6wchz.onion

Welcome FAQ Relay Sign Up Webmail Login Account Login BBS NNTP/News Cambiar a Español

On the following chart you can check out a list of major email service providers that relays email traffic with Torbox. That means which ones you can send or receive email to/from.

	Sends to us	Receives from us	Notes
cyberguerrilla.info 2bgqw5szz2i34nek.onion lu4qfnnkbnduxurt.onion info.cgan.i2p	✓	✓	Full working
blackhost.xyz blackhost5xlrhev.onion	✓	✓	Full working
volatile.bz vola7ileiax4ueow.onion	✓	✓	Full working
elude.in eludemaillhqfkh5.onion	✓	✓	Full working
secmail.pro	✓	✓	Full working

L'immagine mostra la pagina dedicata alle caratteristiche del servizio con particolare riguardo ai servizi di posta compatibili

Il sistema consente di utilizzare un *client* di posta come Thunderbird, purché sia configurato per operare attraverso TOR.

10 Minute Mail [http://10minutemail.com/]

Si tratta di un servizio del *surface web* che si rivela estremamente utile ogniqualvolta si renda necessario effettuare una registrazione a un sito web utilizzando il proprio indirizzo e-mail e si teme che l'indirizzo in questione possa finire in qualche *spam list*

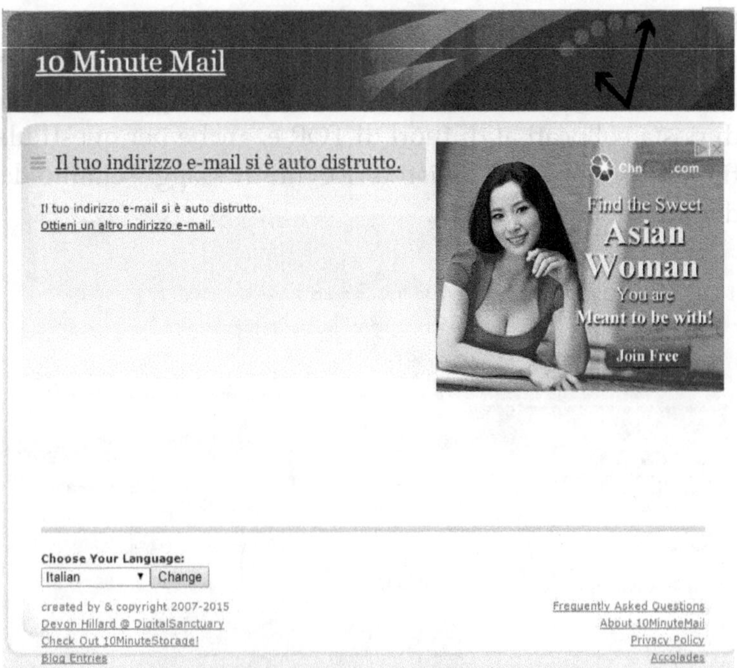

L'immagine mostra cosa accade al nostro account dopo 10 minuti di inattività: si autodistrugge

In breve, il sito fornisce un indirizzo web abilitato esclusivamente a ricevere messaggi e che, trascorsi 10 minuti senza che l'utente faccia nulla per chiedere più tempo, si autodistrugge. L'idea alla base del servizio è consentire a ogni utente di registrarsi a un sito senza il timore di essere successivamente inondati da messaggi di posta elettronica non sollecitati. È necessario chiarire che non tutti i siti accettano questi indirizzi in fase di registrazione ma, nella maggior parte dei casi, l'indirizzo usa e getta svolge egregiamente la propria funzione.

TorGuerrillaMail [http://grrmailb3fxpjbwm.onion/]

Si tratta di un servizio molto simile al precedente, ma, in questo caso, basato sulla rete TOR e, quindi, anonimo.

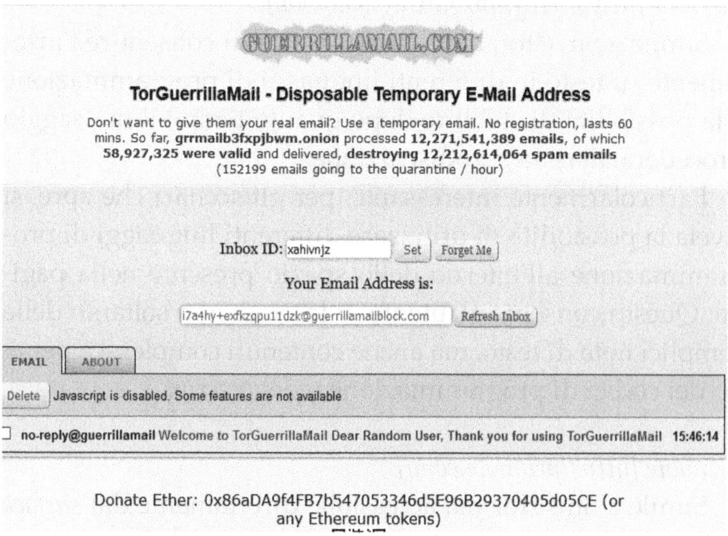

L'immagine mostra la pagina «posta in arrivo» del servizio

Sms4tor [http://sms4tor3vcr2geip.onion/]

«Questo messaggio si autodistruggerà in...». Sms4Tor è, probabilmente, uno dei servizi più «intriganti» del *dark web*. Si tratta di una «banale» bacheca destinata allo scambio di messaggi di testo, ma ha una particolarità: i messaggi si autodistruggono una volta letti.

Una volta che il destinatario del messaggio ha aperto il link che porta al messaggio, infatti, ha un periodo di tempo limitato per leggere il testo, poi il messaggio viene cancellato. Allo stesso modo, il messaggio si cancella quando il destinatario chiude la finestra, rendendo impossibile per chiunque altro risalire al testo. Non si tratta dell'unico servizio di questo tipo, ma è probabilmente uno dei più famosi e dei più utilizzati.

InserTor [http://54ogum7gwxhtgiya.onion]

Simile a Sms4tor, ha la caratteristica di consentire l'inserimento di testo in differenti linguaggi di programmazione e la possibilità di stabilire dopo quanto tempo il messaggio procederà alla sua autodistruzione.

Particolarmente interessante, per gli scenari che apre, si rivela la possibilità di utilizzare differenti linguaggi di programmazione all'interno dello spazio presente nella pagina. Questo consente all'utente di lasciare non soltanto delle semplici note di testo, ma anche contenuti complessi e persino dei codici di programmazione o degli *script*.

Privnote [http://privnote.com/]

Simile a Sms4Tor ma accessibile direttamente dal *surface web*, Privnote consente di creare un messaggio in grado di autodistruggersi dopo un certo periodo di tempo oppure dopo la sua lettura da parte del destinatario.

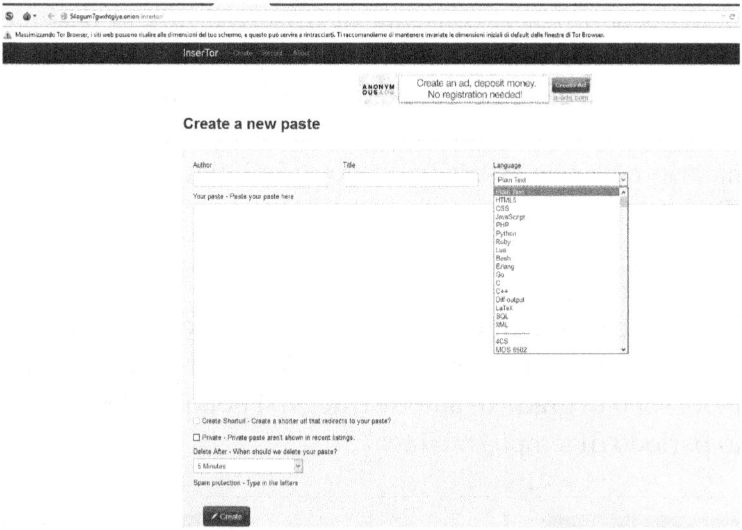

L'immagine mostra la pagina in cui è possibile scrivere il testo che si autodistruggerà

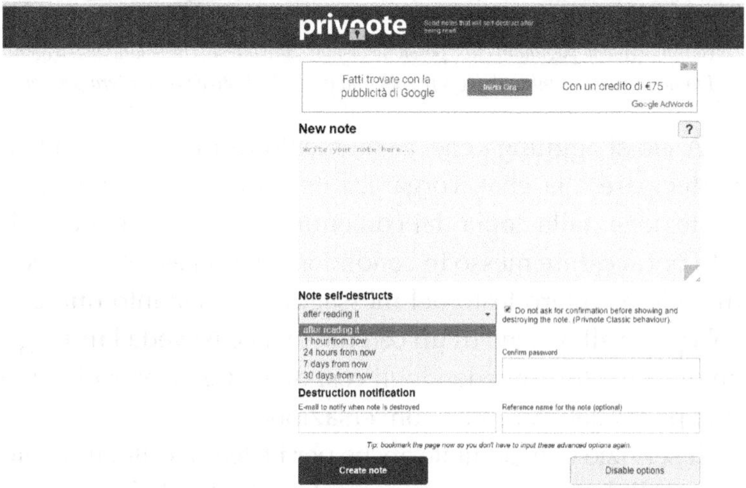

Nell'immagine la pagina in cui è possibile scrivere il testo che si autodistruggerà Da notare le impostazioni per stabilire quando avverrà la distruzione

Sebbene *Privnote* consenta di inviare il link al destinatario in modo diretto attraverso un programma di posta elettronica, è bene ricordare che queste comunicazioni non vengono trasmesse attraverso canali sicuri, quindi il destinatario potrebbe essere in grado di individuare l'indirizzo IP di origine del messaggio.

Burn Note [https://burnnote.com]
Più particolare e interessante è il servizio offerto da *Burn Note*: si tratta di una vera e propria *chat board* i cui contenuti, però, sono in grado di autodistruggersi dopo un determinato periodo di tempo stabilito.

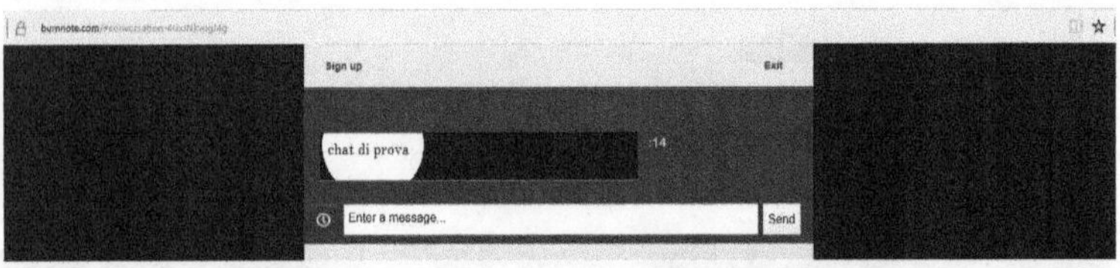

Nell'immagine la pagina in cui è possibile visualizzare il testo che si autodistruggerà Da notare la possibilità di leggere solo una parte del testo e non l'intera pagina

A ciò si aggiunga che, al momento di invitare l'utente a partecipare alla chat, l'organizzatore potrà impostare una protezione dalla copia dei contenuti: in breve l'utente invitato potrà essere messo in condizione di non essere in grado di vedere l'intero testo del messaggio ma soltanto una piccola parte all'interno di un cerchio bianco (si veda l'immagine precedente), impedendogli così di acquisire agevolmente una prova dell'avvenuta conversazione.

Il servizio è disponibile anche per i telefoni cellulari (tanto per quelli basati sul sistema operativo Android che per i dispositivi Apple). Attualmente il servizio non è più disponibile.

8. *Social network*

Passiamo, poi, a un'altra categoria particolare di servizi relativi al *deep web*: i *dark social*. In breve, si tratta della versione per *dark net* dei più famosi *social network* e, sebbene pensare a un *social network* anonimo possa sembrare un ossimoro, si tratta di una tipologia di servizi molto utilizzati. Nelle prossime pagine vedremo alcuni di questi servizi.

Facebook [https://www.facebookcorewwwi.onion]

Non poteva, naturalmente, mancare la versione «dark» del più famoso *social network*. Il portale è collegato al suo gemello di superficie, tanto che basta inserire username e password per iniziare a utilizzarlo.

La mia pagina Facebook visualizzata utilizzando i servizi di TOR

La pagina afferma di non conservare alcun *log*, ma come avvisa la guida ai servizi, *Trust them at your peril...* In ogni caso, a parte l'indirizzo .onion del gemello *dark*, non vi è alcuna differenza tra le due versioni di Facebook.

BlackBox [http://blkbook3fxhcsn3u.onion/]

BlackBox rappresenta, invece, un social network espressamente progettato e pensato per operare nel *dark web*: a differenza di Facebook, la pagina di registrazione non richiede l'inserimento di dati legati al *surface web*, quindi è possibile, in teoria, creare un profilo perfettamente anonimo.

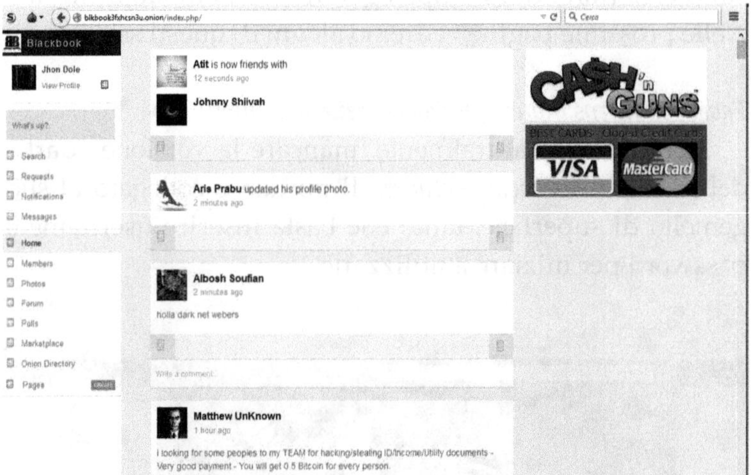

L'immagine mostra la pagina iniziale di Blackbox con indicati i contatti

Appare quasi superfluo specificare che i messaggi presenti nella bacheca di BlackBox, soprattutto quelli relativi alle proposte di lavoro, non sono del tipo di quelli che si vedono solitamente su surface social network...

Attenzione!

Prima di iscriversi e/o utilizzare BlackBox è bene chiarire che attraverso questo social vi è la concreta possibilità di entrare in contatto con persone davvero pericolose: non si tratta di un gioco, non vi avventurate in questi siti se non sapete esattamente cosa state facendo! Particolarmente attivi risultano essere i profili legati ai movimenti jihadisti, che utilizzano il *dark net* per fare proselitismo, condividere informazioni, rivendicare attentati ecc.

Galaxy3 [http://galaxy3m2mn5iqtn.onion/]

Galaxy3 è un altro *social network*, sorto sulle ceneri di Galaxy (chiuso improvvisamente nel dicembre del 2014 per cause sconosciute). Le regole di questo social sono molto semplici e chiare:
1) divieto assoluto di inviare materiale pedopornografico; sono ammesse discussioni sulla pedopornografia, ma non l'invio di immagini o materiali multimediali di questo genere;
2) nessun annuncio commerciale pubblico, né di beni leciti né illeciti per evitare di attirare l'attenzione delle forze di polizia;
3) nessuna immagine di bambini, siano esse sessualizzate o no, come avatar e nessun contenuto pornografico negli album pubblici; contenuti pornografici o violenti sono ammessi soltanto negli album privati o in quelli condivisi con gli amici;
4) rispetto per le idee e le opinioni filosofiche o religiose degli altri utenti e per gli altri utenti.

Il social viene abitualmente utilizzato per superare la censura e diffondere informazioni, come è accaduto negli ultimi mesi in occasione delle proteste a Hong Kong (vedi p. 136).

Moneybook [http://fbcy5ylyoeqzqzcr.onion/]

Si tratta di un *dark social network* interamente dedicato all'economia e al denaro, ma, al momento di scrivere queste pagine, il sito risulta non attivo da alcuni anni.

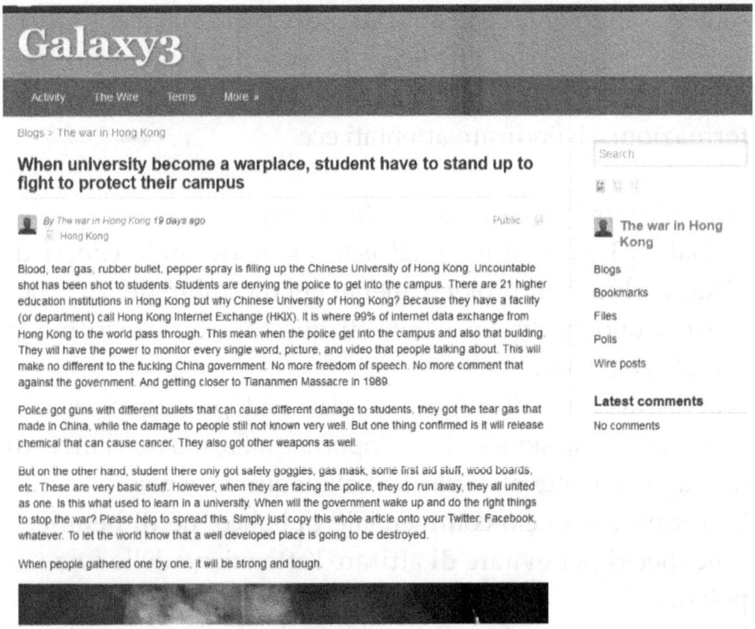

Galaxy3

Activity The Wire Terms More »

Blogs » The war in Hong Kong

When university become a warplace, student have to stand up to fight to protect their campus

By The war in Hong Kong 19 days ago Public
Hong Kong

Blood, tear gas, rubber bullet, pepper spray is filling up the Chinese University of Hong Kong. Uncountable shot has been shot to students. Students are denying the police to get into the campus. There are 21 higher education institutions in Hong Kong but why Chinese University of Hong Kong? Because they have a facility (or department) call Hong Kong Internet Exchange (HKIX). It is where 99% of internet data exchange from Hong Kong to the world pass through. This mean when the police get into the campus and also that building. They will have the power to monitor every single word, picture, and video that people talking about. This will make no different to the fucking China government. No more freedom of speech. No more comment that against the government. And getting closer to Tiananmen Massacre in 1989.

Police got guns with different bullets that can cause different damage to students, they got the tear gas that made in China, while the damage to people still not known very well. But one thing confirmed is it will release chemical that can cause cancer. They also got other weapons as well.

But on the other hand, student there only got safety goggles, gas mask, some first aid stuff, wood boards, etc. These are very basic stuff. However, when they are facing the police, they do run away, they all united as one. Is this what used to learn in a university. When will the government wake up and do the right things to stop the war? Please help to spread this. Simply just copy this whole article onto your Twitter, Facebook, whatever. To let the world know that a well developed place is going to be destroyed.

When people gathered one by one, it will be strong and tough.

Search

The war in Hong Kong

Blogs
Bookmarks
Files
Polls
Wire posts

Latest comments

No comments

L'immagine mostra alcuni articoli relativi alle proteste di Hong Kong pubblicati nel portale Galaxy3

Connect [http://connectkjsazkwud.onion/]

Si tratta di un *dark social network* che si presenta con queste parole: «Connect is a collective that recognizes and promotes anticapitalism, antiracism, antifascism, antisexism, antimililtarism, and anti-what-the-fuck-ever and the refusal of authoritarianism and hierarchies» [3], salvo poi ospitare ogni genere di contenuto, tra cui profili che inneggiano all'ISIS, venditori online di armi, droga, documenti falsi ecc.

[3] Connect è un collettivo che riconosce e promuove l'anticapitalismo, l'antirazzismo, l'antifascismo, l'antisessismo, l'antimilitarismo e l'anti quello che vi pare e il rifiuto di ogni autorità e gerarchia.

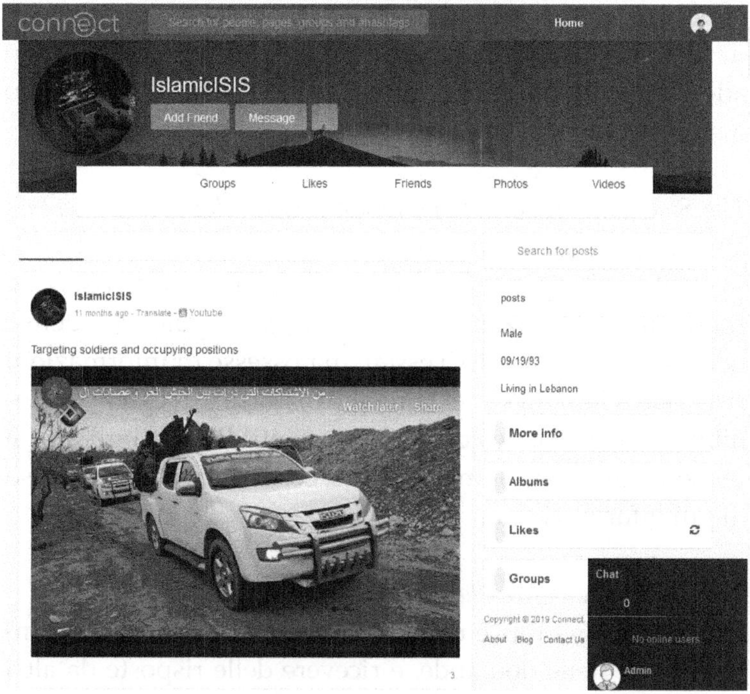

L'immagine mostra un profilo collegato all'ISIS presente nel portale

Altre tipologie di social

Esistono, infine, alcuni social dedicati a specifici argomenti, tipicamente illegali, con la medesima struttura degli altri gruppi, ma di questi parleremo meglio nelle prossime pagine.

9. *Forum e BBS*

I forum di discussione (ricomprendendo in questa categoria anche le BBS e le *chat room*) creati nel *dark web* sono dedicati ai più svariati argomenti, ma nelle prossime pagine ci occuperemo soprattutto dei forum «generalisti», demandando l'analisi dei forum legati a uno specifico *market* o sito alle pagine in cui parleremo di quello specifico argomento o mercato.

The Stock Insiders [http://thestock6nonb74owd6utzh4vld3xsf2n2fwxpwywjgq7maj47mvwmid.onion/]

Il sito è dedicato allo scambio di informazioni riservate tra operatori finanziari (*insider trading*). Per poter accedere è necessario dimostrare di essere in possesso di informazioni riservate relative a società quotate in Borsa e di essere disponibili a condividerle con gli altri utenti. Per tutti gli altri è disponibile soltanto una guida su come entrare in possesso di tali informazioni.

Hidden Answers [http://answerstedhctbek.onion/]

Hidden Answers è un sito nato per consentire agli utenti di porre delle domande, e ricevere delle risposte da altri utenti, sui più svariati argomenti sul modello di Ask.fm, ma attraverso la rete TOR. Le regole del servizio sono piuttosto semplici:
- niente spam;
- niente contenuti autopromozionali;
- niente URL offuscati o abbreviati.

Tra i consigli forniti dal sito c'è quello di non dare a nessuno informazioni personali e/o riferimenti al proprio profilo di Facebook e di non richiedere a nessuno informazioni personali.

Allo stesso modo viene vietato agli utenti di fare offerte commerciali o promozione di servizi attraverso messaggi privati, dato che soltanto una valutazione pubblica è in grado di verificare e garantire l'affidabilità di un soggetto che opera in anonimato. Inoltre, l'amministratore invita a segnalare, a lui o agli altri *admin*, ogni tentativo di contatto commerciale spiegando di aver sviluppato uno speciale sesto senso che li mette in grado di individuare uno *scammer* (truffatore) già a un metro di distanza dal computer. L'invito finale è perentorio «Non essere l'idiota che perde i suoi soldi perché non ha controllato» [4].

A tal proposito, viene espressamente specificato che eventuali reclami, relativi a un venditore o a un altro utente, devono essere supportati da prove certe e che, in caso contrario, il messaggio verrà eliminato. Da ultimo, viene espressamente fatto divieto di molestare verbalmente, nelle risposte o nei commenti, gli altri utenti ricordando che, al di fuori dei limiti sopra indicati, il forum non ha alcuna censura. Nello specifico, viene espressamente fatto riferimento proprio ai contenuti per pedofili, specificando chiaramente che questi ultimi hanno diritto di asilo e di parola nel forum; se questi argomenti non piacciono all'utente, questi è invitato a ignorarli.

L'ultimo consiglio è decisamente ironico: «If people are getting angry with your posts or telling you to stop on a forum where even pedophiles and murderers are allowed, you need to take a long, hard look at what you are posting» [5].

[4] «We have a specially adapted sense of smell that can detect a scammer when we are within three feet of a computer. Don't be that idiot who loses his money because he didn't check».

[5] Se la gente si arrabbia per i tuoi messaggi o ti dice di farla finita in un forum dove persino assassini e pedofili trovano ospitalità, è il caso che tu faccia un lungo e approfondito esame di quello che scrivi.

The Intel Exchange [http://rrcc5uuudhh4oz3c.onion/]

Il forum è dedicato allo scambio di informazioni e notizie relative ai più disparati argomenti, con particolare riguardo alle tematiche legate all'*hacking*, alla sicurezza, all'hardware, alla geopolitica, alle teorie del complotto e a pratiche illegali di vario genere.

Per poter essere ammessi a scrivere nelle altre sezioni, i nuovi utenti devono richiedere una verifica nell'apposita sezione del forum: l'obiettivo della verifica è tenere lontani dal forum tutta una serie di soggetti in grado di creare problemi nella gestione del forum stesso quali *spammer* e *troll* (cioè, soggetti che amano provocare e scatenare accese discussioni soltanto per il gusto di litigare o far innervosire gli altri utenti) e altri individui similari.

Nell'immagine che segue, possiamo vedere l'home page del sito The Intel Exchange (abbreviato in IE).

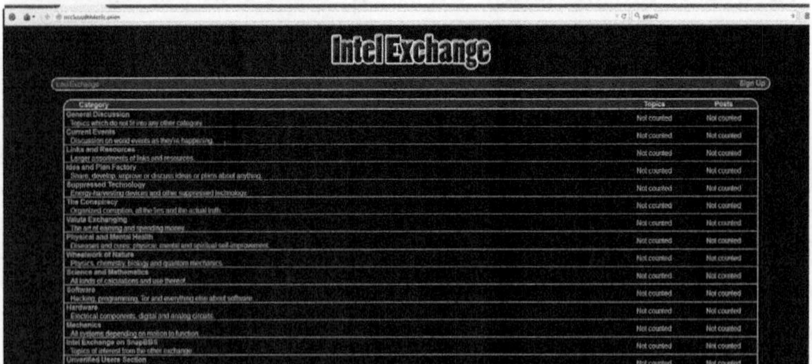

Particolarmente interessanti sono le sezioni dedicate all'hardware, al software, alle scienze e alla matematica, dove è possibile trovare un gran numero di informazioni e di curiosità. Da leggere, magari valutandone i contenuti *cum grano salis*, è la sezione dedicata alle cospirazioni e ai complotti: qui troviamo messaggi di persone che sanno perfettamente cosa accadde a Dallas il 22 novembre del 1963, che affermano di aver visitato l'area 51, attribuiscono l'affondamento del Titanic a un complotto dei Gesuiti e persino discussioni sul fatto che la terra è piatta.

Altrettanto interessante è la sezione «Current Events»: qui è possibile trovare discussioni, e dettagliate informazioni, relative a temi legati all'attualità e ai principali eventi in corso.

Flashlight [http://kxojy6ygju4h6lwn.onion/]

Si tratta di un forum di informazione molto ben strutturato con articoli e servizi relativi a vari aspetti del *dark web* e alla sicurezza e affidabilità dei vari soggetti che lo frequentano. Le regole del forum sono piuttosto semplici: non ci sono regole a eccezione del divieto di pubblicare materiale relativo alla pornografia infantile e discussioni correlate a tale materiale.

Gli articoli pubblicati, provenienti anche da altri siti del *dark web*, consentono di avere accesso a un interessante spaccato di questa realtà: si tratta di guide molto dettagliate e, sebbene trattino prevalentemente di argomenti legati ad attività criminali, ci consentono di capire come esse funzionino e vengano poste in essere.

Particolarmente interessante si rivela l'analisi relativa al traffico di informazioni mediche rubate e vendute nei *dark market*. L'articolo, che è stato pubblicato anche nel *surface web* [6] spiega come l'industria della salute rappresenti oggi un potenziale bersaglio per i criminali informatici.

[6] http://resources.infosecinstitute.com/hackers-selling-healthcare-data-in-the-black-market/.

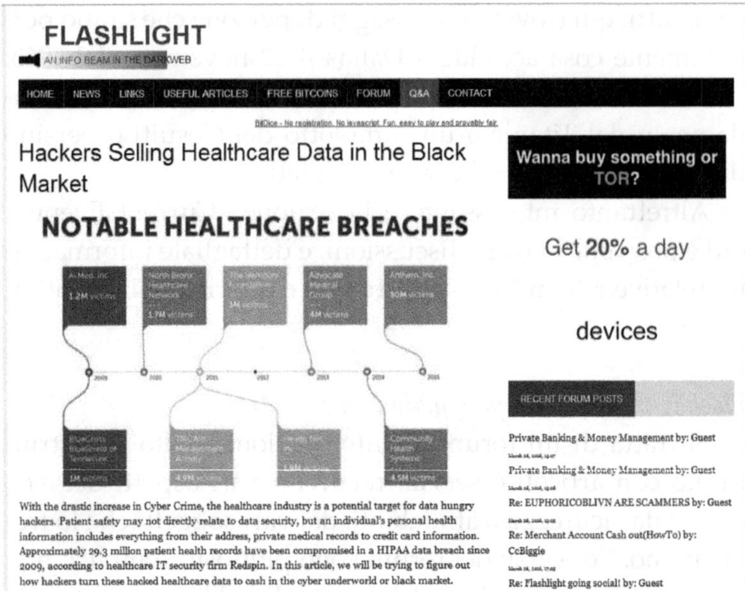

Uno degli articoli pubblicati nel sito

Dall'articolo apprendiamo che tra il gennaio del 2014 e il marzo del 2015 ci sono stati almeno quindici incidenti gravi relativi alla sicurezza dei dati personali nell'industria della salute. Ma quale è la ragione alla base di questi attacchi? La ragione è molto semplice: i dati personali dei pazienti possono essere venduti nei *dark market* e hanno un valore decisamente rilevante, molto di più dei classici set di dati relativi alle carte di credito! La ragione è molto semplice: si tratta di dati estremamente dettagliati e completi, ma soprattutto permanenti; mentre una carta di credito può essere revocata dal legittimo titolare, nome, cognome, data di nascita, gruppo sanguigno, indirizzo di casa e dati biomedici difficilmente possono essere modificati. In breve, i dati sanitari di un soggetto non soltanto non sono revocabili, ma, nelle mani sbagliate, possono diventare un'arma letale.

Altrettanto interessante si rivela un altro articolo che spiega nel dettaglio la procedura seguita per rubare, e riutilizzare, i dati delle carte di credito. Nell'articolo vengono illustrate nel dettaglio le procedure seguite per clonare una carta di credito e vengono mostrate le immagini dei dispositivi utilizzati (come *skimmer*).

L'immagine mostra alcuni dispositivi (skimmer) e spiega come collocarli

Uno degli aspetti più interessanti di questo articolo è il tentativo di fornire una risposta alla seguente domanda: perché, dopo aver sprecato tempo e risorse per rubare i dati relativi a una, o più, carte di credito, i criminali dovrebbero poi ridursi a venderle per un pugno di dollari? La ragione è insita nel concetto di «trasferimento del rischio»: il criminale vende le informazioni a un costo basso in modo da ottenere un immediato vantaggio economico, trasferendo all'acquirente la possibilità di ottenere maggiori vantaggi economici a fronte di un maggior rischio. Una volta ottenuti i dati relativi alle carte di credito, l'acquirente avrà bisogno di monetizzare il proprio acquisto e, a tal fine, potrà convertirle in carte regalo, nell'acquisto di computer o altri beni di consumo elettronici di qualità o di altri beni facilmente commerciabili.

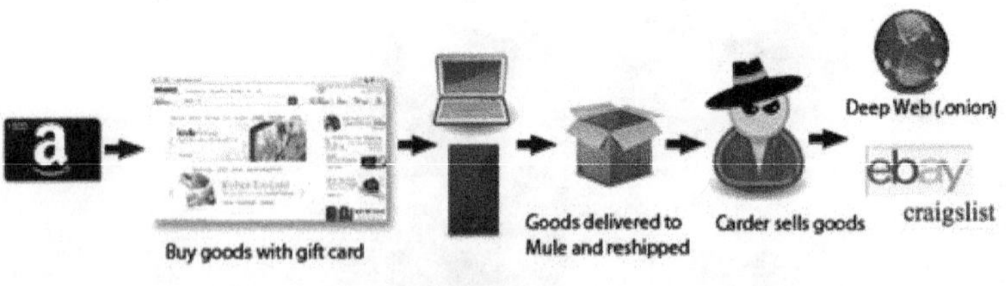

L'immagine mostra la procedura seguita per monetizzare le carte di credito rubate o clonate attraverso l'acquisto di beni che poi vengono rivenduti

È proprio in questa fase che entrano in gioco i cosiddetti «muli»: soggetti insospettabili che ricevono a casa propria i beni acquistati con le carte di credito rubate per poi farli pervenire agli acquirenti. I muli vengono reclutati attraverso campagne di *mass mailing* che promettono lauti compensi per chi si rende disponibile a ricevere, conservare e rispedire beni acquistati per corrispondenza. È appena il caso di osservare che questi soggetti si rendono colpevoli del reato di riciclaggio (o di ricettazione, a seconda delle modalità della condotta).

6

La metà oscura

1. *Hic sunt leones*

Siamo, infine, arrivati a parlare della parte più oscura del *dark web*, quella in cui si nascondono i veri criminali e in cui vengono perpetrati alcuni tra i reati più odiosi; è bene ribadire che da questa zona del *dark web* è opportuno stare ben lontani: è più che probabile fare brutti incontri.

Attenzione!

Ovviamente, per questa categoria di siti non verranno indicati né forniti link e vi sconsiglio caldamente di cercarli e visitarli; non soltanto i contenuti sono spesso agghiaccianti, ma coloro che li gestiscono (e ne traggono dei lauti profitti) non hanno una grande simpatia per i curiosi. In queste pagine vengono vendute armi, droga, materiale pedopornografico, servizi di riciclaggio, *hacking*, omicidi su commissione e vengono pubblicati contenuti legati al terrorismo.

I siti che offrono questi servizi sono in larga parte collocati all'interno di portali di *e-commerce*, generalmente indicati come *dark market*. Sono molto simili ai portali di *e-commerce* presenti nel *surface web*, ma hanno la caratteristica di vendere prevalentemente beni illegali.

Armi

I siti in cui si parla di armi sono essenzialmente dedicati a due tipologie di contenuti:

– in una prima categoria possiamo collocare i siti dedicati alla manutenzione e i manuali di uso;

– in una seconda categoria possiamo invece trovare tutti i siti che trattano la vendita di armi, munizioni e accessori.

Molti dei siti appartenenti alla seconda categoria possono essere trovati all'interno dei *black market*, ma non mancano siti *freelance* che si collocano al di fuori di qualsivoglia circuito e in cui vengono venduti armi, accessori e munizioni.

Le armi in vendita possono essere distinte in alcune grandi categorie, prevalentemente in base alla loro origine: una prima categoria è rappresentata dalle armi nuove di origine legale, armi che non sono mai state utilizzate e, in alcuni casi, neppure mai registrate, quindi quasi impossibili da tracciare e individuare. Una seconda grande categoria è rappresentata dalle armi usate, ma anche qui dobbiamo distinguere tra quelle provenienti da una fonte lecita e quelle vendute illegalmente. A queste due categorie, dobbiamo aggiungerne una terza rappresentata dalle armi già utilizzate in azioni criminose e che quindi potrebbero già essere registrate nei database delle forze dell'ordine.

Il sito in questione spiega nel dettaglio la procedura di acquisto: trattandosi del «retrobottega» di un negozio legittimo, possono vendere armi nuove, ma per poterle vendere senza effettuare alcun controllo sull'affidabilità dell'acquirente devono poi dichiarare che le armi sono state rubate. La denuncia di furto viene presentata alcune settimane dopo l'acquisto e sarà compito dell'acquirente rimuovere i numeri di serie dalle armi acquistate. In ogni caso, il negozio non si ritiene responsabile se l'arma viene sequestrata, anche se il vendito-

L'immagine mostra un AK-47 messo in vendita

re dichiara di avere sufficiente esperienza per evitare che ciò accada. Il sito richiede che l'arma venga pagata in anticipo e, una volta spedita, verrà fornito all'acquirente il codice della spedizione, in modo che questi possa tracciare il pacco.

In merito alla manutenzione delle armi e ai relativi manuali di uso, il *dark web* è ricco di siti dedicati a questo argomento. Spesso si tratta semplicemente di sezioni di siti generalisti, ma alcune volte capita di imbattersi in siti monotematici molto dettagliati. I contenuti possono variare dai «semplici» fucili automatici ai ben più complessi manuali di uso e manutenzione dei missili Tomahawk, degli elicotteri Black Hawk o dei manuali operativi.

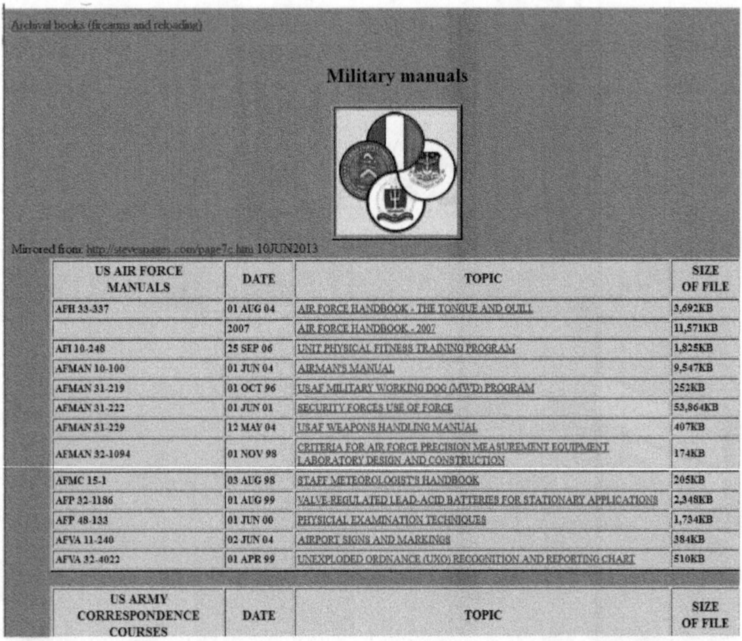

Archival books (firearms and reloading)

Military manuals

Mirrored from: http://stevespages.com/page7c.htm 10JUN2013

US AIR FORCE MANUALS	DATE	TOPIC	SIZE OF FILE
AFH 33-337	01 AUG 04	AIR FORCE HANDBOOK - THE TONGUE AND QUILL	3,692KB
	2007	AIR FORCE HANDBOOK - 2007	11,571KB
AFI 10-248	25 SEP 06	UNIT PHYSICAL FITNESS TRAINING PROGRAM	1,825KB
AFMAN 10-100	01 JUN 04	AIRMAN'S MANUAL	9,547KB
AFMAN 31-219	01 OCT 96	USAF MILITARY WORKING DOG (MWD) PROGRAM	252KB
AFMAN 31-222	01 JUN 01	SECURITY FORCES USE OF FORCE	53,864KB
AFMAN 31-229	12 MAY 04	USAF WEAPONS HANDLING MANUAL	407KB
AFMAN 32-1094	01 NOV 98	CRITERIA FOR AIR FORCE PRECISION MEASUREMENT EQUIPMENT LABORATORY DESIGN AND CONSTRUCTION	174KB
AFMC 15-1	03 AUG 98	STAFF METEOROLOGIST'S HANDBOOK	205KB
AFP 32-1186	01 AUG 99	VALVE-REGULATED LEAD-ACID BATTERIES FOR STATIONARY APPLICATIONS	2,348KB
AFP 48-133	01 JUN 00	PHYSICIAL EXAMINATION TECHNIQUES	1,734KB
AFVA 11-240	02 JUN 04	AIRPORT SIGNS AND MARKINGS	384KB
AFVA 32-4022	01 APR 99	UNEXPLODED ORDNANCE (UXO) RECOGNITION AND REPORTING CHART	510KB

US ARMY CORRESPONDENCE COURSES	DATE	TOPIC	SIZE OF FILE

L'immagine mostra la pagina da cui è possibile scaricare vari manuali militari

Sebbene molti di questi manuali possano essere facilmente recuperati anche nel *surface web*, nella maggior parte dei casi questa tipologia di materiale è apparsa per la prima volta tra le pagine del *deep web*.

L'ultima categoria di siti dedicati alle armi è rappresentata dai siti dedicati alla creazione di armi improvvisate o occulte, tipicamente IED (Improvised Explosive Device) e *gun pen*. Con il termine IED si indicano tutti quei dispositivi esplosivi realizzati artigianalmente, partendo da materie prime facilmente reperibili e, tipicamente, utilizzati durante attentati terroristici. Proprio la facilità nel reperire il suddetto materiale rende questi dispositivi così pericolosi.

sufficient to stabilize the R.D.X.

- R.D.X. detonates at a rate of 8550 meters/second when it is compressed to a density of 1.55 g/cubic cm.

Ammonium Nitrate

Ammonium nitrate could be made by a terrorist according to the hap- hazard method above, or it could be stolen from a construction site, since it is usually used in blasting, because it is very stable and insensitive to shock and heat. A terrorist could also buy several Instant Cold-Paks from a drug store or medical supply store. The major disadvantage with ammonium nitrate, from a terrorist's point of view, would be detonating it. A rather powerful priming charge must be used, and usually with a booster charge. The diagram below will explain.

```
                _______________________________________
               |        |                              |
    ___________|        |                              |
   |           | T.N.T. |      ammonium nitrate        |
   |primer     |booster |                              |
   |___________|        |                              |
               |        |                              |
               |________|______________________________|
```

```
The primer explodes, detonating the T.N.T., which detonates, sending
a tremendous shockwave through the ammonium nitrate, detonating it.
```

ANFOs

ANFO is an acronym for Ammonium Nitrate - Fuel Oil Solution. An ANFO solves the only other major problem with ammonium nitrate: its tendency to pick up water vapor from the air. This results in the explosive failing to detonate when such an attempt is made. This is rectified by mixing [redacted]% (by weight) ammonium nitrate with [redacted]% fuel oil, or kerosene. The kerosene keeps the ammonium nitrate from absorbing moisture from the air. An ANFO also requires a large shockwave to set it off. T.N.T.

T.N.T., or Tri-Nitro-Toluene, is perhaps the second oldest known high explosive. Dynamite, of course, was the first. It is certainly the best known high explosive, since it has been popularized by early morning cartoons. It is the standard for comparing other explosives to, since it is the most well known. In industry, a T.N.T. is made by a three step nitration process that is designed to conserve the nitric and sulfuric acids which are used to make the product. A terrorist, however, would probably opt for the less economical one step method. The one step process is performed by treating toluene with very strong (fuming) sulfuric acid. Then, the sulfated toluene is treated with very strong (fuming) nitric acid in an ice bath. Cold water is added the solution, and it is filtered. Potassium Chlorate

Potassium chlorate itself cannot be made in the home, but it can be obtained [redacted]. If potassium chlorate is mixed with a small amount of vaseline, or other petroleum jelly, and a shockwave is passed through it, the material will detonate with slightly more power than black powder. It must, however, be confined to detonate it in this manner. The procedure for making such an explosive is outlined below:

Materials

```
potassium chlorate [redacted], by volume)
petroleum jelly (vaseline) [redacted] by volume)
```

Equipment

```
zip-lock plastic bag
clay grinding bowl or wooden bowl and wooden spoon
```

L'immagine mostra una guida su come realizzare uno IED con materiali facilmente reperibili. Sono state censurate le dosi

Carding

Con il termine *carding* si indicano quei servizi dedicati al commercio delle carte di credito rubate o contraffatte; si tratta chiaramente di un servizio illegale e, tecnicamente, l'acquirente commette il reato previsto e punito dall'articolo 648 del Codice Penale (ricettazione).

Esistono vari tipi di siti, dedicati a uno o più servizi differenti: alcuni sono finalizzati a vendere carte di credito, altri carte di debito oppure *gift card*, altri ancora vendono un po' di tutto.

CHOOSE BALANCE:

All cards are with PIN-codes and full holder info!

What to do with this credit cards? - You can read the instructions here.

BANK	CARD TYPE	QUANTITY	BALANCE	PRICE	ORDER
UniCredit	Visa Classic	1 card	954.21 EUR	0.0209 Ƀ	○
UniCredit	Visa Gold	1 card	5820.44 EUR	0.1276 Ƀ	○
Banco di Napoli	Visa Classic	1 card	2760.25 EUR	0.0603 Ƀ	○
Banco di Napoli	Visa Classic	1 card	1550.50 EUR	0.0339 Ƀ	○
Banco di Napoli	Visa Gold	1 card	2635.00 EUR	0.0556 Ƀ	○
Banco di Napoli	Visa Classic	1 card	1890.00 EUR	0.0414 Ƀ	○
Banco di Napoli	Visa Classic	3 cards	≈ 6.5K EUR TOTAL	0.0904 Ƀ	○
UniCredit	Visa Classic	5 cards	≈ 9K EUR TOTAL	0.1251 Ƀ	○

L'immagine mostra la selezione di carte di credito che è possibile acquistare

Nell'immagine che precede, possiamo vedere uno di questi siti, specializzato in differenti tipologie di carte di credito, con tanto di garanzia «soddisfatti o rimborsati». A onor del vero dobbiamo anche rilevare che vari forum segnalano questo sito come non affidabile...

Droga

Come per le armi, i siti in cui si parla di droga possono essere divisi in due grandi categorie:

– in una prima possiamo collocare i siti dedicati alla coltivazione e/o alla lavorazione della droga;

– in una seconda possiamo, invece, trovare tutti i siti che trattano la vendita di droghe e accessori.

Molti dei siti appartenenti alla seconda categoria possono essere trovati all'interno dei *black market*, anche se non mancano siti *freelance*, posti al di fuori di qualsivoglia circuito. Giova qui osservare che, molti di questi *market* sono stati sottoposti a sequestro e chiusi nel corso di un'operazione FBI nota con il nome di Operation Onymous, di cui parleremo a breve.

Analizzando le principali parole chiave utilizzate nei motori di ricerca relativi ai *dark market*, vediamo come i primi posti della lista siano saldamente occupati da termini legati alle droghe.

Trending Today		Trending All-Time	
cannabis	316	cannabis	7,878
porn	309	porn	6,601
cocaine	118	cocaine	2,905
lsd	114	weed	2,622
sex	105	lsd	2,508
guns	103	guns	2,353
alphabay	100	Sex	2,351
weed	98	alphabay	2,046
Heroin	91	mdma	2,011
gun	88	AMP	1,951
mdma	85	gun	1,934
porno	76	heroin	1,805
teen	67	porno	1,483
rape	59	teen	1,089
xxx	45	meth	1,035
drugs	42	rape	935
meth	40	hard candy	925
Speed	37	ak47	837
ak47	35	drugs	827
dmt	35	dmt	775

L'immagine mostra il trend dei beni o servizi richiesti nei dark market

Nei *dark market*, infatti, la droga rappresenta uno degli articoli di punta, e innumerevoli sono le offerte legate alle varie sostanze stupefacenti; accanto alla droga è possibile trovare anche venditori di contrabbando di farmaci altrimenti legali come, ad esempio, Prozac, Viagra, Cialis e altri prodotti che, generalmente, richiedono una prescrizione medica. Mentre alcuni *market* consentono di vendere tutte le tipologie di droghe, altri consentono esclusivamente la vendita di droghe «leggere», anfetamine o medicinali di contrabbando.

In merito alla prima categoria di siti, possiamo fare riferimento in particolare al contenuto di Wikipedia, anche se non mancano siti esterni dedicati alla coltivazione e alla produzione di droghe.

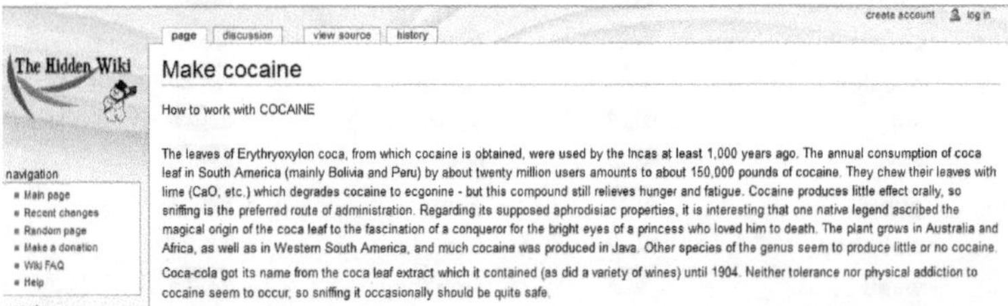

L'immagine mostra una guida su come «lavorare» con la cocaina

Questi siti contengono istruzioni molto dettagliate sull'argomento, e sono chiaramente indirizzati a consumatori e produttori-consumatori nell'ottica dell'autoconsumo, ma, ovviamente, non hanno subito alcuna revisione da un punto di vista medico-scientifico; ne consegue che mettere in pratica questi consigli potrebbe essere decisamente pericoloso.

Hacking

Come per molti degli altri servizi, anche per i siti dedicati all'*hacking* possiamo procedere a una prima suddivisione basata sul loro contenuto e sui servizi che offrono agli acquirenti:

– in una prima categoria possiamo collocare i siti dedicati alla vendita di servizi del genere *hire a hacker*;

– in una seconda categoria possiamo, invece, trovare tutti i siti che offrono servizi legati all'*hacking*;

– in una terza categoria dobbiamo, poi, inserire i siti che offrono software e programmi finalizzati a tale attività;

– in una quarta categoria troviamo, invece, tutte quelle pagine che offrono manuali e guide;

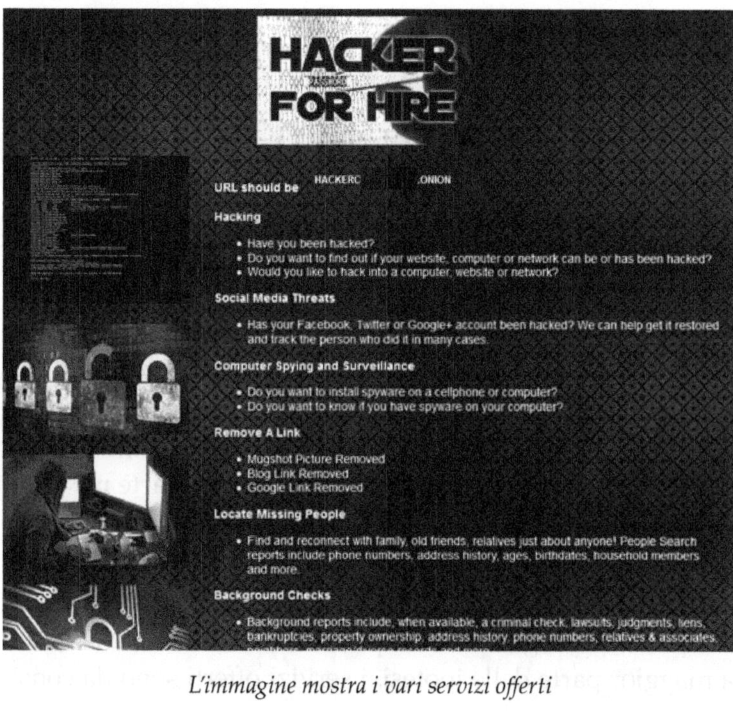

L'immagine mostra i vari servizi offerti

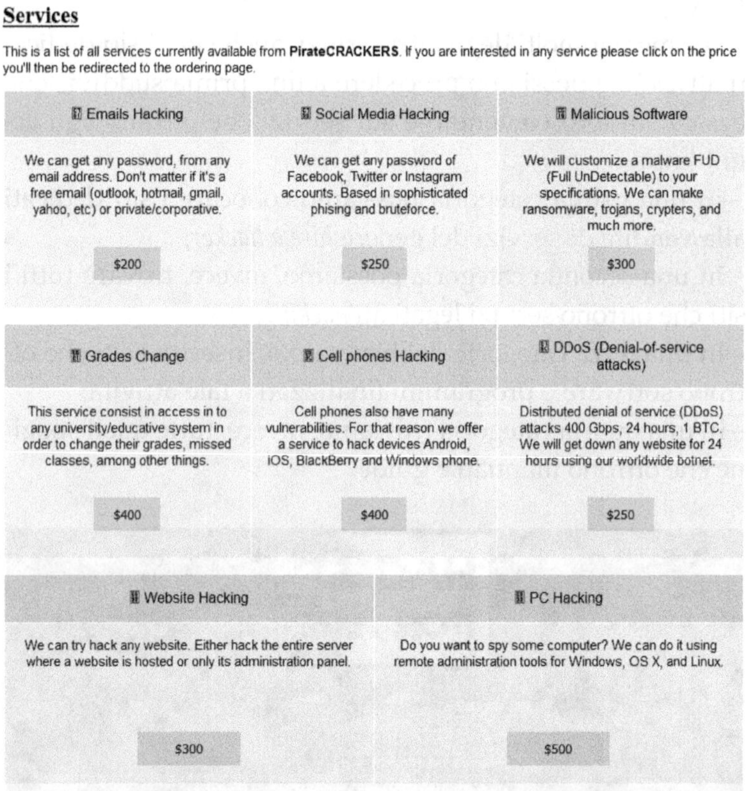

Services

This is a list of all services currently available from **PirateCRACKERS**. If you are interested in any service please click on the price you'll then be redirected to the ordering page.

Emails Hacking	Social Media Hacking	Malicious Software
We can get any password, from any email address. Don't matter if it's a free email (outlook, hotmail, gmail, yahoo, etc) or private/corporative.	We can get any password of Facebook, Twitter or Instagram accounts. Based in sophisticated phising and bruteforce.	We will customize a malware FUD (Full UnDetectable) to your specifications. We can make ransomware, trojans, crypters, and much more.
$200	$250	$300
Grades Change	**Cell phones Hacking**	**DDoS (Denial-of-service attacks)**
This service consist in access in to any university/educative system in order to change their grades, missed classes, among other things.	Cell phones also have many vulnerabilities. For that reason we offer a service to hack devices Android, iOS, BlackBerry and Windows phone.	Distributed denial of service (DDoS) attacks 400 Gbps, 24 hours, 1 BTC. We will get down any website for 24 hours using our worldwide botnet.
$400	$400	$250

Website Hacking	PC Hacking
We can try hack any website. Either hack the entire server where a website is hosted or only its administration panel.	Do you want to spy some computer? We can do it using remote administration tools for Windows, OS X, and Linux.
$300	$500

L'immagine mostra i vari servizi offerti e il loro costo

– una quinta categoria è, poi, rappresentata dai forum di discussione e dai blog in cui vari gruppi di *hacker* discutono di tecniche, strategie e operazioni da porre in essere;
– l'ultima categoria (di cui, però, parleremo a parte nel prossimo capitolo) è rappresentata dai siti dedicati all'attivismo politico o, come si usa dire, *hacktivism*.

In merito alla prima categoria di servizi, di cui pubblichiamo qui un'immagine di esempio, osserviamo subito che, nella maggior parte delle ipotesi, i servizi offerti sono da considerarsi contrari alla legge e, pertanto, suscettibili di sanzioni penali in quanto finalizzati a violare account di posta elettronica, social network e attaccare obiettivi informatici.

Si vedano le immagini precedenti, tratte da siti in cui gruppi di *hacker* offrono ai propri potenziali clienti tutta una serie di attività illecite che vanno dalla violazione di specifici account alla realizzazione di copie personalizzate di CBT-Locker (un *ransom-ware,* cioè un virus in grado di cifrare il contenuto dell'hard disk e di renderlo accessibile solo previo pagamento di un *ransom,* un «riscatto»).

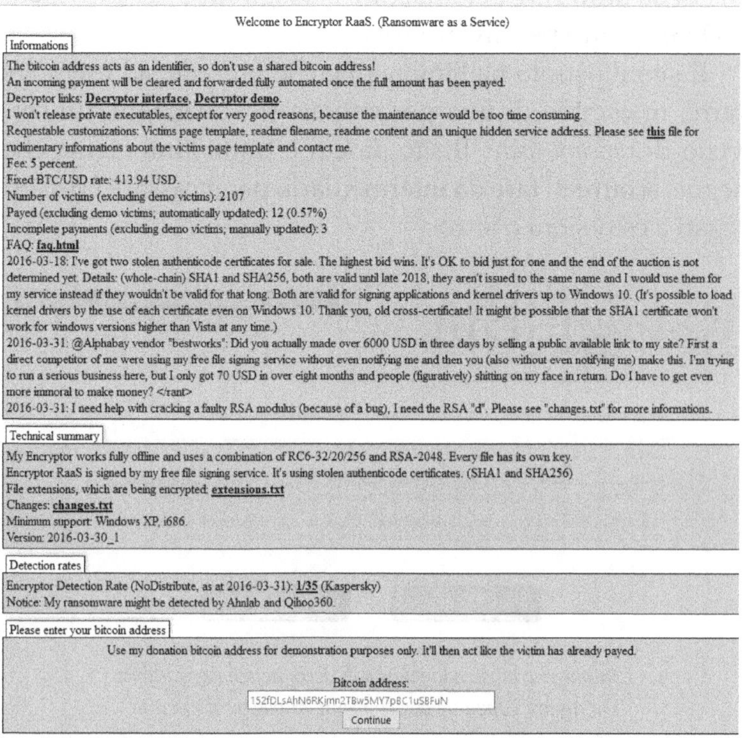

Welcome to Encryptor RaaS. (Ransomware as a Service)

Informations

The bitcoin address acts as an identifier, so don't use a shared bitcoin address!
An incoming payment will be cleared and forwarded fully automated once the full amount has been payed.
Decryptor links: **Decryptor interface**, **Decryptor demo**.
I won't release private executables, except for very good reasons, because the maintenance would be too time consuming.
Requestable customizations: Victims page template, readme filename, readme content and an unique hidden service address. Please see **this** file for rudimentary informations about the victims page template and contact me.
Fee: 5 percent.
Fixed BTC/USD rate: 413.94 USD.
Number of victims (excluding demo victims): 2107
Payed (excluding demo victims; automatically updated): 12 (0.57%)
Incomplete payments (excluding demo victims; manually updated): 3
FAQ: **faq.html**
2016-03-18: I've got two stolen authenticode certificates for sale. The highest bid wins. It's OK to bid just for one and the end of the auction is not determined yet. Details: (whole-chain) SHA1 and SHA256, both are valid until late 2018, they aren't issued to the same name and I would use them for my service instead if they wouldn't be valid for that long. Both are valid for signing applications and kernel drivers up to Windows 10. (It's possible to load kernel drivers by the use of each certificate even on Windows 10. Thank you, old cross-certificate! It might be possible that the SHA1 certificate won't work for windows versions higher than Vista at any time.)
2016-03-31: @Alphabay vendor "bestworks": Did you actually made over 6000 USD in three days by selling a public available link to my site? First a direct competitor of me were using my free file signing service without even notifying me and then you (also without even notifying me) make this. I'm trying to run a serious business here, but I only got 70 USD in over eight months and people (figuratively) shitting on my face in return. Do I have to get even more immoral to make money? </rant>
2016-03-31: I need help with cracking a faulty RSA modulus (because of a bug), I need the RSA "d". Please see "changes.txt" for more informations.

Technical summary

My Encryptor works fully offline and uses a combination of RC6-32/20/256 and RSA-2048. Every file has its own key.
Encryptor RaaS is signed by my free file signing service. It's using stolen authenticode certificates. (SHA1 and SHA256)
File extensions, which are being encrypted: **extensions.txt**
Changes: **changes.txt**
Minimum support: Windows XP, i686.
Version: 2016-03-30_1

Detection rates

Encryptor Detection Rate (NoDistribute, as at 2016-03-31): 1/35 (Kaspersky)
Notice: My ransomware might be detected by Ahnlab and Qihoo360.

Please enter your bitcoin address

Use my donation bitcoin address for demonstration purposes only. It'll then act like the victim has already payed.

Bitcoin address:
152fDLsAhN6RKjmn2TBw5MY7pBC1uSBFuN
Continue

L'immagine mostra la descrizione del servizio e i costi

Altri tipici servizi offerti sono rappresentati dal School, University, College Grade change service ovvero dalla possibilità di accedere al registro elettronico di istituti scolastici per modificare voti e altre informazioni, oppure Distributed Denial of Service (DDoS) procedendo a mettere fuori servizio qualsiasi sito per 24 ore utilizzando una rete di *bot*.

La seconda categoria di prodotti, invece, è relativa a tutti quei siti che offrono servizi legati direttamente o indirettamente al mondo dell'*hacking*. In genere si tratta di vere e proprie organizzazioni criminali in grado di offrire siti dove collocare virus e/o *malware* oppure reti di computer compromessi da utilizzare per attaccare bersagli specifici (attività di DDoS) oppure per inviare *spam*.

Il sito illustrato nell'immagine che precede, ad esempio, offre, in cambio di una percentuale sui guadagni, un servizio di *ransom-ware*. Il sito da cui è tratta l'immagine che segue, si offre di fare da intermediario per incassare i riscatti legati a estorsioni o altro.

L'immagine mostra la pagina di accoglienza degli utenti
Da notare l'opzione che consente di pagare il riscatto

Simili ai precedenti sono, infine, i siti che offrono, a volte anche gratuitamente, programmi software che possono essere utilizzati nello svolgimento di attività legate all'*hacking*. Tipicamente può trattarsi di compilatori per realizzare o personalizzare virus, gruppi di programmi da utilizzare per attaccare un sito web o cercare di violare una password oppure di strumenti per monitorare e intercettare il traffico di una rete *wired* o wi-fi.

... segue: Manuali, forum e guide all'hacking

Questo paragrafo è dedicato a tutte quelle pagine contenenti forum, blog e guide relative all'*hacking* come branca della sicurezza informatica e come attività. In queste pagine si discute di tecniche, procedure, sicurezza, *zero-day vulnerability* e *zero day attack*.

Iniziamo proprio da questi ultimi due argomenti: in informatica con l'espressione *zero-day vulnerability* si definisce qualsiasi vulnerabilità non pubblicamente nota e, con il termine *0-day attack* si indica il programma o la tecnica (generalmente detto *exploit*) che sfrutta questa vulnerabilità per eseguire azioni non normalmente permesse nel sistema in questione.

Il termine deriva dal fatto che lo sviluppatore ha zero giorni per rilasciare la *patch* finalizzata a eliminare il rischio prima che qualcuno agisca per sfruttare la falla a proprio vantaggio. Al fine di aumentare la sicurezza attraverso un aumento della consapevolezza, esistono nel *surface web* ampi archivi pubblici dedicati agli *zero-day*: si veda, ad esempio, il sito http://cve.mitre.org/.

L'immagine mostra la pagina iniziale del servizio CVE

o https://www.us-cert.gov/, di cui alla seguente immagine:

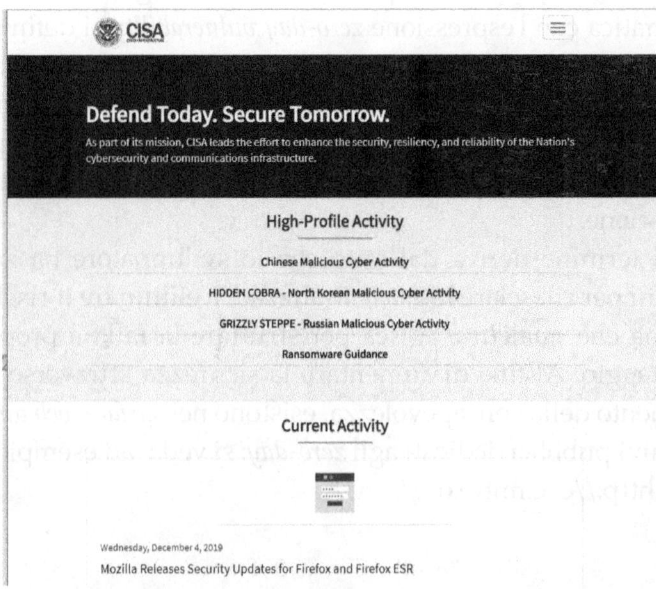

L'immagine mostra la pagina delle maggiori minacce evidenziate da CISA

Normalmente, quando si parla di *0-day attack* ci si riferisce ad attività dolose poste in essere da gruppi di criminali che si adoperano per individuare queste vulnerabilità al preciso scopo di sfruttarle a proprio illecito vantaggio. Questi gruppi, generalmente, operano proprio attraverso blog o forum segreti che, molto spesso, sono collocati nel *dark web*.

Ovviamente non sempre si tratta di contenuti facilmente accessibili: ad alcuni di questi siti è possibile accedere solo dopo avere ricevuto un invito diretto, mentre per altri l'accesso richiede il pagamento di una tassa di iscrizione; altri ancora, invece, sono liberamente accessibili solo in lettura.

Il primo forum di cui parleremo è, appunto, chiamato 0day ed è dedicato a discussioni e strumenti legati alla sicurezza informatica.

L'accesso a questo forum è limitato ai soli utenti registrati

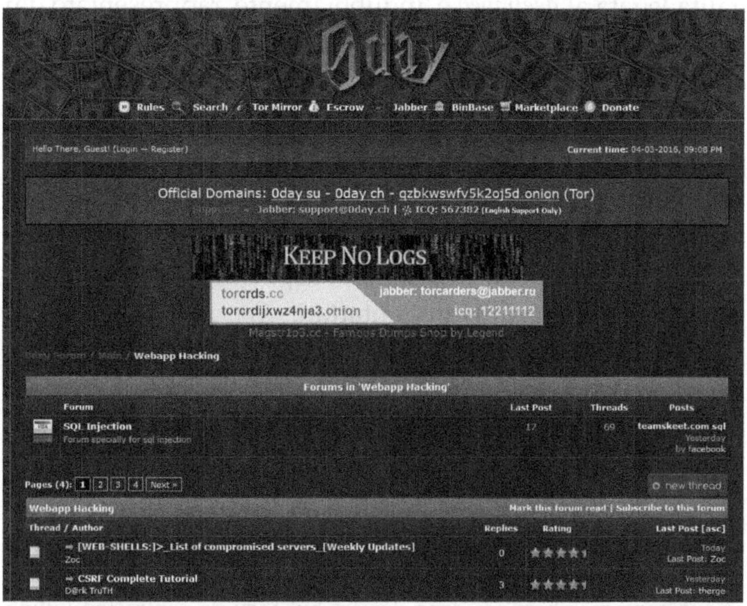

L'immagine mostra la pagina iniziale del forum dedicato agli 0-day attack

e per registrarsi è necessario accedere a un server di messaggistica istantanea e richiedere una chiave di accesso. Molto interessante si rivela anche il forum Galaxy3 (vedi anche p. 135), in cui gli utenti si scambiano informazioni e consigli relativi alla sicurezza informatica e al mondo dell'*hacking* allo scopo di creare una vasta *community*. In Galaxy3 sono disponibili discussioni relative ai più svariati argomenti (non soltanto quelli legati alla sicurezza informatica) e qui è possibile trovare una grande quantità di guide e tutorial, relativi alle differenti tipologie di servizi che è possibile attivare utilizzando TOR, nonché ad argomenti legati a questioni di politica, economia e attualità.

Killer

Uno dei servizi più sconvolgenti nel panorama dell'illegalità legata al *deep web* è, indubbiamente, rappresentato dai siti in cui è possibile assoldare qualcuno per uccidere, picchiare o distruggere la vita di un altro individuo.

Nell'immagine che segue, tratta da uno di questi siti, possiamo leggere che gli autori del sito dichiarano di essere i soggetti adatti per uccidere o picchiare chiunque. Gli autori proseguono affermando di avere sicari professionisti a disposizione in USA, Canada e Europa e che questi soggetti possono essere facilmente contattati.

Viene poi spiegato che alcuni dei membri sono spacciatori che svolgono questo lavoro quando si trovano a corto di denaro. [1]

[1] «If you want to kill someone, or to beat the shit out of him, we are the right guys. We have professional hitmen available through the entire USA, Canada and Europe and you can hire a contract killer easily. Most of our gang members are drug dealers but they do contracted killing when they are short on cash».

L'immagine mostra la pagina di presentazione del sito BesaMafia

Viene specificato che, nel sito, non ci sono poliziotti sotto copertura e non vi è alcun rischio di essere individuati dato che il «servizio» viene erogato da professionisti che sanno come muoversi. Gli utenti vengono invitati a non fornire informazioni personali, ma soltanto i dati relativi al bersaglio e il codice del conto dove sono stati depositati i bitcoin necessari per il pagamento.

Il pagamento viene effettuato, tramite bitcoin, soltanto dopo che il contratto è stato adempiuto e il bersaglio abbattuto. Il costo di un omicidio si aggira tra i 5000 e i 200.000 dollari e, in cambio di un pagamento supplementare, i killer si impegnano a far apparire l'omicidio come un incidente, per esempio allo scopo di incassare il premio di un'assicurazione.

Murder Types	Regular Person	Public Persons	1-2 Guards	3-5 Guards
Regular	$45,000	$180,000	$360,000	$540,000
Missing in action	$60,000	$240,000	$480,000	$720,000
Death in accident	$75,000	$300,000	$600,000	$900,000
Criple Types	Regular Person	Public Persons	1-2 Guards	3-5 Guards
Regular	$12,000	$48,000	$120,000	$180,000
Uglify	$18,000	$72,000	$160,000	$240,000
Two Hands	$24,000	$96,000	$200,000	$300,000
Paralyse	$30,000	$120,000	$240,000	$360,000
Rape	Regular Person	Public Persons	Family	Members
Regular	$8,000	$16,000	$32,000	$32,000
Under age	$21,000	$32,000	$36,000	$36,000
Bombing	Regular Person	Public Persons	Family	Members
Simple	$7,000	$28,000	$32,000	$32,000
Complex	$21,000	$32,000	$48,000	$48,000
Beating	Regular Person	Public Persons	Family	Members
Simple	$3,000	$12,000	$30,000	$30,000

L'immagine mostra la pagina contenente il listino dei prezzi

Nell'immagine che precede, ad esempio, possiamo vedere come si presenta il listino dei servizi offerti da uno di questi siti. Ma come vengono effettivamente pagati questi servizi?

La procedura viene dettagliatamente descritta in un altro sito: una volta registratosi all'interno del servizio, l'utente dovrà fornire i dati necessari perché il killer possa individuare, identificare e colpire il bersaglio. Il committente dovrà, poi, indicare dove poter trovare la vittima e la data scelta per l'omicidio. A questo punto, il committente dovrà procedere al trasferimento dei fondi sull'account di deposito, fermo rimanendo che il killer sarà pagato soltanto dopo aver compiuto il delitto. Una volta appurato che il committente ha proceduto a versare il denaro nel conto di deposito, l'organizzazione provvede a individuare il killer disponibile più

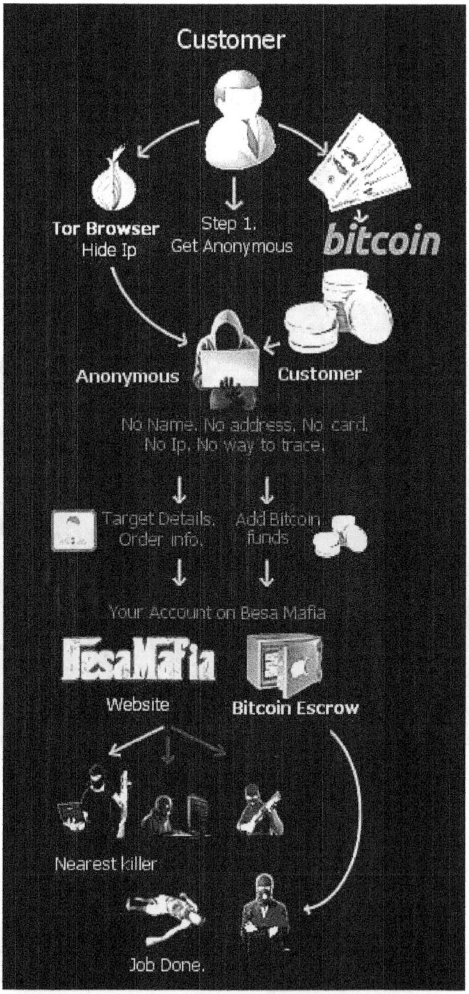

L'immagine mostra la procedura che dovrà essere seguita per effettuare il pagamento

vicino al bersaglio e a incaricarlo di eseguire il contratto. Fino al momento del delitto, il denaro rimane custodito nel conto di deposito e, solo una volta colpito il bersaglio, verrà trasferito all'esecutore materiale. Prima del pagamento, però, l'esecutore fornirà al committente una prova dell'avvenuto delitto (ad esempio inviando una fotografia al suo account). Se il killer dovesse fallire il colpo, l'organizzazione si impegna a rimborsare il committente: in breve si tratta in tutto e per tutto di un servizio simile a tanti altri presenti nel web, con l'unica particolarità che l'oggetto del contratto è costituito dall'uccisione di una persona.

Altrettanto inquietanti sono i servizi in cui un criminale si offre di distruggere la vita di un individuo, ad esempio nascondendogli in casa o in macchina droga o altro materiale illegale. Anche il reclutamento di aspiranti mercenari avviene online, come specificato in uno di questi siti.

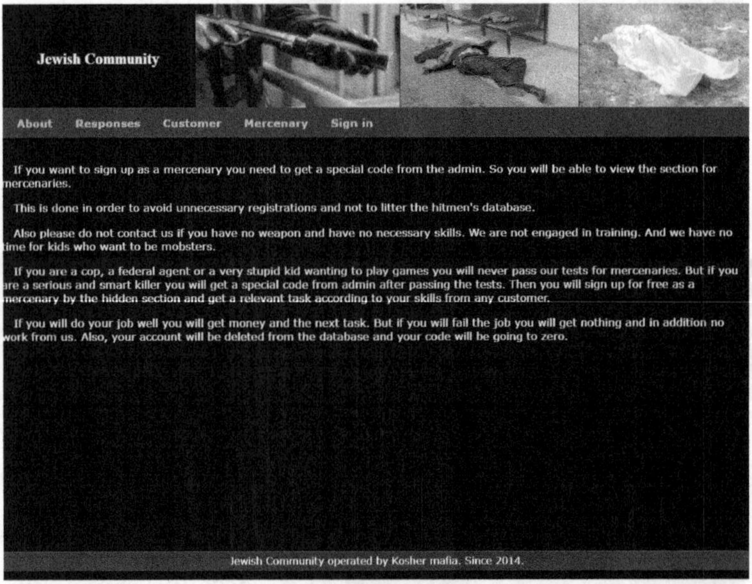

L'immagine mostra la pagina di reclutamento con le condizioni per il pagamento

Materiale rubato

Alcuni *dark market* si sono specializzati nel rivendere beni di origine illecita, sia che si tratti di prodotti rubati, merce legittima ma acquistata tramite carte di credito rubate oppure beni contraffatti. Acquistare prodotti attraverso questi siti costituisce una violazione dell'articolo 648 del Codice Penale in quanto si tratta, né più né meno, di effettuare la ricettazione di beni di origine illecita.

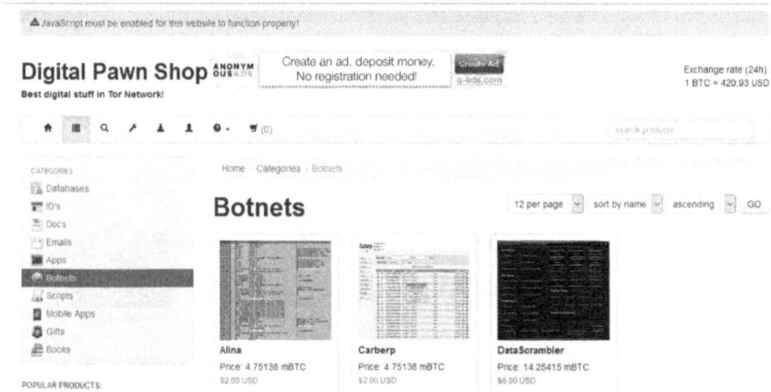

L'immagine mostra la pagina di presentazione dei prodotti offerti nel sito

Accanto al materiale rubato, vengono anche venduti servizi illeciti come, ad esempio, l'utilizzo di *botnet* da adibire all'invio di messaggi di *spam*, di virus o ad attacchi di tipo DDoS a un determinato bersaglio. Al momento di andare in stampa, il sito risultava non raggiungibile.

Altrettanto ricco e vario è il mercato dei beni contraffatti. Nei *dark market* è possibile trovare copie di orologi famosi (ad esempio Rolex o altre marche prestigiose), vestiti o borsette firmate dai più noti stilisti, gioielli, materiali elettronici di ogni genere (computer, telefonini, palmari ecc.) e, persino, denaro falso.

Un altro settore molto attivo è quello legato ai tabacchi, lavorati e semilavorati, così come quello degli alcolici di contrabbando, venduti online al fine di evitare tasse o imposte stabilite dai vari Paesi.

Nell'immagine che segue, possiamo vedere la pagina di un *dark market* prevalentemente dedicato a oggetti di lusso.

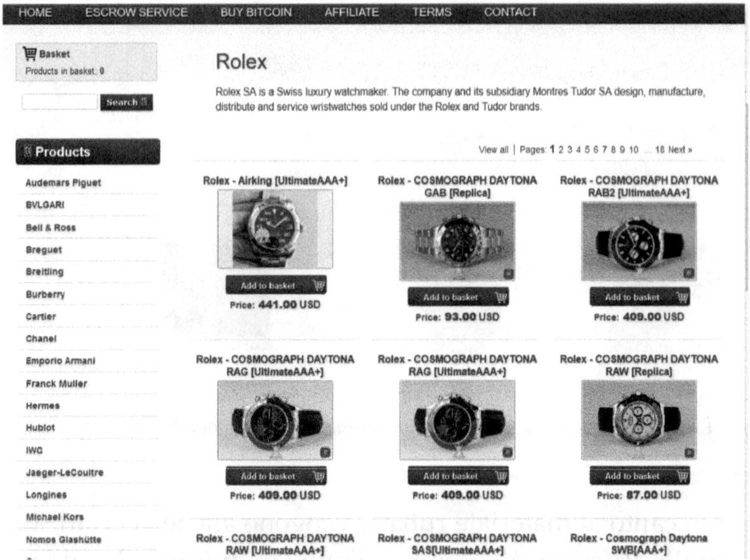

L'immagine mostra la pagina di presentazione dei prodotti di lusso offerti nel sito

Pedofilia

Uno dei contenuti più controversi tra quelli che popolano le dark net è, indubbiamente, rappresentato dalle pagine che trattano di pedopornografia o che distribuiscono materiale di questo genere.

Più avanti parleremo della «guerra» in corso tra *ethical hacker* e pedofili per tenere «pulito» il *dark web*, ma, per il momento, nelle prossime pagine ci limiteremo a descrivere il contenuto di questi siti.

Possiamo individuare differenti tipologie di siti e, basandoci sui contenuti, possiamo distinguerle in:

1) forum di informazione e cultura: si tratta di spazi (a volte contenuti in altri siti aventi carattere generalistico) in cui i pedofili si incontrano, si confrontano e si scambiano espe-

rienze e consigli di vario genere. Molto spesso questi siti non contengono immagini o filmati, ma soltanto messaggi di testo;

2) BBS, chat e siti di immagini: si tratta di siti o BBS dedicati espressamente alla pedopornografia. In generale possiamo distinguere tra siti commerciali (in cui il materiale viene venduto) e siti non commerciali (in cui il materiale viene offerto gratuitamente oppure scambiato). Appartengono a quest'ultima categoria i siti e le BBS espressamente dedicati allo scambio di immagini o filmati a contenuto pedopornografico. In questa categoria, in genere, l'accesso è gratuito, ma quasi sempre, per poter accedere, è necessario pagare una «tassa» di ingresso inviando delle immagini inedite;

3) siti dedicati al turismo sessuale e alla prostituzione minorile: in questi siti è possibile acquistare pacchetti turistici per viaggi di turismo sessuale oppure incontri sessuali con minori.

Forum di informazione e cultura

Un esempio del contenuto della prima categoria di siti, è rappresentato da alcune pagine dell'Uncensored Hidden Wiki, contenute, appunto, nella categoria «pedofilia». In queste pagine viene essenzialmente svolto attivismo politico a favore della pedofilia, sostenendo le ragioni dei pedofili, il loro diritto ad avere rapporti con bambini di ogni età, fornendo anche indicazioni sui partiti politici da sostenere e su come fare correttamente e attivamente propaganda.

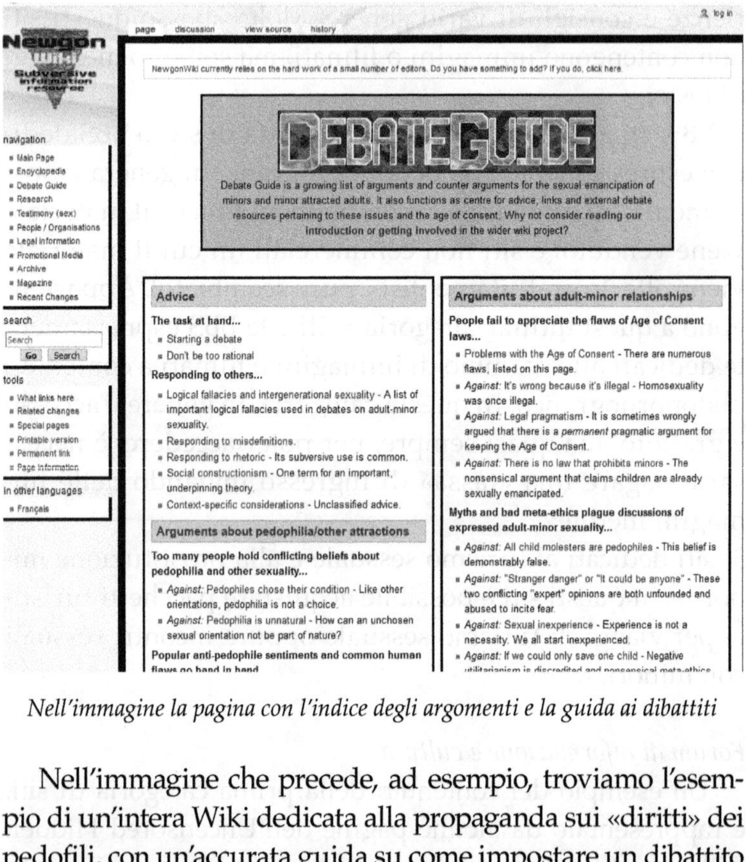

Nell'immagine la pagina con l'indice degli argomenti e la guida ai dibattiti

Nell'immagine che precede, ad esempio, troviamo l'esempio di un'intera Wiki dedicata alla propaganda sui «diritti» dei pedofili, con un'accurata guida su come impostare un dibattito indicando argomentazioni e artifici retorici da utilizzare.

Un elenco dei nemici più pericolosi (psicologi, associazioni ecc.) accusati di propagandare e diffondere la «pedophobia» che, nel gergo dei pedofili, non indica la paura dei bambini, ma un'anormale e irrazionale paura di tutte le cose legate alla pedofilia[2]. Ampio spazio trovano anche consigli legali e consigli relativi alla sicurezza operativa. A tal proposito si veda,

[2] «Abnormal irrational fear of all things related to pedophilia».

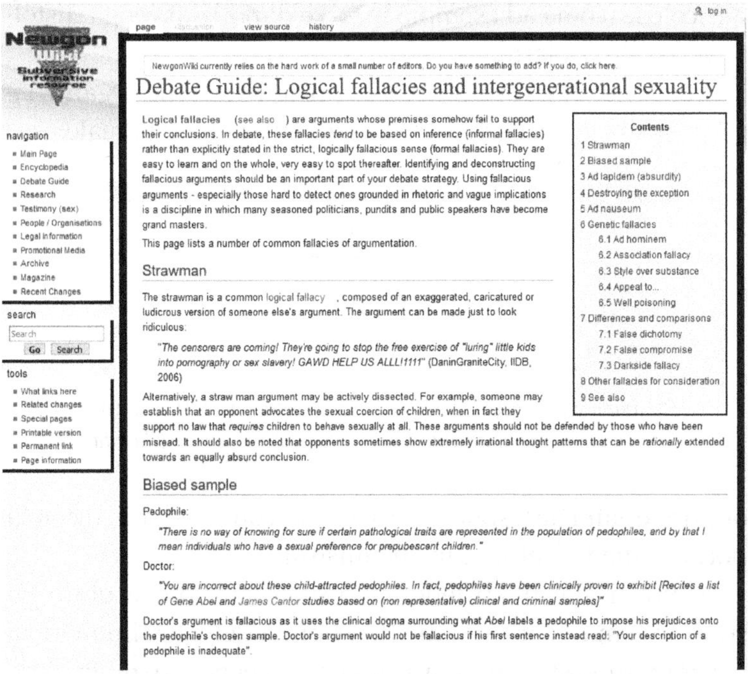

page view source history

log in

Newgon Wiki Subversive information resource

navigation

- Main Page
- Encyclopedia
- Debate Guide
- Research
- Testimony (sex)
- People / Organisations
- Legal information
- Promotional Media
- Archive
- Magazine
- Recent Changes

search

Go Search

tools

- What links here
- Related changes
- Special pages
- Printable version
- Permanent link
- Page information

NewgonWiki currently relies on the hard work of a small number of editors. Do you have something to add? If you do, click here.

Debate Guide: Logical fallacies and intergenerational sexuality

Logical fallacies (see also) are arguments whose premises somehow fail to support their conclusions. In debate, these fallacies *tend* to be based on inference (informal fallacies) rather than explicitly stated in the strict, logically fallacious sense (formal fallacies). They are easy to learn and on the whole, very easy to spot thereafter. Identifying and deconstructing fallacious arguments should be an important part of your debate strategy. Using fallacious arguments - especially those hard to detect ones grounded in rhetoric and vague implications is a discipline in which many seasoned politicians, pundits and public speakers have become grand masters.

This page lists a number of common fallacies of argumentation.

Contents

Strawman

The strawman is a common logical fallacy , composed of an exaggerated, caricatured or ludicrous version of someone else's argument. The argument can be made just to look ridiculous:

"*The censorers are coming! They're going to stop the free exercise of "luring" little kids into pornography or sex slavery! GAWD HELP US ALLL!1111*" (DaninGraniteCity, IIDB, 2006)

Alternatively, a straw man argument may be actively dissected. For example, someone may establish that an opponent advocates the sexual coercion of children, when in fact they support no law that *requires* children to behave sexually at all. These arguments should not be defended by those who have been misread. It should also be noted that opponents sometimes show extremely irrational thought patterns that can be *rationally* extended towards an equally absurd conclusion.

Biased sample

Pedophile:

"*There is no way of knowing for sure if certain pathological traits are represented in the population of pedophiles, and by that I mean individuals who have a sexual preference for prepubescent children.*"

Doctor:

"*You are incorrect about these child-attracted pedophiles. In fact, pedophiles have been clinically proven to exhibit [Recites a list of Gene Abel and James Cantor studies based on (non representative) clinical and criminal samples]*"

Doctor's argument is fallacious as it uses the clinical dogma surrounding what *Abel* labels a pedophile to impose his prejudices onto the pedophile's chosen sample. Doctor's argument would not be fallacious if his first sentence instead read: "Your description of a pedophile is inadequate".

L'immagine mostra la pagina di presentazione delle tecniche di discussione

ad esempio, il contenuto delle pagine di una di queste guide in cui, tra le altre cose, viene suggerito di creare un segno per riconoscere altri pedofili nella società[3]. Un altro consiglio che viene dato, è quello di infiltrarsi nelle organizzazioni anti-pedo in modo da cambiare politiche di intervento e obiettivi, ottenere informazioni privilegiate e porre in essere azioni di disturbo o attività in grado di compromettere la credibilità di tali organizzazioni. Un altro consiglio che viene dato è quello di far sì che l'attenzione delle organizzazioni potenzialmente

[3] «Consider a protocol to recognize other pedos in society: Create a system like the masonic handshake, for recognizing pedos. Help fellow pedos wherever possible».

pericolose (come ad esempio le forze di polizia) venga distolta verso altri obiettivi [4].

Vengono, poi, forniti precisi consigli su come organizzare, in sicurezza, un incontro tra pedofili nella vita reale:

L'immagine mostra la pagina in cui vengono forniti consigli su come organizzare un incontro sicuro con altri pedofili nella vita reale

oppure quali Paesi sono più tolleranti con i pedofili, o con la pornografia infantile, e in che misura.

Molti di questi siti tendono a screditare o confutare gli studi in tema di abusi o di attendibilità della testimonianza del minore sostenendo la tesi che, sebbene i bambini tendano a non raccontare consapevolmente menzogne in tema di abusi, spesso i fatti sono ricostruiti male dagli adulti che procedono all'analisi del minore, con domande suggestive e la tendenza a instillare falsi ricordi nei minori.

[4] «Infiltrate anti-pedo organizations: Organizational policies can be changed and mellowed best by petitioning from the inside, not by attacking from the outside. [...] Pedo sitelists, advance notice of stings, and other relevant information can be obtained and distributed. Organization-damaging behaviors can be suggested, promoted, discovered; organization-damaging behavior (eg storing "evidence") can be discovered and reported to other authorities. Damaging evidence can be planted to discredit the organization or its more effective members. There are very few pure anti-pedo organizations, most of them (like the police) have a vast agenda to accomplish, so helping them place child-love to the last items on the agenda or even exclude it due to other urgent or more important matters can be a very good thing».

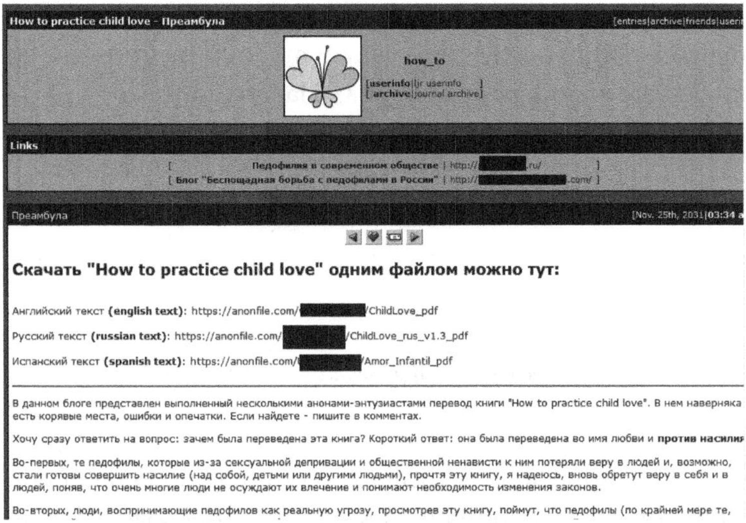

L'immagine mostra la prima pagina della versione russa del manuale su come praticare il sesso con i bambini

Non mancano, infine, le pagine dedicate alla ricerca «scientifica» in cui si tenta di dimostrare come l'abuso sessuale non provochi alcun effetto negativo nei minori, ma anzi costituisca una piacevole esperienza.

Particolarmente inquietanti, tanto da meritare una specifica analisi, sono i vari manuali finalizzati a insegnare ai pedofili come adescare i minori e abusare di loro, riducendo al minimo il rischio di essere denunciati: in questi manuali vengono indicate e analizzate con estrema precisione strategie e tattiche di adescamento.

Il sito, strutturato come un vero e proprio corso, dedica una grande attenzione a come procurarsi i bambini, arrivando a suggerire di corteggiare e frequentare mamme single in modo da avere libero accesso ai figli, spiegando poi come carpire la loro fiducia e farsi affidare i bimbi. Si passa poi ad analizzare i «terreni di caccia» e si spiega come utilizzare animali, modellini o altro come esca in modo da incuriosire e far avvicinare i bambini e guadagnarsi la loro fiducia.

L'immagine mostra la pagina di presentazione del manuale del pedofilo

Altre pagine sono dedicate al monitoraggio delle operazioni contro la pedofilia e all'indicazione dei soggetti arrestati, con nomi e *nickname* e, alcune volte, campagne di raccolta fondi a loro favore.

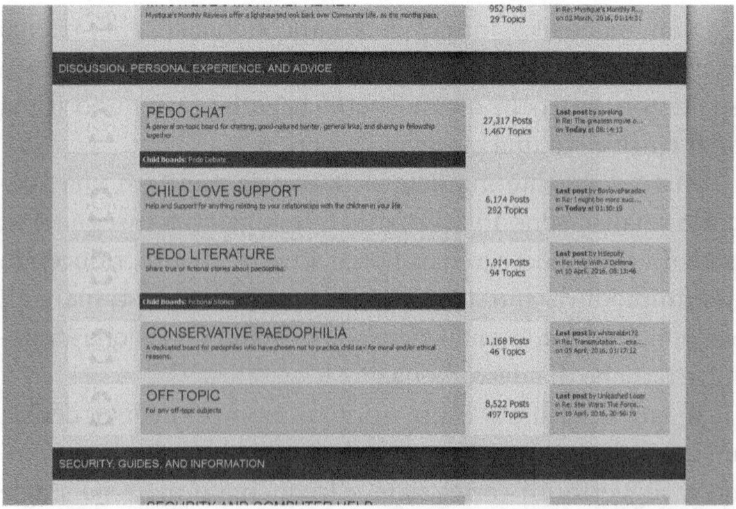

L'immagine mostra la pagina iniziale di un forum di discussione dedicato a tematiche pedo

... segue: Diffusione e divulgazione di materiale pedopornografico

BBS, chat e siti di immagini

Il materiale pedopornografico viene divulgato o attraverso BBS, *chat room* e siti destinati allo scambio, oppure attraverso siti, gratuiti e/o a pagamento in cui il materiale viene pubblicato. È bene ribadire che si tratta di siti illegali in quasi tutto il mondo e visitarli, o peggio interagire con essi, può comportare rischi di natura legale: in Italia, ad esempio, viene punita con la reclusione sino a tre anni di carcere anche la semplice detenzione di questo materiale.

Proprio per questa ragione, le regole di forum e BBS sono piuttosto severe e, per essere ammessi, molto spesso è necessario pagare una «tassa» di ingresso inviando del materiale illegale. In tal modo, i gestori del servizio cercano di limitare l'accesso a curiosi, ricercatori e forze dell'ordine.

L'invio di materiale, infatti, costituisce un reato in moltissimi ordinamenti e, per poter procedere a tale attività, anche un agente di polizia deve essere espressamente autorizzato a svolgere attività «sotto copertura». Negli ultimi mesi si è assistito a un notevole aumento dei siti dedicati allo scambio con la creazione di vere e proprie comunità dedite allo scambio di materiale pedopornografico.

Siti dedicati al turismo sessuale e alla prostituzione minorile

Infine, è necessario analizzare i siti dedicati al turismo sessuale e alla prostituzione minorile: in questi siti vengono fornite indicazioni e istruzioni per avere incontri di natura sessuale con minori, indicando luoghi e modalità di contatto, oppure per organizzare incontri tra pedofili.

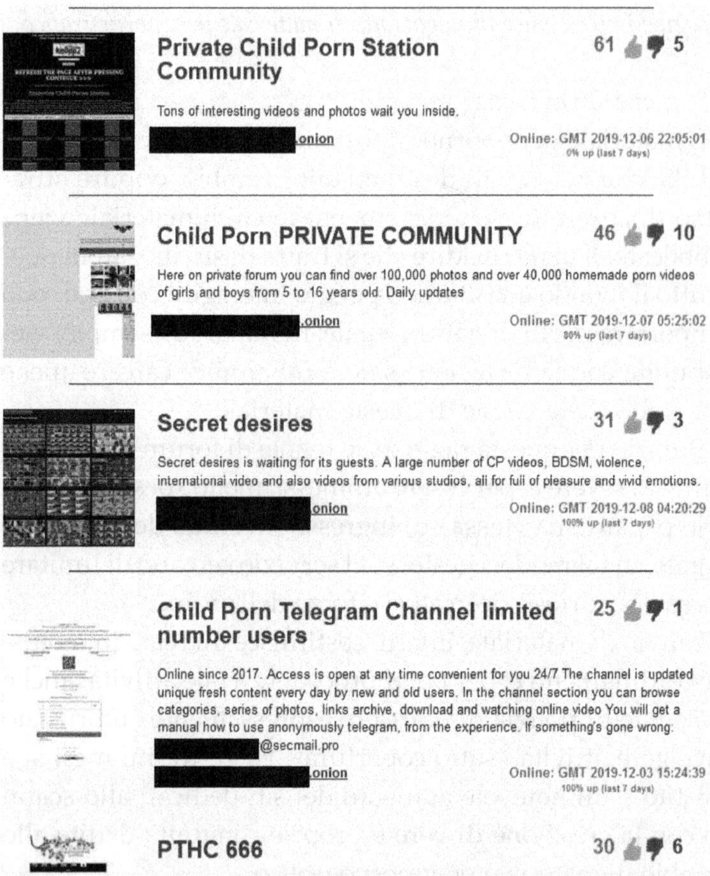

Private Child Porn Station Community 61 5

Tons of interesting videos and photos wait you inside.

[redacted].onion Online: GMT 2019-12-06 22:05:01
0% up (last 7 days)

Child Porn PRIVATE COMMUNITY 46 10

Here on private forum you can find over 100,000 photos and over 40,000 homemade porn videos of girls and boys from 5 to 16 years old. Daily updates

[redacted].onion Online: GMT 2019-12-07 05:25:02
90% up (last 7 days)

Secret desires 31 3

Secret desires is waiting for its guests. A large number of CP videos, BDSM, violence, international video and also videos from various studios, all for full of pleasure and vivid emotions.

[redacted]onion Online: GMT 2019-12-08 04:20:29
100% up (last 7 days)

Child Porn Telegram Channel limited number users 25 1

Online since 2017. Access is open at any time convenient for you 24/7 The channel is updated unique fresh content every day by new and old users. In the channel section you can browse categories, series of photos, links archive, download and watching online video You will get a manual how to use anonymously telegram, from the experience. If something's gone wrong:
[redacted]@secmail.pro
[redacted].onion Online: GMT 2019-12-03 15:24:39
100% up (last 7 days)

PTHC 666 30 6

L'immagine mostra un elenco dei siti dedicati allo scambio di materiale pedopornografico

Red Room

Con questo termine, vengono indicati quei siti specializzati in *snuff movie,* indicando con tale termine i filmati di violenze e torture reali, tipicamente mostrati in *streaming,* attraverso il sito agli utenti che si sono resi disponibili a pagare la relativa quota di accesso. Naturalmente non vi è alcuna

#	User Information	Updated at	Upd. Count
1	Manfred **Male** interested in girls between 2 yo and 12 yo, **and in doings like** Girls, Bondage, Rape, Torture, Unlisted sickness, Chatting, Talking	2016-04-11 06:33:37	1
2	ERZIEHER **Family (more than 1 member)** interested in boys between 5 yo and 15 yo. **and in doings like** Boys, Animal Sex (generally), Dog Sex	2016-04-11 05:30:45	0
3	Dumpy **Male** interested in girls between 7 yo and 12 yo, **and in doings like** Bondage, Kinky/Extreme, Chatting, Showing (in webcam), Meet in-person, Tourism, Orgies (as organizer), Orgies (as participant), Slavery, Prostitution (as client), Virgins, Virgins (defloration), Meet in-person (dating), Have sex (with adult), Have sex (with child), Produce (hardcore material), Produce (bdsm/kinky material), Pussy (tight), Pussy (hairless), Using toys (dildos, vibs, etc.), Moms, Dads **Tox ID:** D043C2D6ED69B349426E2C336DC5D51AA813537963902E6C1CA7A076E8DDDB47B7FB809A948B **Message:** Looking for (Genuine & Reliable) introductions into this wonderfull world of play & joy. Open to introductions, tips, chats with special people. Pay 2 Play is option, tell me you offers. **User's age:** Adult (31 - 45yo) **User's homeland:** Central-Europe Can travel to in My country/state, Europe, Russia	2016-04-11 04:23:16	0
4	Primal **Male** interested in in doings like Girls, Boys, Kinky/Extreme, Pee, Chatting, Meet in-person, Orgies (as participant), Training of Child,	2016-03-02 23:38:11	1

L'immagine mostra una delle pagine di un forum di discussione dedicato al turismo sessuale

prova che quanto affermato nella presentazione dei siti sia vero, ma resta il fatto che un gran numero di utenti è disposto a pagare cifre rilevanti pur di avere accesso a questa tipologia di materiale.

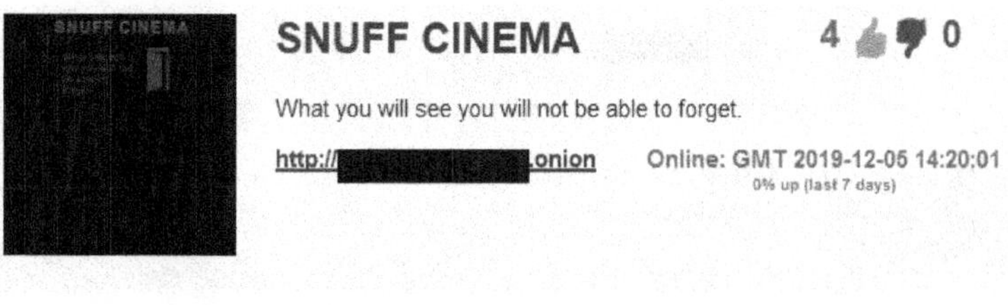

L'immagine mostra la pagina di accesso a una Red Room

Rispetto alla prima stesura del presente libro è stato possibile osservare un notevole aumento di questa tipologia di contenuti, in particolare riguardo alle cosiddette *Red Room*, stanze virtuali in cui l'utente si registra, pagando una quota di ingresso, dopo di che aspetta la data fissata per la diretta e segue il tutto attraverso il sito, a volte con la possibilità di interagire dando istruzioni o avanzando richieste.

L'immagine mostra un elenco di Red Room

Al fine di comprendere al meglio questo fenomeno, andremo ad analizzare un paio di queste pagine.

Nella prima pagina (di cui non c'è l'immagine) vengono individuati quattro livelli di accesso *last event video, Spettatore, Commander* e *Master,* al costo, rispettivamente, di 0.02 BTC

(140 euro), 0,1 BTC (circa 700 euro), 1 BTC (7000 euro) e 5 BTC (35.000 euro). All'interno della pagina troviamo l'indirizzo del portafogli bitcoin utilizzato per pagare l'accesso al sito e analizzando la *blockchain* possiamo appurare che si tratta di un indirizzo in uso che ha fatto recentemente registrare delle attività. Più avanti vedremo come queste informazioni possono essere utilizzate in ambito investigativo per tentare di individuare i gestori del sito.

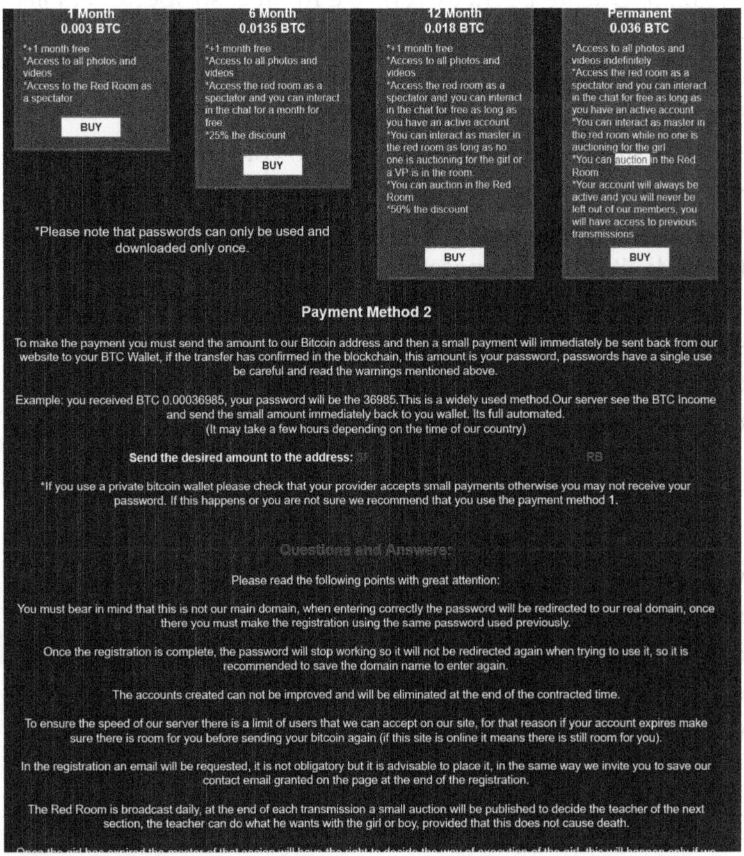

L'immagine mostra la pagina dei pagamenti di una Red Room

Nel secondo sito troviamo, invece, una differente tipologia di approccio. L'accesso non è legato al singolo evento, ma vengono offerti degli «abbonamenti» di durata differente a seconda del costo. Viene specificato che la *Red Room* viene trasmessa quotidianamente e, al termine di ogni trasmissione, viene bandita un'asta per stabilire chi sarà il *teacher* della sessione successiva. Questi potrà fare tutto ciò che vuole, tranne causare la morte della ragazza o del ragazzo. Questo potrà avvenire e in tal caso spetterà al *master* stabilire le modalità di esecuzione, ma l'omicidio potrà avvenire solo dopo che l'organizzazione ha reperito una sostituta.[5]

Altri siti offrono varie categorie di contenuti, ad esempio, violenze su animali, bambini, uomini, prigionieri di guerra o detenuti. Ovviamente, come per i siti pedopornografici, si tratta di siti illegali, spesso chiusi dalle autorità.

A tal proposito è opportuno osservare che lo spettatore, soprattutto se pagante, di uno di questi spettacoli ben potrebbe, secondo la legge italiana, essere considerato associato a delinquere nel delitto commesso.

Terror.info

È noto che le tecnologie informatiche e telematiche trovano un ampio impiego anche in relazione ai reati di terrorismo, tanto come arma di offesa, tanto come bersaglio di azioni di disturbo o di danneggiamento, quanto, infine, come mezzo di proselitismo, di comunicazione e di informazione.

[5] «Once the girl has expired the master of that section will have the right to decide the way of execution of the girl, this will happen only if we already have another girl to replace her».

Prima di procedere oltre, è bene precisare che, quando si parla di terrorismo, occorre fare riferimento alla seguente definizione: «Azioni di violenza premeditata, politicamente motivata perpetrata contro obiettivi civili da gruppi nazionali, sub-nazionali o da agenti clandestini, generalmente allo scopo di influenzare l'opinione pubblica».

Il terrorismo viene, invece, definito «internazionale» quando coinvolge il territorio o i cittadini di più di una nazione; con il termine «gruppo terroristico» si definisce ogni gruppo che pratica, oppure ha un sottogruppo significativo che pratica, atti di terrorismo.

Il sistema come bersaglio

In relazione all'informatica, vista come bersaglio, dobbiamo rilevare come vi sia scarsa differenza tra *deep web* e *surface web*: le organizzazioni di terroristi sanno benissimo che le nazioni moderne dipendono in maniera evidente dalle infrastrutture tecnologiche e che il sabotaggio di queste infrastrutture potrebbe agevolmente mettere in ginocchio un'intera nazione in pochissimo tempo.

Il paradosso, soltanto apparente, è che il *cyber-terrorismo* pone su un piano di notevole vantaggio i Paesi più poveri e meno evoluti socialmente che, tuttavia, si sono dimostrati capaci di condurre azioni di guerra informatica, attraverso virus e strumenti altamente tecnologici, con modalità che li rendono identici (per potenzialità offensiva, ma non per quella difensiva) ai più evoluti Paesi occidentali. L'evoluzione tecnologica dei Paesi occidentali, la loro elevatissima organizzazione rappresentano, infatti, il vero punto debole di fronte al *cyber-terrorismo* e alla guerriglia informatica. Proprio per tale ragione, popoli che da un punto di vista tecnologico sono molto meno evoluti, escono vincitori dallo scontro con avversari che da sempre sono considerati le vere potenze informatiche del pianeta.

A questo proposito, il Rapporto Clusit 2019[6] inizia con una panoramica degli eventi di cyber-crime più significativi degli ultimi dodici mesi. Dal rapporto emerge che «Il 2018 è stato l'anno peggiore di sempre in termini di evoluzione delle minacce *cyber* e dei relativi impatti, non solo dal punto di vista quantitativo ma anche e soprattutto da quello qualitativo, evidenziando un trend di crescita degli attacchi, della loro gravità e dei danni conseguenti mai registrato in precedenza».

Il tasso di crescita del numero di attacchi gravi è aumentato di dieci volte rispetto al biennio precedente e la severity media di questi attacchi è contestualmente peggiorata, agendo da moltiplicatore dei danni. Dal punto di vista numerico, nel 2018 sono stati raccolti e analizzati 1552 attacchi gravi (+ 37,7% rispetto all'anno precedente), con una media di 129 attacchi gravi al mese (rispetto a una media di 94 al mese nel 2017, e di 88 su 8 anni).

Informazione, reclutamento e propaganda

Dal nostro punto di vista, però, quello che veramente caratterizza il *dark web*, è la presenza di un grande numero siti di informazione, reclutamento e propaganda legati a gruppi terroristici.

Giova qui osservare che, nell'ambito della prevenzione e contrasto al terrorismo internazionale di matrice jihadista e, in particolare, ai fenomeni di radicalizzazione, la Polizia Postale e delle comunicazioni italiana ha svolto numerose attività, sia di sua iniziativa che su specifica segnalazione, al fine di individuare i contenuti di eventuale rilevan-

[6] Vedi https://clusit.it/pubblicazioni/.

za penale all'interno degli spazi e servizi di comunicazione online, siti o spazi web, *weblog*, forum, portali di *social network* e i cosiddetti «gruppi chiusi», anche a seguito di informazioni pervenute dai cittadini tramite il Commissariato di PS online. Nello specifico, l'attività di contrasto al proselitismo ha portato a monitorare circa 36.000 spazi web e alla rimozione di diversi contenuti. Proprio a seguito di tale strategia, si è rilevato un repentino passaggio dei fenomeni di diffusione e divulgazione dei contenuti riconducibili al radicalismo islamico su piattaforme di comunicazione social ritenute più sicure.

Sempre nel Rapporto Clusit è possibile leggere che «ormai il web assurge a un ruolo fondamentale quale strumento strategico di propaganda dell'ideologia del Daesh, di reclutamento di nuovi combattenti, di finanziamento, di scambio di comunicazioni riservate nella pianificazione degli attentati e di rivendicazione degli stessi».

D'altra parte, l'altissima facilità degli scambi comunicativi anonimi, resa possibile dagli strumenti del *dark web*, consente ai gruppi terroristici, anche se ubicati in continenti diversi, di interagire nell'anonimato, coordinando le loro attività e progettando operazioni distruttive senza entrare in contatto fisico tra loro, rendendo dunque assai difficoltosa l'attività investigativa.

Uno dei primi gruppi a comprendere, e sfruttare, appieno le potenzialità dell'informatica è stata Al Qaeda, seguita poi dall'ISIS, che ha visto nello strumento informatico il mezzo migliore per coordinare attacchi e fare proselitismo, rendendo in tal modo vano il filtro degli ordinari mezzi di comunicazione di massa.

Nel *dark web* ci sono numerosissimi siti contenenti documenti ideologici e di sostegno non soltanto alla jihad islamica e al Califfato, ma anche ad altre organizzazioni terroristiche (a onor del vero ci sono anche moltissimi siti contro l'ISIS) e l'uso di Internet deve essere ormai considerato essenziale a fini di propaganda ideologica, di proselitismo, di reclutamento e di addestramento a distanza delle nuove leve. Sono, infatti, quattro le ragioni che hanno spinto il terrorismo verso la rete:

- propaganda ideologica;
- proselitismo e reclutamento;
- addestramento dei nuovi membri;
- facilità e segretezza nelle comunicazioni.

In relazione all'utilizzo di Internet come veicolo di propaganda ideologica, risulta evidente come il *dark web* rappresenti, a tal fine, il migliore degli strumenti possibili. La rete consente, infatti, di veicolare messaggi senza alcuna intermediazione da parte dei *media* e, soprattutto, senza alcun rischio legato alla necessità di dover entrare in contatto con soggetti non appartenenti all'organizzazione (giornalisti, cameraman...) che potrebbero poi riferire informazioni utili alle forze dell'ordine.

Basti qui riflettere sulla circostanza che, in alcuni dei più recenti episodi terroristici, la rivendicazione dell'attentato è giunta attraverso un sito internet oppure per posta elettronica. Non mancano, poi, i siti legati in maniera più o meno stretta a movimenti o organizzazioni terroristiche in cui si aprono forum di discussione dove effettuare opera di propaganda, si raccolgono fondi, si cerca di reclutare nuovi membri e si diffondono volantini o informazioni relative alle azioni del gruppo, in quella che da più parti è stata definita come «clandestinità non clandestina»: una situazione che permette, con la minima esposizione personale, di raggiungere quotidianamente milioni di persone veicolando messaggi di ogni genere.

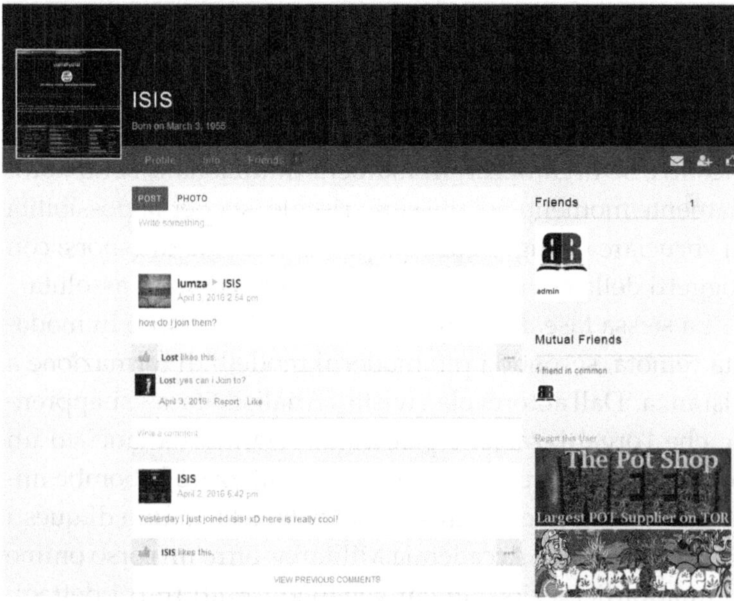

L'immagine mostra una delle tante pagine di reclutamento dell'ISIS

Ciò consente ai vari gruppi di portare avanti un'attiva opera di proselitismo, agevolati in questo anche dalla mediazione dello strumento informatico che, come noto, svolge anche la funzione di allentare i freni inibitori spingendo all'*acting out* anche di soggetti che, nella vita reale, mai avrebbero il coraggio di avvicinarsi a un gruppo terrorista. Questo accade soprattutto nei *dark social*, dove, complice un forte senso di anonimato, è molto facile cercare e trovare un contatto con reclutatori appartenenti a gruppi terroristici.

La telematica consente di ridurre al minimo l'esposizione dei reclutatori: questi, infatti, ben possono interagire con i nuovi adepti in modalità remota, rimandando la comunicazioni di informazioni «delicate», ad esempio «case sicure», numeri di telefono e contatti, a un secondo momento, successivo alla piena verifica della loro completa affidabilità ideologica. Si pensi, ad esempio, all'esigenza di organizzare incontri in cui indottrinare i nuovi membri e iniziare il loro addestramento nell'utilizzo di armi ed esplosivi. Tali incontri, se organizzati in maniera tradizionale, sono notoriamente momenti ad altissimo rischio, sia per la possibilità di «bruciare» rifugi sicuri, sia per la necessità di esporsi con soggetti della cui fedeltà non vi è ancora certezza assoluta.

La stessa fase dell'addestramento può avvenire in modalità remota, secondo i più moderni modelli di formazione a distanza. Dall'autorevole rivista «AnalisiDifesa» si apprende che l'organizzazione palestinese Hamas ha lanciato un corso su Internet per spiegare come realizzare le bombe impiegate negli attacchi suicidi contro Israele. In uno di questi siti, denominato «Accademia Militare», offre un corso online di quattordici lezioni in cui vengono forniti tutti i dettagli tecnici per la produzione di bombe, razzi e aerei leggeri da impiegare in azioni contro l'esercito israeliano.

I «professori» dell'Accademia insegnano, in primo luogo, a identificare gli obiettivi da colpire, a scegliere il bersaglio adatto, per poi passare a spiegare come produrre la famigerata cintura con l'esplosivo con cui lo *shahid* («martire») dovrà farsi saltare in aria. Per realizzare la «missione» è sufficiente una mini task force di appena tre persone: un esperto di esplosivi, un perito elettrico per l'innesco e un sarto per confezionare l'abito su misura per l'attentatore. Altre lezioni vertono sull'utilizzo degli esplosivi al plastico, un materiale assai difficile da scoprire anche con i raggi X e facilmente occultabile. In breve, il *webmaster* ha pensato davvero a tutto il necessario per la formazione a distanza: gli allievi possono, infatti, interagire con il sito e, attraverso una *chatline*, dialogare in tempo reale con i docenti. Benché virtuale, l'Accademia è basata su una disciplina davvero ferrea: chi dovesse perdere anche una sola lezione verrà immediatamente escluso e non potrà prendere parte a quelle successive mentre ciascun «cadetto» deve munirsi autonomamente dei libri di testo e del materiale didattico necessario.

Altre guide vengono diffuse attraverso *dark social* e *dark net,* come quella riportata nell'immagine che segue.

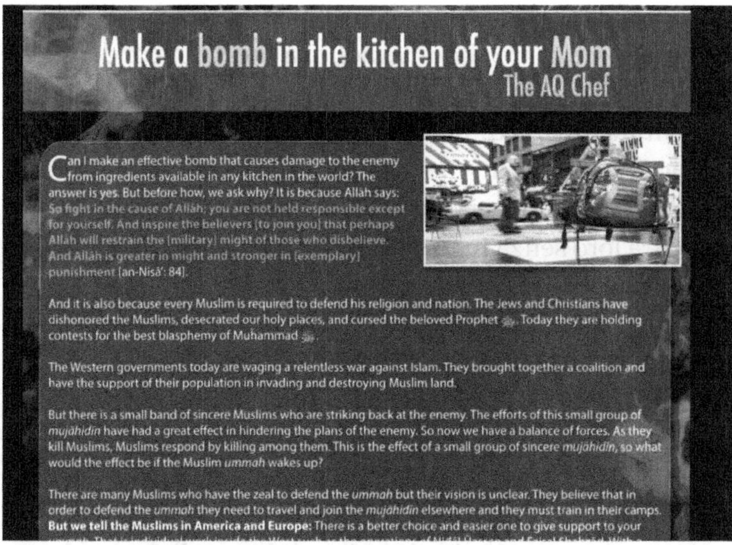

Make a bomb in the kitchen of your Mom
The AQ Chef

Can I make an effective bomb that causes damage to the enemy from ingredients available in any kitchen in the world? The answer is yes. But before how, we ask why? It is because Allah says: So fight in the cause of Allāh; you are not held responsible except for yourself. And inspire the believers [to join you] that perhaps Allāh will restrain the [military] might of those who disbelieve. And Allāh is greater in might and stronger in [exemplary] punishment [an-Nisā': 84].

And it is also because every Muslim is required to defend his religion and nation. The Jews and Christians have dishonored the Muslims, desecrated our holy places, and cursed the beloved Prophet. Today they are holding contests for the best blasphemy of Muhammad.

The Western governments today are waging a relentless war against Islam. They brought together a coalition and have the support of their population in invading and destroying Muslim land.

But there is a small band of sincere Muslims who are striking back at the enemy. The efforts of this small group of *mujāhidīn* have had a great effect in hindering the plans of the enemy. So now we have a balance of forces. As they kill Muslims, Muslims respond by killing among them. This is the effect of a small group of sincere *mujāhidīn*, so what would the effect be if the Muslim *ummah* wakes up?

There are many Muslims who have the zeal to defend the *ummah* but their vision is unclear. They believe that in order to defend the *ummah* they need to travel and join the *mujāhidīn* elsewhere and they must train in their camps. **But we tell the Muslims in America and Europe:** There is a better choice and easier one to give support to your

Una delle varie guide su come realizzare esplosivi con materiali improvvisati

Comunicazioni

L'ultimo punto riguarda la possibilità di utilizzare le *dark net* per facilitare la comunicazione tra le varie cellule, avvalendosi dell'alto livello di sicurezza offerta dal sistema. In questo modo è possibile garantire una sicurezza pressoché assoluta sia in relazione alla riservatezza del contenuto sia, spesso, anche all'esistenza stessa del messaggio.

In realtà non dovrebbe sorprenderci che i terroristi utilizzino questi sistemi per comunicare: la steganografia è, per sua stessa natura, ideale per usi criminali, soprattutto qualora sia necessaria la massima segretezza. Grazie a questo sistema è, infatti, possibile utilizzare quasi ogni servizio di internet come se fosse un *dead drop* elettronico[7]. È facilmente immaginabile, infatti, che un terrorista utilizzi la steganografia per nascondere un messaggio in un'immagine pornografica, o in un file .mp3, e poi la pubblichi all'interno un *newsgroup*, in un sito internet o la metta in condivisione in uno dei canali di *file sharing*... per chiunque si tratta solo di un'immagine, o di un brano audio, ma per il reale destinatario si tratta di un messaggio che attende solo di essere decodificato. In questo modo i due soggetti possono comunicare fra loro senza mai entrare direttamente in contatto: di fatto esiste solo un'immagine, pubblicata in un sito o in un *newsgroup* pubblico, che viene scaricata da chiunque abbia abbastanza interesse per quel determinato argomento, ivi compresi numerosissimi terzi estranei completamente ignari dello scambio di messaggi tra i due terroristi.

Una soluzione delle soluzioni non esiste; al pari dei *dead drop* reali, anche per quelli virtuali non c'è un'efficace misura di sicurezza in grado di rilevarli e di bloccarli se non la costante osservazione dei sospetti e l'individuazione di schemi comportamentali che possano rappresentare un segnale.

In conclusione, il *dark web* rappresenta, sotto molti aspetti, un habitat ideale per le organizzazioni terroristiche: non soltanto garantisce un alto livello di anonimato, ma consen-

[7] Detto anche *dead letter box*, è un metodo di trasferimento delle informazioni utilizzato dalle agenzie di spionaggio. Consiste nell'individuare un posto sicuro (ad esempio un buco in un muro) dove lasciare il messaggio in modo da evitare incontri diretti che potrebbero essere tracciati.

te anche di entrare in contatto con un numero enorme di potenziali adepti, di solito decisamente più motivati e capaci rispetto alla media degli utenti del *surface web*.

2. *Decloacking the dark web: Operation Onymous*

This hidden site has been seized

Il 6 novembre 2014, forze di polizia di tutto il mondo avviavano quella che sarebbe passata alla storia come Operazione Onymous. Il nome è ricavato da un gioco di parole, basato sulla parola *anonymous* («anonimo»), a cui è stato rimosso il prefisso privativo «an» e che possiamo tradurre rendere con «nonimo» o, meglio, «non più anonimo»: in breve si è trattato di un'operazione congiunta contro vari *dark market* e *hidden service* attivi sulla rete TOR. L'operazione ha coinvolto sedici Paesi europei (Bulgaria, Repubblica Ceca, Finlandia, Francia, Germania, Ungheria, Irlanda, Lettonia, Lituania, Lussemburgo, Olanda, Romania, Spagna, Svezia, Svizzera, Regno Unito) e gli Stati Uniti.

L'operazione era finalizzata a bloccare la vendita, la distribuzione e la promozione di beni illegali e pericolosi, tra cui anche armi e droga, che venivano venduti online tramite i *dark market*. L'operazione è stata il frutto della cooperazione tra Europol's European Cybercrime Centre (EC3), FBI, U.S. Immigration and Customs Enforcement's (ICE), Homeland Security Investigations (HSI) ed Eurojust, e ha portato a 17 arresti, tra venditori e amministratori di *market* e forum, e al sequestro e alla chiusura di 410 *hidden service*.

L'immagine mostra l'avviso di sequestro di una pagina

Oltre a ciò sono stati sequestrati bitcoin per circa 1 milione di dollari americani, circa 180.000 euro in contanti, droga, oro e argento. Tra i servizi chiusi anche famosi *dark market* come Silk Road 2.0, Cloud 9 e Hydra. Tra gli arrestati anche il famigerato «Defcon», al secolo Blake Benthall, di San Francisco, sospettato di essere l'amministratore di Silk Road.

Dopo l'operazione, le agenzie coinvolte hanno dichiarato: «Oggi abbiamo dimostrato che, insieme, siamo in grado di rimuovere in maniera efficiente infrastrutture criminali che supportavano pericolose organizzazioni legate alla criminalità organizzata. E questa volta non ci siamo limitati a rimuovere questi servizi soltanto dal web di superficie, ma li abbiamo colpiti fin nelle profondità del dark net, abbattendo servizi ospitati nella rete di TOR dove, per lungo tempo, i criminali si sono considerati al di fuori di ogni pericolo.

Ora, possiamo dimostrare loro che non sono più né invisibili né intoccabili. I criminali possono correre, ma non possono nascondersi. E il nostro lavoro continua»[8].

Sebbene l'operazione si sia effettivamente rivelata un successo, alcuni grossi *market* (come, ad esempio Agora, Evolution e Andromeda) sono sopravvissuti, probabilmente perché rispetto a Silk Road vengono gestiti in maniera più professionale, sofisticata e organizzata, e, soprattutto, con una maggiore attenzione per la sicurezza operativa.

Come si è arrivati al take down...

Visto il grande numero di siti infiltrati, alcuni individui hanno ipotizzato che la polizia possa aver sfruttato a proprio vantaggio qualche debolezza presente nella rete di TOR, ma tale ipotesi è stata confutata da Andrew Lewman, uno dei responsabili del progetto di TOR. Negli atti del processo contro Benthall, l'FBI ha rivelato parte delle tecniche utilizzate, dimostrando come buona parte dei risultati siano imputabili a un efficace impiego dell'attività sotto copertura. Nello specifico, un agente dell'HSI, identificato negli atti come «HSI-UC», è riuscito a infiltrarsi nello staff di Silk Road 2.0 come «moderatore» e, dopo aver avuto accesso alle aree private del sito, è riuscito a interagire direttamente con Benthall, acquisendo informazioni e documenti sulla sua iden-

[8] «Today we have demonstrated that, together, we are able to efficiently remove vital criminal infrastructures that are supporting serious organised crime. And we are not "just" removing these services from the open Internet; this time we have also hit services on the Darknet using Tor where, for a long time, criminals have considered themselves beyond reach. We can now show that they are neither invisible nor untouchable. The criminals can run but they can't hide. And our work continues...» (vedi https://www.europol.europa.eu/newsroom/news/global-action-against-dark-markets-tor-network).

tità. HSI-UC è riuscito in primo luogo ad appurare che Benthall amministrava personalmente il server utilizzato per ospitare il sito web di Silk Road; dopodiché, una volta fatto questo, l'investigatore ha appurato che lo stesso era collocato fuori dagli Stati Uniti, per poi individuare la località precisa in cui il server era collocato.

Intorno al 30 maggio 2014, personale delle forze di polizia del Paese ospite hanno effettuato un'immagine forense del server, per poi eseguire un'analisi dello stesso, trovando al suo interno numerosissime tracce delle conversazioni tra Benthall e altri utenti.

The bases for my knowledge and for the foregoing charges are, in part, as follows:

16. I have been a Special Agent with the FBI for approximately ten years. I am currently assigned to a cybercrime squad within the FBI's New York Field Office. I have been personally involved in this investigation, which was conducted jointly by the FBI and Homeland Security Investigations ("HSI") with assistance from the Drug Enforcement Administration's New York Organized Crime Drug Enforcement Strike Force. This affidavit is based upon my investigation, my conversations with other law enforcement agents, and my examination of reports, records, and other evidence. Because this affidavit is being submitted for the limited purpose of establishing probable cause, it does not include all the facts that I have learned during the course of my investigation. Where the contents of documents and the actions, statements, and conversations of others are reported herein, they are reported in substance and in part, except where otherwise indicated.

17. As part of the investigation an HSI agent acting in an undercover capacity (the "HSI-UC") successfully infiltrated the support staff involved in running the Silk Road 2.0 website and was provided access to private areas of the website available only to BLAKE BENTHALL, a/k/a "Defcon," the defendant, and his administrative staff. In that role, the HSI-UC regularly interacted directly with BLAKE BENTHALL, a/k/a "Defcon," the defendant. Except where otherwise indicated, all references in this Complaint to communications involving "Defcon" and other co-conspirators were obtained by the HSI-UC through his undercover access to Silk Road 2.0. I have reviewed screenshots taken by the HSI-UC that document all the referenced communications.

L'immagine raffigura il verbale della dichiarazione resa dall'agente sotto copertura

Questa spiegazione, tuttavia, non convince appieno molti degli utenti di TOR. D'altra parte, molti di questi utenti non si distinguono per la loro fiducia nelle istituzioni e, nell'Uncensored Hidden Wiki, vengono dettagliatamente presentate una serie di ipotesi alternative. Una prima teoria si riferisce a una tesi, sviluppata da due ricercatori dell'Università Carnegie Mellon che sostenevano di poter dimostrare come de-anonimizzare facilmente gli utenti di TOR.

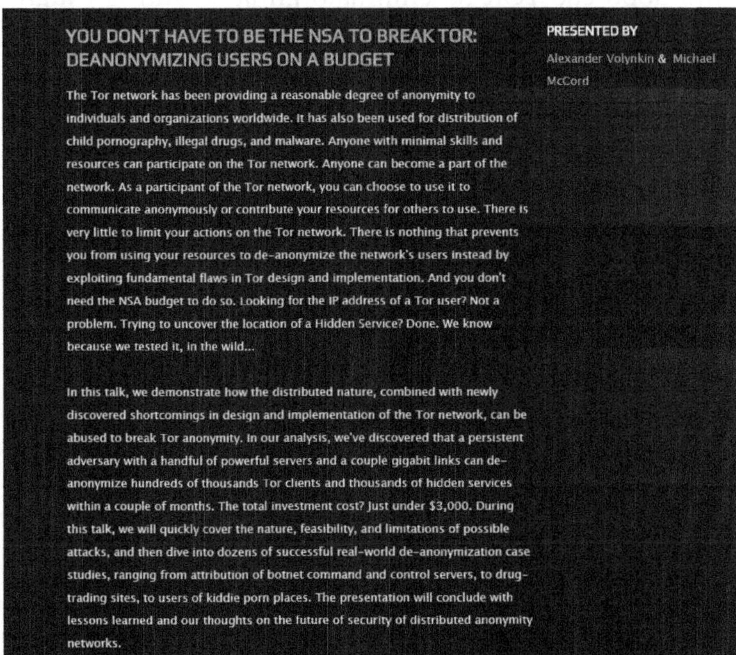
YOU DON'T HAVE TO BE THE NSA TO BREAK TOR: DEANONYMIZING USERS ON A BUDGET

PRESENTED BY
Alexander Volynkin & Michael McCord

The Tor network has been providing a reasonable degree of anonymity to individuals and organizations worldwide. It has also been used for distribution of child pornography, illegal drugs, and malware. Anyone with minimal skills and resources can participate on the Tor network. Anyone can become a part of the network. As a participant of the Tor network, you can choose to use it to communicate anonymously or contribute your resources for others to use. There is very little to limit your actions on the Tor network. There is nothing that prevents you from using your resources to de-anonymize the network's users instead by exploiting fundamental flaws in Tor design and implementation. And you don't need the NSA budget to do so. Looking for the IP address of a Tor user? Not a problem. Trying to uncover the location of a Hidden Service? Done. We know because we tested it, in the wild...

In this talk, we demonstrate how the distributed nature, combined with newly discovered shortcomings in design and implementation of the Tor network, can be abused to break Tor anonymity. In our analysis, we've discovered that a persistent adversary with a handful of powerful servers and a couple gigabit links can de-anonymize hundreds of thousands Tor clients and thousands of hidden services within a couple of months. The total investment cost? Just under $3,000. During this talk, we will quickly cover the nature, feasibility, and limitations of possible attacks, and then dive into dozens of successful real-world de-anonymization case studies, ranging from attribution of botnet command and control servers, to drug-trading sites, to users of kiddie porn places. The presentation will conclude with lessons learned and our thoughts on the future of security of distributed anonymity networks.

L'immagine concerne l'articolo relativo alle tecniche di analisi di TOR

Purtroppo la presentazione, programmata per la Black Hat Conference, è stata annullata, facendo sorgere diverse ipotesi di complotto, tra cui quella secondo la quale l'FBI avrebbe pagato un milione di dollari all'università di Mellon per attaccare con successo la rete TOR. L'accusa viene mossa direttamente nel blog ufficiale di TOR, in cui, senza mezzi termini, si afferma che i ricercatori sarebbero stati pagati dall'FBI per porre in essere un attacco alla struttura di TOR in modo da poterne individuare gli utenti [9].

Ed Felten (professore di Computer science and public affairs alla Princeton University) ha analizzato le modalità dell'attacco alla rete (iniziato il 30 gennaio e terminato soltanto dopo che TOR ha eliminato gli attaccanti il 4 luglio 2014). Questa la cronologia dell'attacco:
– 30 gennaio: 115 nuove macchine si connettono alla rete TOR come *relay* e avviano un attacco contro gli *hidden service*;
– tra il 18 febbraio e il 4 aprile: alcuni ricercatori del CERT (parte del Software Engineering Institute della Carnegie Mellon University) inviano una proposta di presentazione al Black Hat, offrendosi di discutere un nuovo attacco deanonimizzante su TOR;
– tra marzo e maggio: Tor Project scopre il progetto e chiede informazioni ai ricercatori, che però rifiutano di fornire altre informazioni;
– giugno: Black Hat accetta la presentazione e pubblica un *abstract* della ricerca, annunciando che è stata testata sul campo: «i ricercatori hanno eseguito l'attacco in un ambiente non controllato» [10];
– fine giugno: i ricercatori forniscono alcuni dettagli del proprio lavoro al Tor Project, ma non tutti;
– 4 luglio: Tor Project scopre l'attacco ed espelle i nodi ostili dalla rete, iniziando a sviluppare e diffondere possibili contromi-

[9] «These researchers were paid by the FBI to attack hidden services users in a broad sweep, and then sift through their data to find people whom they could accuse of crimes».
[10] «The researchers had carried out the attack in the wild».

sure per prevenire l'attacco o, almeno, limitarne la portata;
– 21 luglio: Black Hat annulla la presentazione;
– 30 luglio: Tor Project rilascia un update per correggere la vulnerabilità e una dettagliata spiegazione delle modalità con cui è stato condotto l'attacco [11].

La vicenda ha sollevato grossi dubbi in tema di etica applicata alla ricerca. L'Università Carnegie Mellon ha risposto negando ogni addebito e sostenendo di non aver ricevuto alcun pagamento da parte dell'FBI. Risulta comunque evidente che un utente che arrivi a controllare un sufficiente numero di *relay* potrà essere in grado di avere una visione di insieme della rete di TOR, tanto maggiore quanto maggiore è il numero di nodi controllati, e, raggiunto un determinato numero di *relay*, è possibile che riesca a ricostruire il percorso seguito da un utente e, quindi, il suo effettivo indirizzo IP.

Ivan Pustogarov della Stanford University, in *Deanonymization techniques for Tor and Bitcoin*, invece, analizza la possibilità di impostare un attacco teso a individuare uno specifico *guard node* e, dato che il *guard node* conosce l'esatto indirizzo IP dell'*hidden service* e che quest'ultimo non cambia il proprio *guard node* per parecchio tempo, l'attaccante ha un tempo X, pari al tempo di cambio del *guard node*, per attaccarlo e riuscire a scoprire l'indirizzo IP dell'*hidden service*. La procedura che viene descritta da Pustogarov nel suo elaborato si rivela anche piuttosto economica, atteso che l'autore sostiene di poter individuare l'indirizzo IP del 10% degli *hidden service* con meno di 3000 dollari per un mese e che con 12.000 dollari e 12 mesi di lavoro ci sarebbero il 99% delle probabilità di individuare la collocazione di uno specifico *hidden service*.

[11] https://blog.torproject.org/blog/tor-security-advisory-relay-early-traffic-confirmation-attack/.

Gennaio 2016: l'FBI colpisce ancora…

Nel gennaio del 2016 l'FBI si è resa protagonista di un'altra spettacolare operazione, questa volta specificatamente mirata contro la divulgazione della pedopornografia nella rete di TOR, individuando gli amministratori e gli utenti di una BBS a contenuto pedopornografico ritenuta essere uno dei maggiori siti contenenti pornografia infantile del *dark web.* La stessa FBI, negli atti processuali, lo definisce il più grande sito di pedopornografia rimasto tra quelli noti del dark web[12].

L'operazione, ampiamente descritta negli atti processuali, è stata diretta contro Playpen che, al momento della chiusura, contava circa 215.000 membri, 117.000 messaggi e circa 11.000 visitatori alla settimana. Nel corso dell'operazione, l'FBI ha individuato il sito e, dopo aver assunto il controllo del server che lo ospitava e aver ricevuto le dovute autorizzazioni, lo ha spostato presso i propri server in Virgina per altre due settimane. Durante questo periodo (tra febbraio e marzo 2015), ogni volta che un utente o un amministratore accedeva al sito, l'FBI era autorizzata ad utilizzare il «NIT» (Network Investigative Technique, in breve un *hacking tool*) per inviare una o più comunicazioni al computer dell'utente. Queste comunicazioni erano configurate per indurre il computer che le riceveva a trasmettere a un computer del governo determinate informazioni, utili a individuare il computer stesso, la sua collocazione e altro per consentire l'individuazione dell'utente che lo utilizzava. Nello specifico il NIT acquisiva queste informazioni: indirizzo IP, data e ora di individuazione, ID univoco generato dal NIT (come una serie alfanumerica o ca-

[12] «The largest remaining known child pornography hidden service in the world» (vedi https://www.vice.com/en_us/article/jpgm7d/how-the-fbi-identified-suspects-behind-the-dark-webs-largest-child-porn-site-playpen).

ratteri speciali) in modo da distinguere i dati di un computer da quelli di un altro, il tipo di sistema operativo che girava nel computer e la versione, l'architettura del computer, se il NIT era già stato inviato a quella macchina, l'*host name* del computer, l'indicazione dell'account dell'utente attivo in quel determinato momento e il MAC address del computer. Una volta acquisiti gli indirizzi IP e gli altri dati degli utenti, l'FBI non ha dovuto fare altro che rivolgersi ai relativi fornitori di servizi (ISP) per arrivare a scoprire le loro identità.

Al termine dell'operazione, l'FBI aveva tracciato e individuato tra i 1300 e 1500 indirizzi IP: sebbene non sia stata la prima volta che l'FBI utilizzava il NIT, questa è stata una delle prime operazioni a dimostrare che questo strumento era in grado di superare le difese di TOR. Per quanto questo sistema abbia consentito di sgominare un'organizzazione dedita alla diffusione di pornografia infantile, l'UCLA (American Civil Liberties Union) ha ritenuto opportuno esprimere la propria preoccupazione in relazione al fatto che l'FBI aveva potuto violare oltre 1000 computer sulla base di un singolo mandato e ha sostenuto che Congresso e opinione pubblica dovrebbero essere coinvolti nello stabilire se le forze dell'ordine possano o meno essere autorizzate a utilizzare simili strumenti.

In realtà, ad avviso di chi scrive, questi timori appaiono decisamente infondati: in primo luogo il mandato di cui si è avvalsa l'FBI appare, con tutta evidenza, sufficientemente circoscritto e dettagliato da evitare qualsivoglia timore di eventuali abusi da parte delle forze dell'ordine, in subordine viene specificatamente indicato il sito «bersaglio» e le *directory* specifiche da porre sotto osservazione e, da ultimo, vengono anche individuate le modalità secondo le quali l'FBI potrà legittimamente procedere all'utilizzo del NIT.

Ottobre 2019: seguendo i bitcoin

Nell'ottobre del 2019 una nuova spettacolare operazione internazionale ha portato all'arresto di un cittadino della Corea del Sud e di centinaia di altri soggetti in seguito al *take down* di uno dei maggiori siti pedopornografici del *dark web*. Nel comunicato stampa del Dipartimento di Giustizia americano è possibile leggere che il cittadino della Corea del Sud è ritenuto essere l'amministratore del sito Welcome to Video, considerato il più grande mercato di video ritraenti abusi sui minori per numero di contenuti.

Uno degli elementi di maggior interesse è rappresentato dal fatto che il risultato è stato ottenuto tracciando le transazioni in bitcoin: «Attraverso sofisticate tecniche di tracciamento delle transazioni in bitcoin gli agenti speciali IRS-CI sono stati in grado di determinare la collocazione precisa del server, identificare l'amministratore del sito e arrivare a identificare la collocazione fisica del server in Corea del Sud» [13].

In base ai documenti processuali, il sequestro del server ha determinato il sequestro di circa 250.000 video pedopornografici differenti per complessivi 8 terabyte di dati. Oltre il 45% dei video analizzati conteneva immagini inedite. Di seguito la pagina dei pagamenti come allegata al comunicato stampa.

Gli utenti di Welcome to Video potevano creare gratuitamente un account con cui sfogliare le anteprime, ma per poter scaricare i video erano necessari dei crediti che potevano essere acquisiti in vari modi:
– caricando nuovi video di pornografia infantile; questi

[13] «Through the sophisticated tracing of bitcoin transactions, IRS-CI special agents were able to determine the location of the Darknet server, identify the administrator of the website and ultimately track down the website server's physical location in South Korea» [IRS-CI Chief, Don Fort].

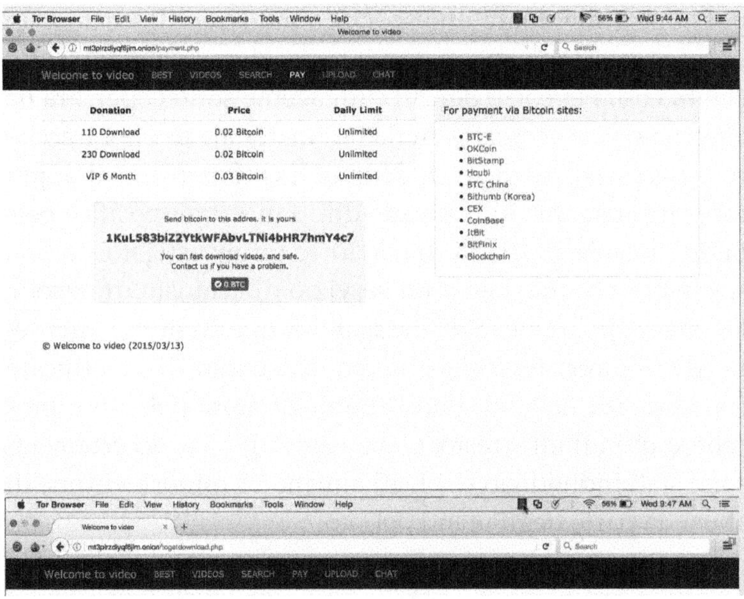

L'immagine raffigura la pagina dei pagamenti del sito

utenti guadagnavano crediti ogni volta che un utente scaricava i video caricati da loro;
- portando nuovi utenti;
- pagando 0.03 BTC (circa 352 dollari a marzo 2018) per un abbonamento semestrale senza alcun limite di download;
- pagando circa 0.02 BTC per acquistare 230 crediti.

Stando agli atti, tra il 2015 e il 2018 Welcome to Video avrebbe ricevuto almeno 420 bitcoin attraverso 7300 transazioni e, indipendentemente dal sistema scelto, il sito forniva un indirizzo BTC univoco per ogni nuovo utente, per un totale di 1.3 milioni di indirizzi.

Come spesso accade, il primo importante passo nelle indagini è stato compiuto grazie a un errore di configurazione del server: analizzando il codice sorgente della pagina era possibile individuare uno specifico indirizzo IP legato a un indirizzo coreano; ma queste informazioni non erano sufficienti, così, nel corso del 2017, un agente sotto copertura ha effettuato vari acquisti simulati di materiale per poi tracciare i successivi passaggi di denaro. È così arrivato ad appurare che i pagamenti venivano dirottati a uno specifico portafogli bitcoin in grado di condurre gli investigatori a uno specifico account presso un servizio di acquisto di bitcoin: l'account apparteneva all'indagato. A questo punto, una serie di riscontri incrociati hanno consentito di identificare con certezza nell'indagato l'amministratore del sito e procedere quindi all'arresto. Grazie agli ulteriori accertamenti sono stati individuati e salvati almeno 23 minori, vittime di abusi da parte degli utenti del sito.

L'immagine mostra la schermata che informa gli utenti che il sito è sotto sequestro

7

The bright side of the web

1. *Non solo ombre*

Nel capitolo precedente abbiamo visto l'aspetto più oscuro e spaventoso del *dark web*, ma non dobbiamo commettere l'errore di credere che le *dark net* significhino soltanto siti oscuri e frequentati da criminali. In realtà, esattamente come accade per il *surface web*, i contenuti positivi vanno di pari passo, e molto spesso superano, i contenuti negativi.

In primo luogo, il *dark web* è, probabilmente, l'unico posto in cui, oggi, chiunque può davvero esprimere liberamente la propria opinione, senza timore di subire rappresaglie: non dobbiamo infatti dimenticare che accanto a Paesi democratici in cui la libertà di opinione viene rispettata e tutelata, ne esistono altri in cui esprimere opinioni contrarie al regime locale può facilmente comportare la condanna a morte o al carcere duro per gli oppositori e per le loro famiglie. Allo stesso modo, questo strumento può consentire ai dipendenti di un'azienda di denunciare condotte antisindacali o lo sversamento di rifiuti tossici senza correre il rischio di perdere il posto di lavoro.

In breve, il *dark web* si presenta come un poderoso strumento per la tutela delle libertà civili; il fatto che un branco di criminali tenti di utilizzarlo per i propri scopi non intacca minimamente questa circostanza. Nelle prossime pagine vedremo quali sono i principali contenuti positivi del *dark web,* iniziando dal fenomeno noto come *ethical hacking* per poi arrivare alla divulgazione di informazioni attraverso WikiLeaks.

2. *Ethical hacker and hacktivism*

Con *hacktivism,* a volte tradotto in italiano con «hacktivismo», si indica la pratica di utilizzare in maniera diretta e a volte sovversiva un computer e una rete con una precisa finalità politica. Il termine, che affonda le sue radici nella cultura e nell'etica *hacker,* viene spesso legato a iniziative in tema di libertà di parola e difesa dei diritti umani ed è un neologismo sincratico, coniato a partire dalla sincrasi delle parole inglesi *hacking* e *activism,* utilizzato per indicare le azioni dei protagonisti delle prime proteste e dei primi atti di disobbedienza civile in rete. Il primo utilizzo di questo termine risale al 1994, a opera di Omega, uno dei membri del gruppo *hacker* Cult of the Dead Cow (cDc). Il termine venne utilizzato in un'e-mail inviata al resto del gruppo e fu poi definito come un termine usato «per descrivere l'*hacking* eseguito per finalità politiche»[1].

Il termine, proprio in ragione delle sue radici, si presta a una varietà di interpretazioni ed è piuttosto ambiguo, tanto che in rete vi sono aspri conflitti in merito al *range* di attività che possono esservi ricomprese: alcuni sostengono che comprenda anche il cyber-terrorismo mentre altri ritengono

[1] «To describe hacking for political purposes».

che lo stesso vada limitato all'impiego delle tecnologie per promuovere cambiamenti sociali.

In breve, a seconda di chi lo utilizza, il termine *hacktivism* può essere utilizzato per indicare attacchi politicamente motivati contro infrastrutture informatiche, una qualsiasi forma di disobbedienza civile informatica, una protesta anticapitalista, un'attività antispam o iniziative di altro genere.

Once upon a time, il netstrike

L'idea originale di Omega era basata sul fatto che i cambiamenti politici e sociali tipici della società moderna avevano fatto sì che non fosse più necessario che la gente si radunasse nelle piazze e nelle strade per protestare al fine di provocare trasformazioni sociali: queste potevano benissimo essere attivate da un singolo, talentuoso *hacker.*

Nell'ottica dell'*hacktivism,* le forme dell'azione diretta tradizionale vengono trasformate nei loro equivalenti elettronici e la manifestazione di piazza e il corteo si trasformano nel *netstrike,* il corteo telematico. In altre lingue tale attività viene definita *virtual sit-in* e, secondo Wikipedia, il termine *netstrike* sembrerebbe essere stato utilizzato per la prima volta da un gruppo italiano che, nel 1995, avrebbe coniato tale nome per invitare altri utenti a unirsi a una protesta di massa mediante l'invio di questo messaggio: «A differenza del nome (che comunque suona bene), è una versione distribuita di un sit-in pacifico. La metafora che meglio rappresenta il concetto di *netstrike* è la seguente: si immagini un numero di persone che cammina in un incrocio pedonale pieno di segnali e insegne, se il loro numero è veramente grande, potrebbero bloccare il traffico per un tempo significativo. Il primo obiettivo per un *netstrike* è stato un sito del governo francese che in quel periodo conduceva test nucleari nell'atollo di Mururoa. Da quel momento in poi sono stati effettuati infiniti *netstrike*, in alcuni casi da noi promossi, in molti altri, invece, su iniziativa di tutte le persone del mondo».

Tecnicamente si tratta di un attacco informatico del tipo DDoS (Distributed Denial of Service) ovvero un'azione tesa a bloccare, o limitare, l'erogazione di un servizio web portato avanti da più fonti. In breve, è equiparabile a un sit-in in cui un gruppo di persone si raduna pacificamente di fronte a un portone o a un cancello bloccando l'accesso all'edificio. Come detto, il primo *netstrike* «ufficiale» risale al 1995 e porta la firma di Tommaso Tozzi (membro co-fondatore del *newsgroup* Cyberpunk e della rete Cybernet[2]) che, nell'estate del 1995, invia un messaggio riguardante le pratiche di protesta in rete conseguenti ai test nucleari francesi a Mururoa. A questo primo messaggio ne seguono altri, finché, il 17 agosto 1995, Tozzi, allora sysop della BBS Virtual Town TV, spedisce un messaggio nella lista telematica «Idee in movimento» della rete Cybernet, in cui viene proposta l'idea, ancora in forma embrionale, del *netstrike*.

In seguito, durante un viaggio, Tozzi e Sansavini approfondiscono lo studio delle modalità con cui tale attività potrebbe essere svolta, definendo in questo modo la forma del *netstrike*, che sarà poi presentato a Budapest nel corso del convegno Metaforum II e realizzato pochi mesi dopo. Da allora, il *netstrike* ha rappresentato uno dei principali mezzi di protesta digitale ed è oggi possibile considerarlo uno dei simboli dell'*hacktivism*. Si veda, ad esempio, l'immagine qui a destra con cui viene organizzato un netstrike contro il sito del MIUR.

[2] Cfr. T. Tozzi, *«Strano Network», Netstrike, No Copyright, etc.*, AAA Edizioni, Firenze 1996.

L'immagine mostra la locandina di un netstrike

È bene precisare che il blocco totale o parziale del sito rappresenta soltanto un effetto collaterale della protesta, il cui vero obiettivo è quello di far conoscere alla collettività un problema ignorato, o distorto, dagli organi di informazione ufficiali.

Nel 1998, un gruppo americano, chiamato Legions of the Underground, dichiarò «guerra» a Iraq e Cina organizzando una protesta contro la violazione dei diritti in questi Paesi e distruggendo la loro connessione a Internet. Tale iniziativa venne duramente attaccata da altri gruppi, tra cui Cult of the Dead Cow (cDc), L0pht, Chaos Computer Club, la rivista dedicata al mondo hacker «2600 The Hacker Quarterly» e Phrack. Questi condannarono il metodo utilizzato e la scelta di utilizzare l'*hacking* per danneggiare o distruggere le infrastrutture informatiche di un Paese in quanto «non si può legittimamente sperare di incentivare l'accesso di un Paese alla libertà di pensiero e parola lavorando per disattivare la sua rete informatica» [3]. Si trattò, probabilmente, della prima volta in cui la comunità si interrogò sui limiti etici dell'*hackitivism* e, nel 1999, il gruppo cDc creò un altro gruppo chiamato Hactivismo che includeva *hackers*, avvocati e attivisti. Gli hacker iniziarono a sviluppare e distribuire programmi per aiutare i dissidenti che vivevano in Paesi non democratici a evitare la censura e la sorveglianza dei vari regimi. Successivamente, il 4 luglio 2001, venne rilasciato il manifesto dell'*hacktivismo*, che inizia con le seguenti parole:

> La libertà di parola è sotto assedio ai confini di Internet. Parecchi Paesi stanno censurando l'accesso al Web attraverso filtri DNS [Domain Name Service]. Si tratta di un processo in cui le informazioni politicamente sgradite vengono bloccate dall'indirizzo di dominio, il nome che appare prima del suffisso del punto. Altri utilizzano filtri per bloccare l'accesso ad argomenti politicamente o socialmente difficili in base al loro contenuto. Hacktivismo e Cult Of The Dead Cow hanno deciso che si è superato il limite. Siamo hacker e sostenitori della libertà di parola e stiamo sviluppando tecnologie per sfidare la censura di Internet sponsorizzata dallo stato.
> La maggior parte dei Paesi, tra cui la Repubblica Popolare Cinese, Cuba e molti Paesi islamici, usa intimidazioni e filtri. La maggior parte di loro afferma di bloccare i contenuti pornografici, ma la vera ragione è prevenire la diffusione di contenuti controversi attraverso regimi repressivi. Questi contenuti possono includere informazioni che vanno dall'opinione politica, notizie «dall'estero», questioni sui diritti delle donne, opere ac-

[3] «One cannot legitimately hope to improve a nation's free access to information by working to disable its data networks» (vedi *Cult of the Dead Cow: How the Original Hacking Supergroup Might Just Save the World*, Public Affairs, New York 2019).

cademiche e scolastiche, informazioni religiose, informazioni su gruppi etnici, notizie su violazioni dei diritti umani, documenti che presentano le droghe in una luce positiva, e contenuti gay e lesbo.[4]

Qualche anno dopo, nel documento intitolato *Hacktivism, From Here to There*, presentato alla CyberCrime and Digital Law Enforcement Conference presso la Yale Law School (marzo 2004), l'*hacktivism* venne espressamente definito «l'uso della tecnologia per migliorare i diritti umani attraverso l'utilizzo degli strumenti elettronici»[5] e vennero poste sul tappeto alcune regole di base, tra cui l'impegno a non eseguire attacchi DDoS e a non effettuare *web site defacement* (si tratta di due tipologie di attacco informatico, per ulteriori informazioni si veda il Glossario).

[4] «Free speech is under siege at the margins of the Internet. Quite a few countries are censoring access to the Web through DNS [Domain Name Service] filtering. This is a process whereby politically incorrect information is blocked by domain address -- the name that appears before the dot com suffix. Others employ filtering which denies politically or socially challenging subject matter based on its content.
Hacktivismo and the CULT OF THE DEAD COW have decided that enough is too much. We are hackers and free speech advocates, and we are developing technologies to challenge state-sponsored censorship of the Internet. Most countries use intimidation and filtering of one, kind or another including the Peoples Republic of China, Cuba, and many Islamic countries. Most claim to be blocking pornographic content, but the real reason is to prevent challenging content from spreading through repressive regimes. This includes information ranging from political opinion, "foreign" news, women's issues, academic and scholarly works, religious information, information regarding ethnic groups in disfavor, news of human rights abuses, documents which present drugs in a positive light, and gay and lesbian content, among others».

[5] «Using technology to improve human rights across electronic media».

Hacktivism today

In base a tali principi, alcuni degli appartenenti alla comunità, tra cui lo stesso Oxblood Ruffin, uno dei portavoce dell'*hacktivism*, hanno preso posizione contro alcune delle iniziative intraprese sotto le insegne di Anonymous, soprattutto quelle che hanno visto utilizzare come mezzo di lotta *web site defacements*, Distributed Denial of Service (DDoS) e furto di informazioni personali.

Il dibattito è ancora aperto e, nella comunità, si tende a distinguere le varie forme di azioni a seconda degli effetti, diretti e collaterali, che queste comportano, nonché degli obiettivi perseguiti. Ad esempio, Ricardo Dominguez, cofondatore del gruppo The Electronic Disturbance Theater (EDT), sostenne che ci sono momenti in cui anche strumenti come *defacement* e DDoS rappresentano azioni legittime di disobbedienza civile elettronica.

Naturalmente, TOR si è rivelato uno dei principali punti di aggregazione e di organizzazione dei gruppi di *hacktivism*, non soltanto per la riservatezza che garantisce, ma anche per la «selezione» all'ingresso che offre.

I vari gruppi non sempre sono concordi tra di loro: spesso si scontrano nei forum e nelle BBS. A volte hanno persino obiettivi politici diametralmente opposti (quando è il momento di stabilire se, chi e come attaccare, ad esempio), ma ciò che li accomuna è la volontà di fare *hacking* per un preciso scopo politico e sociale.

In TOR, soprattutto nelle Hidden Wiki, questi gruppi vengono tutti organizzati e catalogati all'interno della *directory* «Political/Advocacy», dove è possibile trovare una completa rassegna. Molti di questi gruppi hanno anche delle pagine proprie nel *surface web* e i loro nomi, o le loro azioni, sono persino conosciuti al di fuori degli ambienti legati all'informatica. È il caso delle azioni attribuite al gruppo noto sotto il nome collettivo di Anonymous.

A mero titolo di esempio, prendiamo il gruppo Code Green, attivo nel *dark web* con l'obiettivo di creare un mondo migliore attraverso iniziative di vario genere, non soltanto legate all'*hacking*.

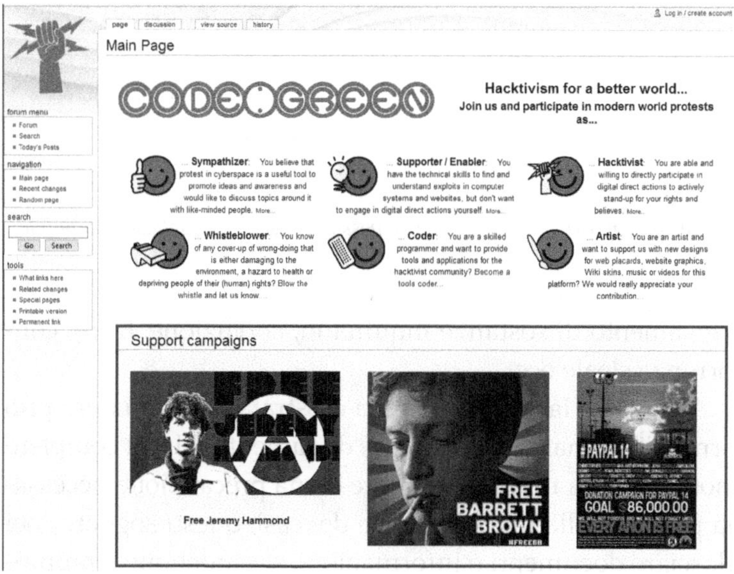

L'immagine mostra l'home page del sito Code Green

Particolarmente interessante, in quanto strettamente legata alle caratteristiche del *dark web* e alla tutela dell'anonimato, è la figura del *whistleblower* («informatore») ovvero un soggetto in grado di riferire al pubblico, o all'autorità, a proposito di attività illecite o sleali poste in essere dal governo o da una società privata.

Le condotte possono riguardare varie fattispecie di illecito: violazioni di leggi o regolamenti, conflitto di interessi,

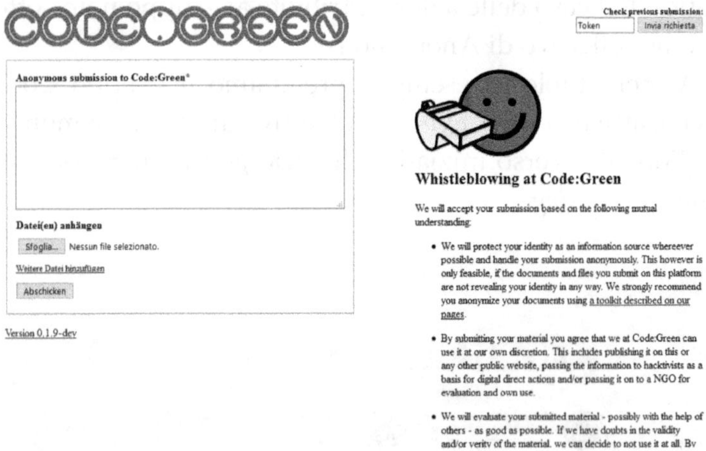

L'immagine mostra la pagina in cui è possibile inserire segnalazioni anonime

sversamento di sostanze inquinanti, corruzione, frodi, concorrenza sleale ecc.

Attraverso la pagina appena mostrata, l'informatore può fornire informazioni o caricare documenti nel più completo anonimato. La tutela della fonte è una precauzione necessaria perché, nella maggior parte dei casi, questi soggetti, nel rilasciare documenti o informazioni, si espongono a rappresaglie e ritorsioni, mettendo seriamente a repentaglio il proprio lavoro oppure, nei casi più seri, l'incolumità personale o della propria famiglia.

Nel corso dei prossimi paragrafi analizzeremo nel dettaglio i siti web legati a quelli che appaiono essere alcuni tra i più rilevanti gruppi attivi nel web, evidenziandone ambito di attività e caratteristiche salienti. A tal proposito, osserviamo subito che una particolare forma di *hacktivism* è quella portata avanti da coloro che sono mossi da ideali etici e si riconoscono nella categoria degli *ethical hacker* (a volte chiamati anche *white hat hacker* o *samurai hacker*): si tratta di individui che utilizzano le proprie, spesso notevoli, abilità informatiche per finalità etiche.

Hackers against CP

Uno dei primi esempi di gruppi di *hacker* etici è rappresentato dai CyberAngels che, a metà degli anni '90, iniziarono a scandagliare la rete per individuare ed eliminare siti contenenti pornografia infantile. Successivamente, altri gruppi si sono affiancati al primo nella battaglia, e oggi, a distanza di anni, lo scontro è ancora in corso, anche se si è spostato all'interno delle *dark net*.

Già in precedenza avevamo accennato alla guerra in corso tra *ethical hacker* e pedofili; ora andremo a vedere nel dettaglio come questi gruppi operano e combattono tra di loro. Questa guerra viene combattuta con le armi dell'informatica e dell'informazione: gli hacker individuano e, quando ci riescono, mettono fuori servizio i siti web dei pedofili cercando, sia pure non sempre con grande successo, di mantenere questa piaga lontano da TOR. I gruppi sono numerosi, ma una delle pagine ufficiali è, senza dubbio, quella del blog TOR users against CP!

Utilizzando il sito http://54ogum7gwxhtgiya.onion/blog/index.php/tor-against-cp/ è possibile segnalare al «gruppo di intervento» eventuali contenuti pedopornografici trovati nel *dark web*, con la speranza che vi sia qualcuno in grado di farsi carico del problema. Al momento di andare in stampa il sito risulta non raggiungibile.

Il monitoraggio riguarda anche le pagine della Hidden Wiki, al cui interno viene chiaramente fatto capire quali contenuti non sono graditi, anche attraverso l'editing degli stessi.

Free and clean Tor - Tor users against CP!

Tor users against CP!

Deine Werbung hier
anonyme Anzeigen
a-ads.com

Tor network is our home, safe, free from surveillance, place for communication and exchange of information. Tor improve our privacy and security on the Internet.

Using Tor protects you against a common form of Internet surveillance known as "traffic analysis." Traffic analysis can be used to infer who is talking to whom over a public network. Knowing the source and destination of your Internet traffic allows others to track your behavior and interests. This can impact your checkbook if, for example, an e-commerce site uses price discrimination based on your country or institution of origin. It can even threaten your job and physical safety by revealing who and where you are.

We don't want sick bastards in our community. Pedophilia is an incurable disease, there is only one way, a bullet in the head for every pedophile. Tor is not bad. The bad are those who have the joy and pleasure because of the suffering of children, small creatures which we all once were.

By placing one of the banners on your website you agree to and approve of actions Tor against pedophiles. You are also ready to fight for the safety of all children around the world!

Actively strive against all the symptoms of pedophiles. Please report all its manifestations. Destroy websites and people associated with CP. Free Tor network from that evil!

Protect your child. Every pedophile should be castrated and then killed.

You can also help translating this page to other languages, we will put it here that everyone can understand that we all are against CP in TOR and other networks.

Here are places where you can report:
Missingkids – Global
CyberTip! – Canada
Dyżurnet – Poland
Chile Atiende – Spain

Pedophile lists:
NSOPW – USA
Familywatchdog – Global

Submit site you found, they will destroy it:
Ghostsec

If you know more sites like above just give us a sign! We will put them here.

Pedophilia is an incurable disease. If you think the same and you are against CP in Tor just put one of the banners below on your hidden service site in Tor Network and link it to this site.

1. Free Tor CP 2. CP 3. Free Tor CP 4. CP

If you are buying or selling drugs in Tor, you are carder or thief you are bad only for other motherfuckers like you. If you're hurting children's you are a sick organism that must be destroyed.

Hackers hack pedo sites and publish info about pedophiles!

L'immagine mostra l'home page del gruppo «utenti di TOR contro la pedofilia!»

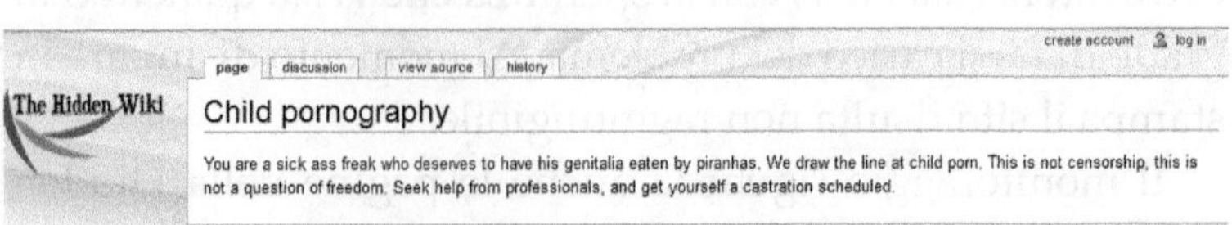

create account log in

page | discussion | view source | history

The Hidden Wiki

Child pornography

You are a sick ass freak who deserves to have his genitalia eaten by piranhas. We draw the line at child porn. This is not censorship, this is not a question of freedom. Seek help from professionals, and get yourself a castration scheduled.

L'immagine mostra una pagina dell'Hidden Wiki in cui gli autori esprimono chiaramente la loro opinione sulla pedopornografia
In particolare viene specificato che non si tratta di censura né di libertà di parola

Un'altra tipologia di attività svolta dagli *ethical hacker*, tipicamente nella rete di TOR (sia pure con qualche trasferta nel *surface web*), è rappresentata dalla caccia al pedofilo.

L'immagine mostra l'home page del gruppo dei cacciatori

In breve, i «cacciatori» frequentano *forum* e BBS, spesso presentandosi come bambini o bambine, altre volte spacciandosi per pedofili. Così facendo gli *hacker* adescano i pedofili a caccia di facili prede, poi, una volta individuati, li segnalano alle forze di polizia o ne pubblicano i dati nel web.

L'attività dei «cacciatori» viene accuratamente organizzata: i novizi vengono istruiti su come procedere, quali domande fare e, soprattutto, come acquisire e conservare le prove. In

L'immagine mostra la pagina di reclutamento del gruppo

particolare, i «capicaccia» si raccomandano di evidenziare, sin dalle prime battute, la «propria» età, di ripeterla più volte nel corso della *chat* e di non avviare autonomamente argomenti di natura sessuale, ma di attendere che sia il pedofilo a far deviare la conversazione su questi argomenti senza mai forzare la controparte in quella direzione. Viene, poi, specificato quali domande fare per avere ulteriori informazioni, in modo da individuare, attraverso uno specifico servizio web, il maggior numero possibile di informazioni in merito al pedofilo.

Hacktivism e politica attiva

Abbiamo visto che la pratica dell'*hacktivism* è strettamente legata alla politica attiva e, indubbiamente, uno dei campi in cui oggi questo fenomeno si rivela particolarmente attivo è quello relativo al terrorismo, soprattutto per quanto riguarda i siti gestiti dall'ISIS.

Molte riviste legate al settore della sicurezza informatica hanno riferito che, nei mesi immediatamente successivi agli attentati di Parigi e di Bruxelles, l'ISIS è stata fatta oggetto di una serie di pesanti attacchi informatici, tesi a individuare account e indirizzi IP di riferimento e a rendere inutilizzabili fonti e strumenti di propaganda legati al Califfato. Nell'immagine che segue, possiamo vedere un *frame* del filmato con cui, dopo i fatti di Parigi, Anonymous ha dichiarato guerra all'ISIS.

Operazioni di *cyberwar* sono state condotte nel corso di tutto il 2016 contro obiettivi informatici di ogni genere, ivi compresi alcuni fornitori di servizi accusati di offrire i propri prodotti all'ISIS. Ovviamente, non sono soltanto i terroristi ad attirare le attenzioni degli *hacktivist*, ma tutti coloro che, in qualche modo, hanno violato, oppure si ritiene abbiano violato, le regole ritenute giuste, come, ad esempio, è accaduto a un partito italiano accusato di aver violato alcune caselle di posta di deputati del Movimento 5 Stelle e di averne reso pubblico il contenuto attraverso i mezzi di comunicazione di massa. A questo punto, un gruppo di *hacker*, appartenenti a un gruppo che si richiama ad Anonymous, ritenendo che l'azione posta in essere fosse immorale e inaccettabile, ha deciso di «fare giustizia». È stato quindi effettuato un attacco informatico contro gli autori della violazione, di cui sono state violate le caselle di posta elettronica, una volta individuati, e acquisito il contenuto insieme a quello delle caselle di posta elettronica dei presunti «mandanti».

Nell'immagine la pagina con cui Anonymous ha reso pubbliche alcune mail

Una forma particolare di *hacktivism* politico è quello legato alla diffusione di informazioni imbarazzanti o sgradite ai vari governi. Sebbene vi siano numerosi siti che praticano tale tipo di attività, non vi possono essere dubbi che il più famoso servizio di diffusione di notizie sia il noto WikiLeaks.

WikiLeaks

Abbiamo visto che la pratica di divulgare informazioni acquisite tramite accesso abusivo ad account di posta elettronica, oppure attraverso fonti confidenziali, rappresenta una costante dell'*hacktivism*. Vediamo ora come funziona uno dei più famosi siti di questo genere: WikiLeaks.

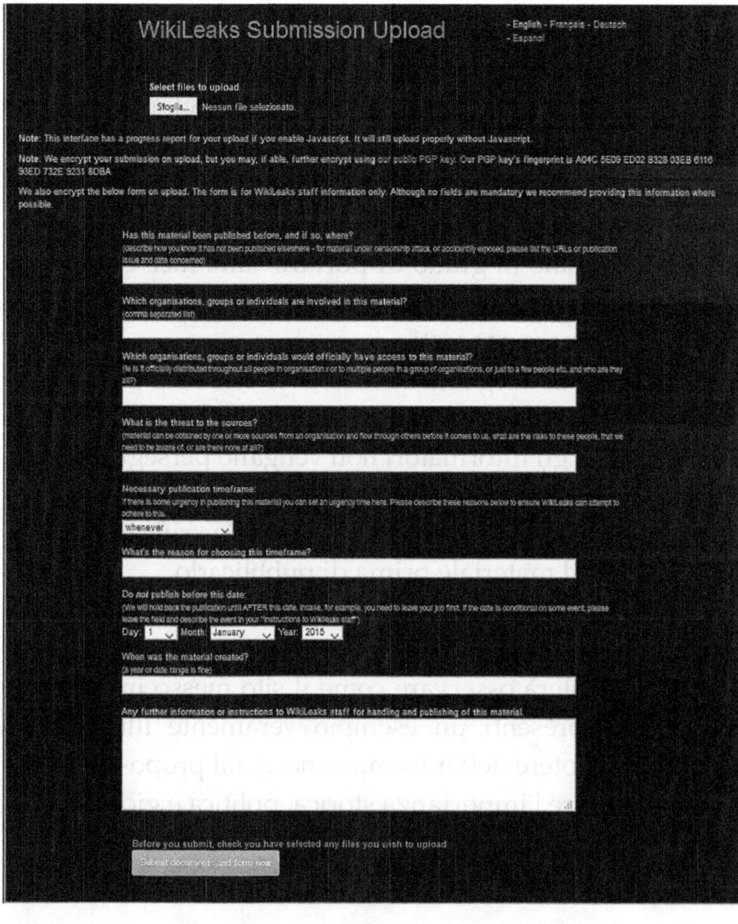

Nell'immagine la pagina da cui è possibile inviare informazioni e documenti a WikiLeaks

Si tratta di un archivio di documenti, creato da Julian Assange nel 2006, il cui obiettivo è ricevere, in modo anonimo, documenti coperti da segreto (di Stato, militare, industriale, bancario) per poi procedere a caricarli sul proprio sito web e a diffonderli. L'invio dei documenti avviene attraverso un'interfaccia web disponibile in un sito contenuto nella rete di TOR.

Trattandosi spesso di documenti confidenziali, per la talpa è possibile impostare una serie di variabili aggiuntive in modo da rendere il più difficile possibile risalire alla fonte originale. Il sito viene gestito da tutta una serie di professionisti dell'informazione, ma le vere fonti delle notizie sono i cittadini di ogni parte del mondo che possono inviare materiale in grado di portare «alla luce comportamenti non etici di governi e aziende» [6] che questi ultimi vorrebbero tenere nascosti.

L'obiettivo dell'organizzazione, che resta no-profit, è di continuare a diffondere documenti sensibili, assicurando al contempo che gli informatori non vengano perseguiti. A ciò deve aggiungersi che, al fine di evitare la diffusione di false informazioni, l'organizzazione dichiara di verificare l'autenticità di tutto il materiale prima di pubblicarlo.

L'argomento WikiLeaks meriterebbe uno spazio ben più ampio di queste poche pagine, ma ai fini che qui ci interessano ci basterà osservare come il sito messo in piedi da Assange rappresenti un esempio veramente illuminante dell'enorme potere dell'informazione. A tal proposito, ci basti qui ricordare l'importanza storica, politica e giornalistica della diffusione dei documenti militari relativi alla guerra in Afghanistan rilasciati nel 2010 (quasi 100.000 documenti),

[6] A. Nardone, *Orwell*, Youcanprint, 2018.

oppure quella degli oltre 300.000 documenti relativi alle torture e agli abusi commessi in Iraq dall'esercito statunitense, o ancora, quello che viene ricordato come «lo scandalo dei cablogrammi»: a partire dalla fine di novembre 2010 sono stati pubblicati oltre 250.000 documenti contenenti informazioni confidenziali inviate al Dipartimento di Stato degli Stati Uniti da 274 ambasciate americane in tutto il mondo. Questi documenti contenevano le valutazioni relative al comportamento (pubblico e privato) di numerosi soggetti ed erano redatti dagli ambasciatori americani; questi ultimi riferivano a Washington informazioni e opinioni su una molteplicità di aspetti relativi ai suddetti personaggi di spicco, ed è appena il caso di notare che alcuni dei contenuti in essi presenti non erano esattamente elogiativi nei confronti dei soggetti sottoposti all'attenzione.

Documenti di altra natura vennero divulgati da WikiLeaks negli anni successivi. Furono resi noti anche documenti che trattavano questioni di natura politico-economica, come, ad esempio, i vari documenti relativi ad accordi finanziari internazionali, così come quelli relativi alle pratiche di riciclaggio che alcune banche svizzere avrebbero consapevolmente favorito.

8

Bitcoin e criptovaluta

1. *Una nuova forma di valuta*

Nel corso di questo libro abbiamo più volte fatto riferimento ai bitcoin (simbolo: ฿; abbreviazione: BCT); è giunto ora il momento di conoscere più nel dettaglio questa tipologia di moneta di cui negli ultimi tempi si sente molto parlare, spesso impropriamente, in maniera tale da indurre numerosi soggetti a pensare che gli stessi siano un facile viatico alla ricchezza.

L'ascesa del valore del bitcoin è innegabile: in pochissimo tempo il bitcoin è passato da un valore di qualche dollaro (poco più di 10) a quasi 1000 dollari, per poi attestarsi, oggi, su un valore intorno ai 7000 dollari; non male se si considera che il primo scambio documentato bitcoin-beni materiali ha visto, il 18 maggio 2010, offrire 10.000 bitcoin per un paio di pizze...

Quello che molti non sanno è cosa realmente sia il bitcoin e, per comprenderlo, dobbiamo fare un lungo viaggio nel mondo della rete, partendo dalle zecche virtuali in cui il bitcoin viene prodotto («minato», per impiegare il medesimo neologismo utilizzato nei forum) fino ai *market* più oscuri del *deep web*, dove spesso viene speso. Già, perché la moneta virtuale più famosa del mondo viene controllata e scambiata interamente e solamente da computer e server sparsi per Internet. Il bitcoin è come denaro contante, anzi in un certo senso è IL denaro contante del web, ma, a differenza delle monete aventi corso legale, il suo valore viene costantemente stabilito dagli utenti: ogni bitcoin vale esattamente quanto il valore di scambio che un utente è disposto ad attribuirgli rispetto a un bene concreto, dato che è fuori dal controllo delle riserve monetarie mondiali.

Nel corso delle prossime pagine cercheremo di spiegare pregi e difetti, ma soprattutto i rischi delle principali criptovalute; affronteremo, infatti, la tematica relativa ai sistemi di pagamento basati sulla cosiddetta «criptovaluta» e lo faremo utilizzando un linguaggio il più possibile semplice e comprensibile, anche a discapito di quella rigorosa precisione che richiederebbe un eccessivo impiego di termini tecnici.

Questo significa che, ove necessario, alcuni termini verranno utilizzati con un significato più ampio rispetto a quello strettamente tecnico (tanto informatico quanto giuridico) e che si cercherà di semplificare alcune nozioni e alcune procedure, ferma rimanendo la correttezza di base di tutte le informazioni fornite.

Prima di procedere oltre, è opportuno chiarire il concetto di «criptovaluta» (in inglese *cryptocurrency*): si tratta di una rete decentralizzata di pagamento *peer-to-peer*, gestita dai suoi utenti, senza alcuna autorità centrale o intermediari, e rappresenta la realizzazione di un concetto la cui idea di base venne descritta per la prima volta nel 1998 in una mailing list.

Le criptovalute

Con questo termine si indica uno specifico mezzo di pagamento, decentralizzato, la cui implementazione si basa sui principi della crittografia per convalidare le transazioni e la generazione della moneta e che, di solito, utilizza uno schema *proof-of-work* per ridurre il rischio di attacchi e tentare di salvaguardare la valuta dalla contraffazione digitale.

Uno schema *proof-of-work* (POW) è una misura dal costo contenuto per scoraggiare attacchi o altri abusi di un servizio; l'idea si basa sul fatto di imporre alcune attività al soggetto che richiede quello specifico servizio: di solito si tratta di un servizio asimmetrico, moderatamente complesso per il richiedente, ma facile da controllare per il fornitore del servizio. In questo modo, per un eventuale attaccante diventa antieconomico porre in essere la propria attività, mentre per un utente «legittimo» si tratta soltanto di un piccolo spreco di tempo.

Sebbene a oggi esista un grande numero di criptomonete, tutte le specifiche e i protocolli sono, per lo più, simili tra loro e derivano dalla prima criptovaluta a essere implementata: il bitcoin. Iniziamo con il dire che il bitcoin è una moneta elettronica e un sistema di pagamento digitale: l'idea venne presentata da Satoshi Nakamoto nel 2008, mentre il *software* venne sviluppato dallo stesso l'anno successivo; dobbiamo poi precisare che il termine «Bitcoin», con l'iniziale maiuscola, si riferisce espressamente alla tecnologia e alla rete, mentre la parola «bitcoin», con l'iniziale minuscola, si riferisce alla valuta. Una delle principali differenze tra il bitcoin e la maggior parte delle valute tradizionali è che nella tecnologia Bitcoin non è presente un ente centrale: viene impiegato un database distribuito tra i nodi della rete che tengono traccia delle transazioni e si sfrutta la crittografia per gestire gli aspetti funzionali, come la generazione di nuova moneta e l'attribuzione di proprietà dei bitcoin.

Quest'ultima è considerata la prima criptovaluta sia per il suo notevole valore sia perché è stata la prima a essere conosciuta dalla massa degli utenti e, di conseguenza, la più diffusa come forma di pagamento.

Naturalmente, accanto al bitcoin, esistono anche altre monete e, pur non trattandosi di monete aventi corso legale in uno Stato, esistono Borse valori in cui è possibile acquistare e scambiare criptovalute con denaro avente valore legale o con altre criptovalute.

Per poter capire il sistema Bitcoin è necessario partire dai suoi elementi base: la *blockchain*, i *miner* e i *wallet*.

A tal proposito, ci limiteremo per ora a dire che con il termine *miner* («minatore»), si indica un computer (e l'utente

Quotazioni criptovalute mondiali

NOME	PREZZO	VAR	VAR %	AGG	GRAFICO
Bitcoin (BTC/USD)	7.244,01	-106,620	-1,45 %	17:37:27	
Bitcoin/Euro (BTC/EUR)	6.527,57	-111,520	-1,68 %	17:37:29	
Ripple	0,221	-0,004	-1,56 %	17:37:29	
Ripple/Euro (XRP/EUR)	0,1998	-0,003	-1,58 %	17:37:20	
Ethereum	145,77	-1,910	-1,29 %	17:37:30	
Ethereum/Euro (ETH/E...	131,14	-2,120	-1,59 %	17:37:20	
Tether	1,003	0,000	0,00 %	17:37:23	
Bitcoin Cash	205,41	-3,080	-1,48 %	17:37:20	
Bitcoin Cash/Euro (BC...	185,15	-3,300	-1,75 %	17:36:16	
Litecoin	43,94	-0,610	-1,37 %	17:37:29	

Top 10 per capitalizzazione

#	NOME	CAP.
1	Bitcoin	$ 131.07 B
2	Ripple	$ 22.1 B
3	Ethereum	$ 15.87 B
4	Tether	$ 4,120.37 M
5	Bitcoin Cash	$ 3,730.1 M
6	Litecoin	$ 2,797.49 M
7	EOS	$ 2,672.81 M
8	Binance Coin	$ 2,284.97 M
9	ChainLink	$ 2,149 M
10	Veritaseum	$ 1,870 M

L'immagine mostra l'elenco di alcune delle più diffuse criptovalute e le loro quotazioni

che lo controlla) impiegato dalla rete p2p di Bitcoin per l'operazione di verifica delle transazioni di denaro virtuale, in modo che queste avvengano in modo lecito e sicuro: se un utente acquista un oggetto e lo paga in bitcoin, è necessario che una serie di calcoli verifichi che i bitcoin spesi siano effettivamente prelevati dal suo portafoglio virtuale, evitando il fenomeno del *double spending* («doppia spesa»), e trasferiti nel portafoglio del venditore. Se non esistesse questa verifica, avremmo l'equivalente informatico della possibilità di pagare i nostri acquisti con del denaro fotocopiato. Proprio per tale ragione, ogni transazione viene archiviata in un apposito registro denominato *blockchain,* che consente di verificare che l'intera procedura sia andata a buon fine e che il valore transitato sia stato effettivamente posseduto prima e depositato poi dall'utente.

Questa verifica, che col passare del tempo ha richiesto sempre più potenza di calcolo, viene oggi fatta da utenti specializzati nel *mining;* sebbene il termine significhi letteralmente «estrazione», nella pratica i *miner* mettono a disposizione la potenza di calcolo dei loro computer e, in cambio, per ogni verifica andata a buon fine, ricevono dei bitcoin.

Mentre nei primi tempi anche un singolo utente dotato di un modesto elaboratore era in grado di svolgere molto lavoro, col passare del tempo si sono creati dei gruppi organizzati di *miner* (la cosiddetta *pool*) che, tramite appositi programmi, sono in grado di unire la potenza dei propri computer per effettuare il maggior numero possibile di verifiche, sul modello del calcolo distribuito.

Con il termine *wallet* («portafoglio») si indica, invece, il programma che permette di entrare nella rete Bitcoin e di conservare i propri bitcoin. Il portafoglio contiene, infatti, gli indirizzi e le chiavi per effettuare le transazioni economiche; questo rende il portafoglio di Bitcoin l'equivalente di un portafoglio materiale. A ben vedere, il portafoglio non contiene tanto il denaro, quanto le chiavi private di conferma che permettono all'utente di utilizzare i bitcoin. Con il termine «chiave privata» si indicano i dati segreti che provano la corretta identità dell'utente che utilizza un determinato portafoglio, grazie all'impiego di una firma elettronica. A ciò deve aggiungersi che ogni portafoglio può mostrare il bilancio totale di tutti i bitcoin che controlla e permette all'utente di inviare cifre precise a una persona specifica.

La blockchain

Alla base di ogni criptovaluta troviamo una «catena di blocchi» (*blockchain*) che mantiene in modo continuo una lista crescente di *record*, i quali fanno riferimento a *record* precedenti presenti nella lista stessa. Proprio per questa ragione, questa catena è resistente a manomissioni. Sebbene spesso *blockchain* e bitcoin vengano confusi, si tratta di due elementi molto diversi tra di loro: la *blockchain*, più che una tecnologia, rappresenta un vero e proprio paradigma di funzionamento, tanto che oggi ne esistono differenti definizioni [1].

Se è vero che il bitcoin, come criptovaluta, ha creato una serie di conflitti tra sostenitori e detrattori, possiamo affermare che l'intuizione alla base della *blockchain*, e la sua implementazione, ha messo tutti d'accordo, perché, per sua natura, rappresenta una soluzione in grado di garantire un elevato livello di sicurezza, tanto da ricevere le lodi e l'interesse della stessa Autorità Bancaria Europea (EBA). Vediamo quindi, per prima cosa, che cos'è e come funziona la *blockchain*.

[1] Per un simulatore di blockchain si veda https://lab-cryptotrend.herokuapp.com/.

La blockchain come database distribuito

Una prima definizione la identifica come un «database di transazioni» e, in effetti, si tratta di una tecnologia che permette la creazione e la gestione di un grande database distribuito (database in cui i dati non sono memorizzati su un solo computer ma su più macchine collegate tra loro, chiamate nodi) in grado di registrare e mantenere accessibili i dati di più transazioni condivisibili tra i differenti nodi di una rete. Il database è strutturato in blocchi, identificati con i nodi della rete, collegati tra di loro da una catena (*chain*); in questo modo, ogni transazione avviata sulla rete viene a essere convalidata dalla rete stessa.

Questo è possibile perché ciascun nodo della rete è chiamato a vedere, controllare e approvare tutte le transazioni garantendo la loro affidabilità, la loro trasparenza e la loro tracciabilità. Inoltre, ogni blocco include l'*hash* del blocco precedente, collegando i blocchi insieme: ogni blocco diventa così anche un archivio per tutte le transazioni precedenti, riportando lo storico di ciascuna transazione, che, in questo modo, diventa immodificabile e non ripudiabile se non attraverso la creazione di blocchi paralleli e la riproposizione degli stessi a tutta la rete. Questo, però, è possibile solo ottenendo il controllo del 50% + 1 dei blocchi. In altre parole, i blocchi formano una catena: ogni blocco addizionale rinforza quelli precedenti, rendendo la catena immutabile. A ciò deve aggiungersi che l'impiego di strumenti crittografici garantisce la massima sicurezza di ogni transazione.

Dal «libro mastro» alla blockchain (ledger)

La *blockchain* può essere vista anche come un'evoluzione del concetto di «libro mastro», che passa da essere centralizzato – cioè gestito da una singola autorità, secondo lo schema tradizionale dell'uno –, a tanti, fino ad arrivare a una logica distribuita in cui non esiste alcuna autorità centrale.

Il punto critico della visione classica, detta anche *centralized ledger,* è rappresentato dalla necessità che l'autorità centrale goda della piena fiducia di tutti i soggetti coinvolti e che sia in grado di resistere a eventuali tentativi di attacco o di manomissione da parte di soggetti interni e/o esterni. Per ovviare a questo inconveniente era stato proposto uno schema decentralizzato (*decentralized ledger*), confidando nella difficoltà di colpire non più un unico obiettivo centrale ma tanti obiettivi satellite. Pur frazionando il rischio, però, non lo si elimina, anzi, in qualche modo lo si aumenta in maniera direttamente proporzionale al numero di satelliti presenti.

Il vero cambiamento è, invece, rappresentato dal modello distribuito, in cui non esiste più un'autorità centrale e tutti i soggetti coinvolti si trovano al medesimo livello decisionale: in questo modo è impossibile che un soggetto possa prevalere sugli altri e il consenso alla transazione trova fondamento sulla «fiducia» posta dal singolo soggetto. Quando questa fiducia raggiunge un livello predefinito (tipicamente 50% + 1) l'operazione viene confermata.

La blockchain come registro pubblico aperto a tutti

Trattandosi di un database decentralizzato che archivia *asset* e transazioni su una rete di tipo *peer-to-peer,* la *blockchain* può essere vista anche come un pubblico registro di tutte le transazioni che la compongono; ne consegue che la *blockchain* è per sua stessa natura «trasparente», in quanto questa caratteristica è necessaria per la gestione dei dati delle transazioni eseguite.

Dato che tutte le transazioni sono costituite da dati crittografati e risultano essere state verificate, approvate e successivamente registrate su tutti i nodi che partecipano alla rete, ne consegue che la medesima «informazione» si trova a essere presente su tutti i nodi, con l'effetto di essere praticamente immodificabile. Per tale ragione la *blockchain* è in grado di gestire in modo condiviso una lista crescente di *record* con la massima resistenza alle manomissioni, andando a costituire una sorta di libro mastro decentralizzato e sicuro per la gestione di transazioni su reti *peer-to-peer.*

La flessibilità di questa tecnologia la rende adattabile a ogni forma di transazione, collaborazione e pagamenti di beni o servizi: può trovare applicazione in ogni ambito in cui sia necessaria una relazione sicura tra più persone o gruppi senza la presenza di un'autorità centrale.

Blockchain, come funziona?

Dopo aver spiegato che cosa è una *blockchain,* cerchiamo di capire come funziona da un punto di vista tecnico.

In sintesi, la *blockchain* è una tecnologia basata sulla logica del database distribuito ed è composta da una lista, in continua crescita, di *record* (in ambito informatico si definisce «record» un tipo di dato strutturato che comprende diversi elementi di tipo eterogeneo chiamati «campi» o «membri») detti «blocchi».

I blocchi sono collegati tra di loro e protetti da eventuali manomissioni attraverso l'impiego della crittografia. La struttura è costruita in maniera tale che ogni blocco contenga un *hash,* collegato come *link* al blocco che lo precede, un marcatore temporale (*timestamp*) e i dati relativi alla validità della transazione; i blocchi così collegati formano una catena, con ogni blocco addizionale che rinforza la sicurezza di quelli precedenti.

Tutto il processo di validazione si basa sul concetto di «consenso distribuito» e prevede una fase di verifica e di approvazione interamente basata su risorse messe a disposizione dagli stessi partecipanti alla *blockchain* e impiegate per validare il blocco; una volta raggiunto questo obiettivo, il primo nodo ad aver ottenuto questo risultato riceverà un premio (di solito monete virtuali legate alla tipologia di *blockchain*).

Alla base di questo processo vi è la necessità di evitare il rischio di frodi da parte di un nodo e, a tal fine, è necessario incrementare la difficoltà del percorso di validazione fino a rendere «non conveniente» la falsificazione del nodo stesso. In breve, attraverso questo sistema si viene a sostituire un rapporto di fiducia costruito sulla conoscenza reciproca con uno basato sulla concreta collaborazione alla soluzione delle prove che devono essere validate. A questo punto si rende però necessario distinguere tra due approcci radicalmente differenti basati su due principi opposti: *permissionless blockchain* e *permissioned blockchain*.

In una *permissionless blockchain* (detta anche «blockchain aperta»), chiunque può partecipare alla rete, dando il proprio contributo al processo di validazione dei blocchi; questo accade, ad esempio, nel sistema Bitcoin, Ethereum, Monero.

Al contrario, una *permissioned blockchain* (detta anche «blockchain chiusa») limita i soggetti abilitati a convalidare i blocchi: solo un ristretto numero di soggetti viene abilitato alla convalida dei blocchi. Le differenze tra i due sistemi sono notevoli anche da un punto di vista pratico, vediamo qui le principali.

... segue: Permissionless vs permissioned blockchain

In un sistema *permissionless* gli utenti non hanno bisogno di dimostrare, e di rendere nota agli altri, la propria identità: fintanto che partecipano attivamente al processo di convalida, possono accedere al processo di verifica e concorrere per l'attribuzione del relativo premio.

Al contrario, in una *permissioned blockchain*, l'utente deve necessariamente essere un soggetto noto e approvato per essere abilitato a convalidare le transazioni. Ciò significa che questa tipologia di *blockchain* può essere soggetta a forme di controllo e verifica dall'alto dato che, quando un nuovo record viene aggiunto, il sistema di approvazione non è legato alla maggioranza dei partecipanti, ma a un numero limitato di attori, definibili come *trusted*.

Un'altra differenza rilevante tra i due sistemi è legata al modello di convalida dei blocchi (*mining*), laddove le *permissionless blockchain* sono, generalmente, basate su un modello legato al principio della *proof-of-work*, in cui i nodi mettono a disposizione la propria potenza di calcolo per costruire la fiducia: fintanto che il 50% + 1 dei nodi è onesto, il sistema è al sicuro. Nelle *permissioned blockchain*, invece, essendo i soggetti noti ed essendo il blocco validato da utenti *trusted*, non vi è bisogno di mettere a disposizione la propria potenza di calcolo per ottenere fiducia; vengono quindi utilizzati altri algoritmi come, ad esempio, Raft, Paxos o PBFT (Practical Byzantine Fault Tolerance) per validare il blocco senza dover ricorrere alla POW.

2. I bitcoin

Nel paragrafo precedente abbiamo distinto tra le due tipologie di *blockchain;* in questo andremo ad approfondire il sistema aperto attraverso l'analisi di quella che è, oggi, la sua più famosa implementazione: il Bitcoin.

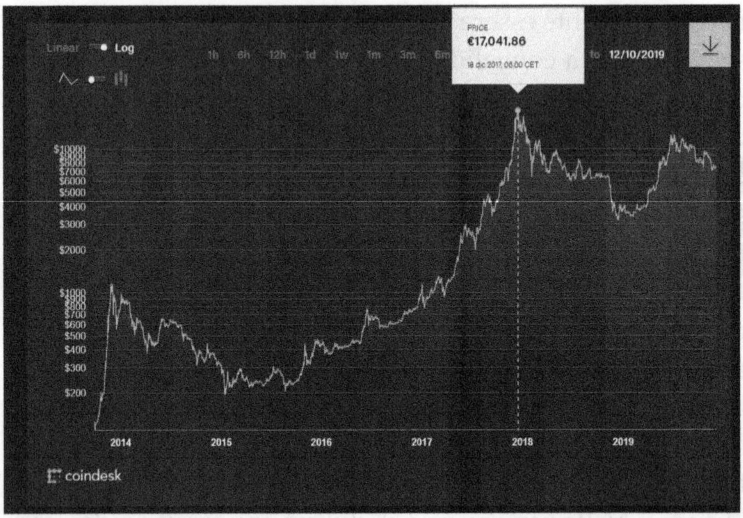

L'immagine mostra l'andamento del valore bitcoin/euro dall'origine a oggi

L'immagine precedente mostra con estrema chiarezza l'andamento del valore bitcoin/euro dall'origine a oggi. Si può notare come in pochissimo tempo il bitcoin sia passato da un valore di qualche euro (poco più di 10) a oltre 17.000 euro, per poi attestarsi, oggi, su un valore intorno ai 6500 euro.

L'idea del Bitcoin non nasce dal nulla: da decenni circolava in rete l'ipotesi di una moneta digitale decentralizzata. Alcuni protocolli anonimi di moneta digitale vennero sviluppati tra gli anni '80 e '90, ma questi progetti fallirono, principalmente a causa della loro dipendenza da un intermediario centralizzato. Poiché la moneta è un'applicazione *first-to-file*, dove l'ordine delle transazioni è spesso di cruciale importanza, le monete decentralizzate richiedono una soluzione al consenso decentralizzato.

Satoshi ha fornito la risposta combinando un protocollo molto semplice, basato su dei nodi in cui avvengono le transazioni, in modo da dare vita a una catena in continua crescita attraverso la creazione di «blocchi» e in cui i nodi guadagnano il diritto di partecipare al sistema attraverso la *proof-of-work*.

Il processo di validazione si basa sul concetto di «consenso distribuito» e prevede una fase di verifica e di approvazione da parte di tutti i nodi. Tale fase è basata su risorse di calcolo messe a disposizione dagli stessi partecipanti alla *blockchain* tanto che, nel suo *paper*, Satoshi Nakamoto lo definì un sistema di pagamento elettronico *peer-to-peer*[2]: le risorse vengono impiegate per risolvere problemi complessi o puzzle crittografici, ma l'aspetto interessante è che tutti coloro che partecipano alla risoluzione del problema, concorrendo dunque alla validazione del processo e della transazione, sono in gara tra loro: soltanto il primo nodo che riuscirà a risolvere il puzzle crittografico avrà il diritto di validare il blocco e riceverà il premio.

Le basi del sistema Bitcoin: i blocchi

Vediamo ora alcuni esempi pratici di applicazione della *blockchain* legati all'impiego di bitcoin, prendendo un blocco della *blockchain*.

[2] *Bitcoin: A Peer-to-Peer Electronic Cash System* (vedi https://bitcoin.org/bitcoin.pdf).

Home / Block - 00000000000000000015716cfeb1399c8028898bbfa68038d1648d92590c8d6a

Summary

Height	607,538	Version	0x26686000	Block Hash	00000000000000000015716cfeb1399c8028898bbfa68038d1648d92590c8d6a
Confirmations	1	Difficulty	13.13 T / 12.88 T	Prev Block	0000000000000000000054df5f10dc598809f4f984f9451166f751ea3222645d2
Size	1,374,504 Bytes	Bits	0x1715dbd2	Next Block	N/A
Stripped Size	872,961 Bytes	Nonce	0xe4059f10	Merkle Root	960f18fe1fe1b4a1082de73186d58c842db583727e3478ccfc445e1598d92434
Weight	3,993,387	Relayed By	Poolin		
Tx Count	2,812	Time	2019-12-10 18:34:55	Other Explorers	BLOCKCHAIR

L'immagine mostra il contenuto di un blocco

Nell'immagine che precede possiamo vedere le informazioni contenute in un blocco appena generato, ma come nasce questo blocco?

1) Tizio deve trasferire una quantità X di bitcoin a Caio.

2) Entrambi dispongono di un proprio *wallet*, il che significa che entrambi hanno una propria coppia di chiavi (pubblica e privata).

3) A questo punto viene creato un «messaggio» (*transaction request*) composto dalla chiave privata di Tizio (Tprk), la chiave pubblica di Caio (Cpuk), data e ora (*timestamp*), le informazioni rilevanti che vengono aggiunte al blocco in fase di «costruzione».

4) Il blocco, in sintesi una raccolta di messaggi tra cui quello con cui Tizio comunica a tutti gli altri nodi di aver inviato X BTC a Caio, viene caricato sulla rete e sottoposto a verifica da parte degli altri nodi (*transaction request*).

5) A questo punto, una volta convalidata la transazione, il blocco viene aggiunto alla catena e logicamente collegato al blocco precedente e, non appena questo viene «minato», al blocco successivo, come si evince dall'immagine che segue, tratta da *A Blockchain in 200 Lines of Code* di Lauri Hartikka.

6) Le informazioni relative alla transazione vengono poi registrate nei *wallet* di Tizio e in quelli di Caio.

L'immagine mostra un esempio di catena di blocchi

7) Si veda ora l'immagine che segue e che rappresenta lo stesso blocco di sopra (il 607538) dopo una decina di minuti:

Summary

Height	607,538	Version	0x26686000	Block Hash	00000000000000000015716cfeb1399c8028898bbfa68038d1648d92590c8d6a
Confirmations	3	Difficulty	13.13 T / 12.88 T	Prev Block	000000000000000000054df5f10dc598809f4f984f9451166f751ea3222645d2
Size	1,374,504 Bytes	Bits	0x1715dbd2	Next Block	0000000000000000000008b20ff8ee66a7e2e900a40bfe4c980741ba4e5b3975cc
Stripped Size	872,961 Bytes	Nonce	0xe4059f10	Merkle Root	960f18fe1fa1b4a1082de73186d58c842db583727e3478ccfc445e1598d92434
Weight	3,993,387	Relayed By	Poolin		
Tx Count	2,812	Time	2019-12-10 18:34:55	Other Explorers	BLOCKCHAIR

L'immagine mostra come cambia un blocco dopo che il successivo è stato minato

Il blocco è stato collegato a quello successivo e il suo *hash* è stato inserito in quest'ultimo, in questo modo diviene impossibile, per chiunque, modificare un blocco della *blockchain* senza compromettere anche tutti i blocchi successivi, e questa circostanza determina una notevole sicurezza.

In estrema sintesi: possiamo vedere la *blockchain* come un libro mastro di cui i blocchi costituiscono le pagine, in ogni blocco sono segnate tutta una serie di transazioni che, fino all'approvazione del blocco, sono da considerarsi *in fieri* dato che, tecnicamente, lo «stato» nel Bitcoin è la raccolta di tutte le monete viste come «transazioni in uscita non spese» (UTXO, Unspent Transaction Output). Ogni UTXO ha una denominazione e un proprietario (definito da un indirizzo da 20-byte, essenzialmente una chiave crittografica pubblica). Ogni input contiene un riferimento a un UTXO esistente, con una firma crittografica prodotta da una chiave privata associata all'indirizzo del proprietario, e uno o più output, ognuno contenente un nuovo UTXO, che deve essere aggiunto allo stato.

A questo punto il sistema può risolvere l'input secondo questo schema:
S = (input UTXO - outpout UTXO), tuttavia se
il riferimento UTXO non è in S: errore;
la firma non combacia con il proprietario dell'UTXO: errore;
la somma dei valori di tutti gli input UTXO è inferiore alla somma dei valori di tutti gli outpout UTXO: errore.

La prima verifica impedisce ai mittenti delle transazioni di spendere monete che non esistono, la seconda evita che vengano spese monete di altre persone, mentre la terza fa rispettare la conservazione del valore.

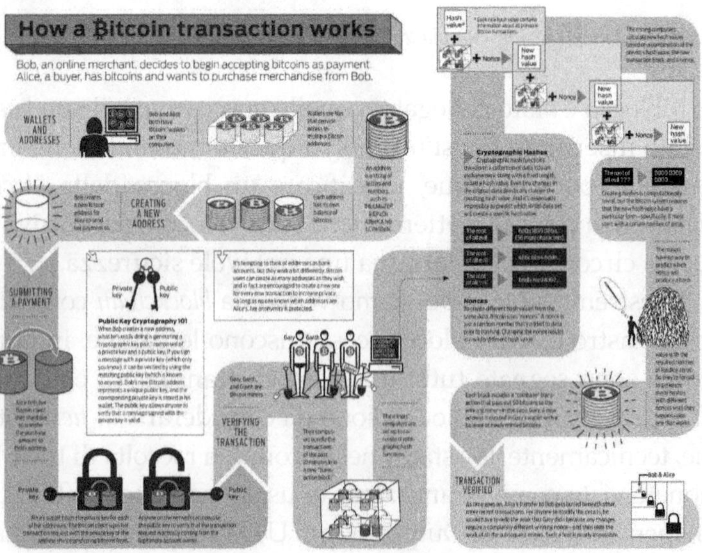

L'immagine mostra i vari step seguiti da una transazione in bitcoin. Immagine tratta da How Bitcoin Works *(Joshua J. Romero, Brandon Palacio & Karlssonwilker Inc.)*

... segue: Hashcash come POW

Nel paragrafo precedente abbiamo visto che, prima di aggiungere un nuovo blocco di transazioni alla *blockchain*, questo deve essere controllato, validato e crittografato. Per arrivare a questo risultato è necessario che, per ogni singolo blocco, venga risolto un complesso problema matematico che richiede un notevole impegno in termini di potenza e capacità di calcolo. Questa operazione, definita in gergo come *mining*, è svolta dai cosiddetti *miner*.

In termini tecnici questa attività è chiamata *proof-of-work*, e il suo preciso scopo è quello di rendere economicamente non conveniente la falsificazione di un blocco: la potenza di calcolo necessaria per l'operazione sarebbe comunque superiore a quella necessaria per minarne uno lecito; caratteristica essenziale di questi schemi è la loro asimmetria: il lavoro deve essere complesso dal lato richiedente, ma facile da controllare per il fornitore del servizio.

Nella creazione dei bitcoin viene utilizzato un sistema basato su *hashcash*; si tratta di un algoritmo POW, ideato nel marzo del 1997 da Adam Back sulla base di un'idea presentata da Cynthia Dwork e Moni Naor nel 1992 (*Pricing Via Processing or Combatting Junk Mail*)[3], originariamente pensato per contrastare spam e attacchi DDoS. L'algoritmo usa, infatti, inversioni di *hash* parziali per verificare che il lavoro sia stato correttamente eseguito e, nel suo modello originale, prevedeva l'inserimento di una stringa di testo negli *header* del messaggio: una sorta di francobollo elettronico destinato a provare che il mittente aveva speso un certo quantitativo di potenza e tempo di calcolo per inviare il messaggio.

[3] In *Advances in Cryptology - CRYPTO' 92*, 12th Annual International Cryptology Conference Santa Barbara, California, USA August 16-20, 1992, pp. 139-147.

From: Someone <test@test.invalid>
To: Adam Back <adam@cypherspace.org>
Subject: test *hash*cash
Date: Thu, 26 Jun 2003 11:59:59 +0000
X-*Hash*cash: 0:030626:adam@cypherspace.org:6470e06d773e05a8
blah blah
-Someone
[esempio tratto da www.*hash*cash.org]

L'*header* contiene data e ora di invio del messaggio e destinatario, in modo da costringere il mittente a generare un *header* differente per ogni destinatario. Quest'ultimo non dovrà fare altro che verificare l'SHA-1 *hash* della riga: se i primi 20 bit dell'*hash* sono tutti 0, allora siamo in presenza di un *hash* accettabile. Nel nostro esempio l'*hash* è 00000000c70db7389f241b8f441fcf068aead3f0, quindi la POW è superata.

... segue: Hashcash e Bitcoin

Nel Bitcoin l'applicazione dell'*hashcash* avviene con modalità particolari, che si discostano da quanto appena descritto: in primo luogo viene utilizzato un *hash* a 256 bit (SHA-256) anziché uno a 160 (SHA-1), in secondo luogo la soluzione del problema avviene in modalità competitiva tra i vari nodi, tanto che soltanto il primo *miner* a fornire un valore corretto si aggiudicherà la ricompensa.

Nelle pagine precedenti abbiamo visto come viene costruito un blocco. Ora vedremo come viene verificato prima di essere inserito nella *blockchain*. Spesso, infatti, si tende a collegare l'attività di *mining* alla sola produzione ed emissione di nuovi bitcoin, ma, in realtà, non è questo il suo scopo principale. Scopo di questo processo è quello di garantire l'integrità e l'autenticità della *blockchain*, rendendola stabile, affidabile e soprattutto sicura rispetto a eventuali tentativi di contraffazione (si pensi, ad esempio, al rischio di convalidare più transazioni tra loro inconsistenti, *double spending*).

Trattandosi di un sistema aperto (*permissionless blockchain*), questa attività può essere svolta da chiunque sia disponibile a installare il relativo programma e dedicarvi un'adeguata potenza di calcolo. Facciamo un passo indietro, torniamo alla generazione del blocco e, concentrandoci sugli *header* di ogni singolo blocco, vediamo che si tratta di 80 byte di informazioni che contengono questi dati:

Campo	Descrizione	Bytes
Version	Bitcoin version number	4
*hash*PrevBlock	256-bit *hash* del blocco precedente	32
*hash*MerkleRoot	256-bit *hash* del cosiddetto «Merkle Tree» di tutte le transazioni del blocco	32
Time	Timestamp del blocco in formato Unix	4
Difficulty target	Il livello di difficoltà del blocco	4
Nonce	32-bit number (starts at 0) – La soluzione alla POW	4

Ogni blocco contiene all'interno degli *header* l'*hash* SHA-256 del blocco che lo precede, questi dati sono contenuti all'interno del campo «*hash*PevBlock». Successivamente, nell'*header* viene inserita una marca temporale, in formato Unix, della data e dell'ora in cui il blocco viene convalidato: si tratta di un numero intero che indica i secondi trascorsi dal 1 gennaio 1970 UTC. Questo tipo di rappresentazione offre alcuni vantaggi rispetto alla notazione classica: è compatta, indipendente dai fusi orari, ed è, quindi, direttamente confrontabile anche tra sistemi che si trovano a grandi distanze; ha però lo svantaggio di richiedere una conversione per averne una rappresentazione facilmente interpretabile e, soprattutto, trattandosi di un campo composto da soli 32 bit, ha il grave difetto di essere vincolata a un numero massimo pari a 231 (ovvero 2.147.483.648). Questo valore sarà raggiunto il 19 gennaio 2038 alle ore 03:14:08 GTM e, da quel momento, potranno verificarsi problemi e malfunzionamenti nei vari sistemi che non saranno più in grado di gestire correttamente la data (un po' quello che si temeva sarebbe accaduto alla mezzanotte del 31 dicembre 1999, con il passaggio dal 1999 al 2000, il cosiddetto *millenium bug*).

Il concetto di *proof-of-work* rappresenta il cuore del sistema: l'*hash* SHA-256 di ogni blocco, costituito come un numero di 256 bit, deve essere inferiore di un target regolato dinamicamente, in modo da rendere computazionalmente «difficile» la creazione di un blocco, prevenendo così gli attacchi. Riepilogando, il processo di consenso decentralizzato del Bitcoin prevede che i nodi tentino di produrre pacchetti di transazioni chiamati «blocchi»; il sistema è studiato affinché venga prodotto un blocco ogni dieci minuti circa e ogni blocco deve contenere una marca temporale, un numero, un riferimento all'*hash* del precedente blocco e una lista di tutte

le transazioni inserite nel blocco. Ne consegue che, per poter controllare la validità di un blocco, dobbiamo procedere ai seguenti passaggi.
1) Il blocco precedente esiste ed è valido?
2) La marca temporale del blocco è successiva a quella del blocco precedente ed è inferiore di 2 ore nel futuro?
3) La *proof-of-work* sul blocco è valida?
4) S[0] è lo stato alla fine del blocco precedente?
5) Le transazioni del blocco sono tutte valide?

Se le risposte sono tutte positive, il blocco viene convalidato e si passa al successivo. Le altre tre voci sono, invece, un po' più complesse, quindi le analizzeremo nel dettaglio.

HashMerkleRoot

Con questo nome si indica un *hash* che sintetizza tutte le transazioni ricomprese nel blocco e considerate come le «foglie» di un albero di Merkle (*Merkle Tree,* dal nome del ricercatore informatico che per primo lo ha ideato).

Si tratta di un albero le cui ramificazioni sono legate a coppie e in cui ogni nodo è etichettato con l'*hash* dei suoi nodi figli secondo il seguente schema. Viene acquisito l'*hash* SHA-256 della prima transazione (H1), poi della seconda (H2), della terza (H3), della quarta (H4) e così via. A questo punto viene acquisito l'*hash* della prima e della seconda transazione (H(h1+h2)), poi quello della terza e della quarta (H(h3+h4)) e così via. Viene, infine, acquisito l'*hash* dei due *hash* (H(h1+h2)) + (H(h3+h4)) e così via fino a raggiungere la cima dell'albero.

La struttura consente di verificare, in maniera rapida ed efficiente, una grossa quantità di dati; come si evince dall'immagine (tratta da Satoshi Nakamoto, *Bitcoin: A Peer-to-Peer Electronic Cash System*), i dati vengono accoppiati a ogni livello fino ad arrivare a un unico *hash*, chiamato *top hash* o *root*. Questo *hash* rappresenta la concatenazione di tutti gli *hash* precedenti, quindi, per verificare l'integrità di un singolo blocco, sarà possibile considerare solo una parte dell'albero, rendendo la procedura molto più snella ed efficiente.

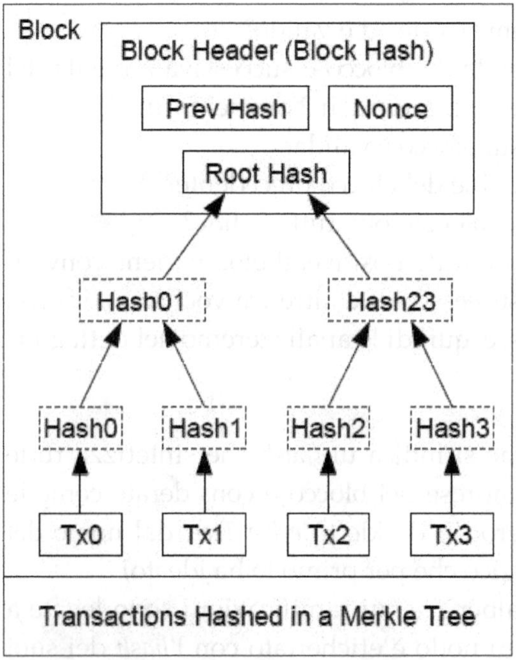

Schema illustrativo del Merkle Tree

Nonce e difficoltà

Le ultime due voci sono strettamente correlate. Iniziamo con il termine *nonce* (che deriva dall'espressione inglese *number used once*, «numero usato una volta»). Con questo termine, in crittografia, si indica un numero, generalmente casuale o pseudo-casuale, che ha un utilizzo unico. Rappresenta il cuore della POW Bitcoin e si tratta di un numero che i *miner* devono indovinare attraverso una serie di tentativi, tale per cui l'*hash* SHA-256 dell'insieme di dati che rappresenta il blocco sia inferiore a una soglia data o, se preferite, contenga un determinato numero di 0 nei primi campi. Con difficoltà 0, avremo un valore target pari a 2256 combinazioni con una spesa, in termini di potenza richiesta, praticamente ridicola, ma mano a mano che riduciamo il valore T, le combinazioni possibili si riducono drasticamente di modo che appare evidente che più sono gli 0 all'inizio dell'*hash*, meno saranno le possibili soluzioni e, di conseguenza, maggiore sarà la potenza di calcolo necessaria per indovinare il numero. Questa soglia, chiamata «difficoltà», è ciò che determina la natura concorrenziale del *mining* di bitcoin; maggiore è la potenza di calcolo immessa all'interno della rete Bitcoin, maggiore sarà la difficoltà, aumentando, di conseguenza, il numero di calcoli mediamente necessari a creare un nuovo blocco e incrementando anche il costo di creazione dello stesso.

Facciamo un esempio per chiarire il tutto: preso un blocco B, immaginiamo di voler individuare x (*nonce*) tale per cui T (l'*hash* SHA-256 dell'header del blocco composto dalla data di oggi e dalla parola «Esempio») dovrà essere inferiore a 2244 (il che equivale a un *hash* i cui primi tre valori siano uguali a 0): partiremo da questa formula H(x)≤ T, dove H(Bx) rappresenta l'*hash* SHA-256 dell'header.

Avremo:

02-dic-17Esempio1 > B9F3B445FEB7C-546577511283C4AF4243685827B

02-dic-17Esempio2 > 02F6AAA4A200CF3B5F4BA7B-76DBB55D0331684D7

02-dic-17Esempio > 01926C04D2F6F8DE657F601D5EF1D643A97817FA

02-dic-17Esempio4 > 392069ED667E9785F06F517EEA88A5D-DA1939C24
02-dic-17Esempio5 > CBBBBD032AB60B178BCCC339F03854A6A4CCA940
...
02-dic-17Esempio1308 > 0007C8075FC0092C732A222B-4D5926CC7CDBBC4E

Abbiamo, dunque, risolto il quesito con soli 1308 tentativi! Naturalmente aumentando il livello di difficoltà aumenteranno anche i tentativi necessari per risolvere il quesito e, di conseguenza, la potenza di calcolo necessaria. Nel caso dei bitcoin il livello di difficoltà aumenta ogni due settimane circa, anzi, a voler essere precisi, ogni 2016 blocchi il sistema verifica, confrontando il *timestamp* inserito nei blocchi stessi, il tempo impiegato per generare quei blocchi. Se il valore è inferiore a 1.209.600 secondi (due settimane), il livello di difficoltà viene incrementato proporzionalmente, di modo che i successivi 2016 blocchi richiedano esattamente due settimane per essere generati. In caso contrario, il livello di difficoltà viene proporzionalmente ridotto.

I miner

In precedenza abbiamo fatto più volte riferimento ai *miner*, spiegando che con questo termine si fa riferimento a coloro che materialmente svolgono i calcoli per confermare le transazioni. Il loro lavoro, fondamentale nella gestione della *blockchain* e per la stabilità e sicurezza del sistema, è accessibile a chiunque ambisca a svolgerlo, gareggiando per essere il primo a risolvere il problema matematico legato alla creazione di un nuovo blocco di transazioni.

I *miner*, naturalmente, non lavorano gratis: essendo il loro un impegno importante, anche in termini di risorse impiegate, la loro attività necessita di essere remunerata e incentivata attraverso un adeguato corrispettivo. Il primo *miner* che crea un blocco valido e lo aggiunge alla catena viene ricompensato con il premio e con la somma delle commissioni per le transazioni che ha processato. Le commissioni fanno riferimento a valori unitari per ogni singola transazione e i blocchi possono contenere migliaia di transazioni. Questo determina un valore del compenso molto significativo tanto che, nel progetto Bitcoin, è prevista una progressiva riduzione del premio: da un premio iniziale di 50 BTC (oltre alle commissioni) per ogni blocco, si è passati a 25 BTC per ogni blocco nel novembre del 2012 e a 12,5 BTC per ogni blocco nel luglio del 2016. Con la progressiva riduzione della ricompensa di generazione nel tempo, la fonte del guadagno per i minatori passerà dalla generazione della moneta alle commissioni di transazione incluse nei blocchi, fino al giorno in cui la ricompensa cesserà di essere elargita: per allora l'elaborazione delle transazioni verrà ricompensata unicamente dalle commissioni di transazione stesse.

Al momento, l'importo della commissione può essere impostato liberamente da chi effettua una transazione, anche se dal maggio del 2013, con l'aggiornamento alla versione 0.8.2 del *client* ufficiale, le commissioni al di sotto della soglia di 0,0001 BTC vengono considerate non standard e, di conseguenza, le transazioni associate rischiano di non essere mai confermate. È evidente, quindi, che più è alta la commissione, più è probabile che venga inclusa nel primo blocco estratto, accelerando quindi la conferma; i minatori, avendo la libertà di scegliere quali transazioni includere nel blocco che stanno elaborando, hanno un incentivo a includere in esso le transazioni che garantiscono commissioni più alte. Gli utenti, dal canto loro, sono consapevoli che più alta è la commissione offerta, maggiori saranno le possibilità che la transazione venga elaborata più rapidamente. Potrebbe poi accadere che due o più blocchi vengano risolti simultaneamente; in questo caso entrambi verrebbero inviati alla catena ed entrambi verrebbero aggiunti in coda. A questo punto, il primo nodo che risolve un altro blocco lo invia alla catena e il blocco viene aggiunto a uno dei due blocchi precedenti.

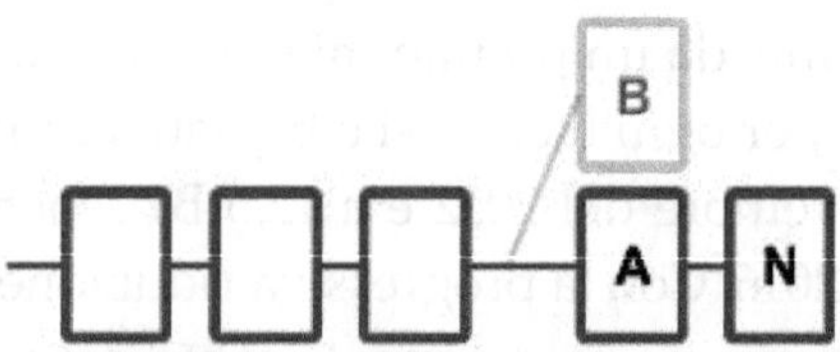

Un esempio di applicazione del principio della catena più lunga

Tutti i blocchi successivi verranno aggiunti al ramo più lungo della catena risolvendo così, nell'arco di dieci minuti, eventuali situazioni di ambiguità. Questo principio, noto come *longest chain rule*, ha lo scopo di mantenere la stabilità e la coerenza della *blockchain*, evitando situazioni di ambiguità che potrebbero nuocere all'intero sistema.

... segue: Mining 4 dummies

L'attività di *mining* è particolarmente complessa e, data la sua natura ferocemente competitiva, molti utenti tendono ad associarsi in gruppi per dividere lavoro e ricompense. Questi gruppi, definiti *mining pool*, lavorano in gruppo, condividendo la propria potenza di calcolo in modo da ottimizzare risultati e guadagni; a tal fine, prima di iniziare, è opportuno fare qualche piccola proiezione costi-benefici, utilizzando uno dei numerosi siti che, attraverso una comoda interfaccia web, consentono di calcolare il rapporto costi-benefici in caso di *mining*:

http://99bitcoins.com/bitcoin-mining-calculator/
http://www.mycryptobuddy.com/BitcoinMiningCalculator
http://www.cryptocompare.com/mining/calculator/

Immaginiamo che, una volta fatti i nostri calcoli, abbiamo deciso di provare a estrarre bitcoin. Che cosa ci occorre?

La prima possibilità è quella di sottoscrivere un contratto di *cloud mining*: in pratica si tratta di una procedura semplificata che libera l'utente dalle spese dell'energia elettrica, dall'acquisto dell'hardware e dall'installazione del software e dal loro monitoraggio quotidiano; l'utente si limita a noleggiare una determinata potenza di calcolo, come in ogni servizio in *cloud*, per poi trarre degli utili. Se invece si decide di agire in prima persona, diventa necessario procedere alla valutazione e all'acquisto di hardware e software: in teoria si potrebbe utilizzare un qualsiasi computer, ma qualche rapido calcolo ci dimostra che l'operazione si rivelerebbe economicamente svantaggiosa dato che la spesa, in termini di consumo energetico e usura del materiale, sarebbe decisamente superiore al guadagno. Per tale ragione, chi decide di dedicarsi a questa attività, di solito ricorre a specifici hardware (Application Specific Integrated Circuit, ASIC). Per comparare correttamente i diversi hardware è necessario valutare le seguenti caratteristiche:

– *Hash rate*: *hash* al secondo (*Hash*/sec) prodotti in GH/s o TH/s.
– Efficienza: rapporto tra energia utilizzata e *hash* calcolati, a volte espressa in W/GH.
– Prezzo: costo dell'hardware.

Una volta scelto l'hardware, si rende necessario stabilire quale software utilizzeremo per iniziare a estrarre i bitcoin. Il software sarà responsabile di gestire l'intero processo collegandosi alla *blockchain* oppure al gruppo di estrazione. Attraverso l'interfaccia software sarà possibile consegnare il lavoro svolto dal nostro hardware alla rete Bitcoin e, al tempo stesso, rimanere aggiornati in merito al lavoro svolto dagli altri nodi. A seconda del sistema operativo utilizzato, sarà necessario scegliere un software adeguato, ma, per fortuna, non mancano prodotti gratuiti per tutti i più diffusi sistemi operativi. A questo proposito, è indispensabile acquisire il software da un canale sicuro perché, nel caso in cui il programma fosse compromesso, si correrebbe il rischio di inoltrare tutti i propri guadagni a qualcun altro. Se si decide di giocare da *free rider*, un ulteriore controllo che bisogna effettuare è che il proprio software sia accettato dagli altri nodi della rete.

... segue: Il software

Una volta stabilito quale hardware utilizzare e se aderire o meno a una *mining pool*, è necessario stabilire quale software utilizzare: quest'ultimo ci collegherà alla *blockchain* se opereremo da *free rider* o alla *mining pool* se aderiremo a un gruppo di lavoro. Molti dei programmi a disposizione possono funzionare in entrambe le modalità («solo» o «pool») e alcuni di questi hanno già una serie di *pool* preconfigurate, in modo da agevolare la connessione.

Il primo e principale compito del software sarà quello di metterci in contatto con il resto della rete, ricevendo il lavoro svolto dagli altri *miner* e inviando loro il nostro, monitorare il nostro hardware (*hash rate*, temperatura, consumi ecc.) e gestire i pagamenti attraverso il nostro *e-wallet* («portamonete virtuale»). A tal fine sarà importantissimo configurare correttamente l'indirizzo del nostro portafoglio virtuale, dato che qui verranno inoltrati i pagamenti frutto della nostra attività: perdere l'accesso al *wallet* significa perdere senza possibilità di recupero tutti i nostri bitcoin.

Nella scelta del programma dovranno essere presi in considerazione questi elementi:

– Risorse impegnate dal programma: il programma dovrebbe occupare meno risorse possibili, dato che l'obiettivo è dedicare la massima percentuale della potenza di calcolo all'estrazione.

– Affidabilità del programma: in genere si tende a preferire programmi *open source* e riconosciuti come affidabili dalla comunità.

– Costo del programma: esistono numerosi validi programmi *open source* o *freeware*.

– Accesso remoto: possibilità di gestire l'hardware da remoto.

– *Multiminer support*: possibilità di gestire più dispositivi hardware attraverso un'unica interfaccia.

Una volta installato il software, dovranno essere presi in considerazione i seguenti valori:

– *Invalid Block/Stale Shares/Rejected Shares*: indica che un blocco inviato non è stato accettato; di solito questo accade perché un blocco è arrivato in ritardo ed è già stato risolto da un altro nodo; questo blocco non genererà alcun compenso e, per questa ragione, questo valore dovrebbe essere il più basso possibile.

– *HW Error*: è la percentuale di *hash* che risultano sistematicamente errati; anche questo valore dovrebbe essere inferiore al punto percentuale.

– *PoolUpTime*: indica quando la *pool* è attiva; a differenza degli altri, questo valore dovrebbe essere superiore al 99%.

– *PCUptime*: indica per quanto tempo il computer è rimasto con il programma attivo. Anche in questo caso l'obiettivo è raggiungere valori superiori al 99%.

Browser Mining

Una modalità particolarmente interessante, ma anche molto controversa, di *mining* è rappresentata dal cosiddetto *browser mining*: si tratta di integrare alcuni *script* nel codice delle pagine web di modo che, mentre l'utente visita il sito e fruisce dei contenuti, una percentuale della sua potenza di calcolo viene impiegata per minare criptovalute (generalmente Monero, ma non solo).

Diciamo subito che, in linea di massima, non c'è nulla di male nell'impiegare questo sistema per autofinanziare e sostenere il proprio sito web, purché il tutto venga fatto alla luce del sole e senza pregiudicare la possibilità del visitatore di continuare a utilizzare la propria macchina. A tal fine è necessario che l'attività venga adeguatamente pubblicizzata nel sito, mediante un *banner* o altro sistema, che informi i visitatori che non verranno effettuate richieste eccessive (al di sopra del 50% della potenza disponibile) e, soprattutto, che l'attività di *mining* cesserà non appena il visitatore abbandona il sito.

L'idea venne presentata nel maggio 2011 attraverso il sito BitcoinPlus.com e, siccome all'epoca minare bitcoin con la sola CPU (Central Processing Unit) era ancora possibile, in breve tempo il sito conobbe una rapida crescita per poi essere rapidamente sostituito dall'avvento dei dispositivi ASIC (Application Specific Integrated Circuit). Nel 2013 il progetto venne ripreso da un gruppo di studenti del MIT come forma di autofinanziamento per siti web, ma Tidbit, questo il nome del progetto, venne bloccato dalla Division of Consumer Affairs, che avviò un'indagine per accesso abusivo a sistemi informatici altrui. Ancora una volta la chiave di volta dell'intera vicenda è la chiarezza: il *browser mining* può essere legittimamente utilizzato solo con il consenso dell'utente.

Nella seconda metà del 2017 Coinhive (www.coinhive.com) ha rilasciato un proprio *script* per inserire in un sito web un *miner* Monero resuscitando, di fatto, il vecchio progetto di BitcoinPlus. Purtroppo non è mancato chi, abusando dello strumento, ha iniziato a inserirlo in pagine web senza dire nulla ai propri utenti (cosa già di per sé gravissima), arrivando a creare *script* in grado di rimanere attivi anche dopo la chiusura della pagina di origine nel browser. Lo hanno rivelato i ricercatori di Malwarebytes, spiegando come sia possibile sfruttare un *pop-under* per raggiungere lo scopo: in pratica si tratta di una finestra che si apre, ma non va in primo piano come i tradizionali *pop-up*; in questo modo, sfruttando una minima percentuale della potenza di calcolo, ci sono buone probabilità che passi inosservata.

Di seguito un'immagine che mostra l'eccessivo utilizzo della CPU da parte di una pagina web.

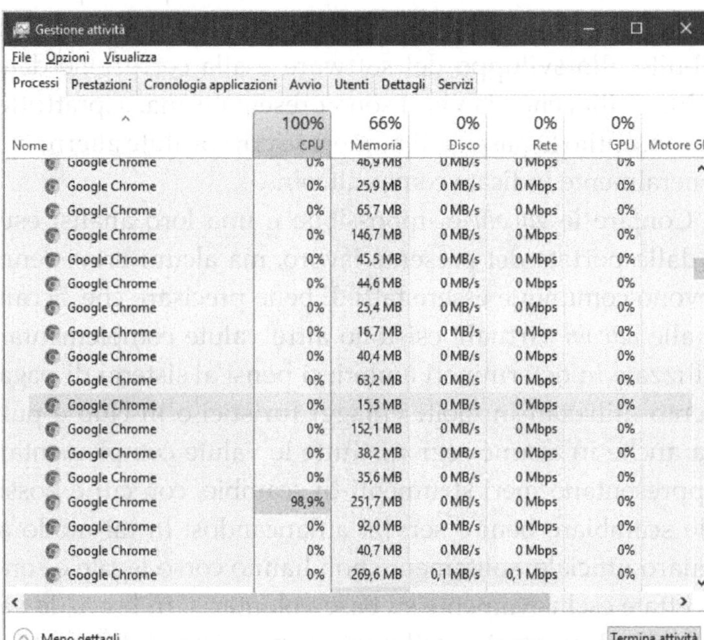

L'immagine mostra il sovraccarico della CPU causato da una pagina web che sta eseguendo un mining script

A oggi la situazione è molto fluida, anche se numerosi *browser* hanno iniziato a implementare *plugin* in grado di intercettare e bloccare le chiamate alla *pool* di Coinhive, rendendo di fatto inutile quello che ben avrebbe potuto rappresentare una valida alternativa alla pubblicità per i siti web che offrono contenuti.

3. *Altre criptovalute*

Nelle pagine precedenti abbiamo descritto il funzionamento della *blockchain* e il sistema Bitcoin, ma esistono anche altre criptovalute. La caratteristica *open source* del progetto Bitcoin ha, infatti, non soltanto permesso la partecipazione di molti sviluppatori che nel corso degli anni hanno contribuito allo sviluppo del software e alla correzione delle vulnerabilità che via via si sono presentate, ma, soprattutto, ha consentito la nascita di numerose criptovalute alternative generalmente indicate come «altcoin».

Contare le *altcoin* è impossibile e una loro analisi esula dalla portata del presente lavoro, ma alcuni brevi cenni devono comunque essere fatti. È bene precisare che, accanto alle *altcoin* virtuali, esistono altre valute complementari utilizzate in determinati ambiti: si pensi ai sistemi di pagamento utilizzati in molti villaggi turistici o in club e pub, ma anche in alcune regioni. Tutte le valute complementari rappresentano meri strumenti di scambio, con cui è possibile scambiare beni e servizi affiancandosi in tal modo al denaro ufficiale; solitamente non hanno corso legale e sono accettate esclusivamente su base volontaria. In breve, le valute complementari si collocano come «sistemi di scambio» all'interno di una comunità e vengono utilizzate a questi fini promuovendo una pianificazione a lungo termine e stimolando i partecipanti al circuito a investire in attività connesse, piuttosto che nell'accumulo, incoraggiando gli scambi e la cooperazione.

Esistono migliaia di sistemi di valuta complementare, anche se i principali sono essenzialmente riconducibili ad alcuni schemi-tipo, come ad esempio le cosiddette «banche del tempo», in cui si attribuisce alle ore-lavoro dei partecipanti un valore che questi possono spendere per acquistare determinati beni o servizi; altri sistemi funzionano come sistemi di credito reciproco mentre altri sono «garantiti» da un riferimento esterno. In Italia esistono diversi progetti attivi come Sardex, Tibex, Scec, Ecoroma, Promessa di Pisa, Palanca di Genova ed EuroSic.

Un altro sistema che si sta diffondendo a livello mondiale è lo scambio di merci in compensazione. Le imprese che aderiscono a un circuito specializzato acquistano beni o servizi, assumendo un debito che compensano successivamente con la vendita di beni e servizi propri secondo lo schema del baratto.

Valute complementari possono essere considerate anche i buoni carburante, i buoni pasto, le miglia accumulate dai viaggiatori aerei, i punti dei supermercati, quelli delle stazioni di servizio, alcuni ticket-consumazione offerti in pub o discoteche ecc. Un aspetto comune a tutte le valute alternative è rappresentato dal fatto che il loro valore è direttamente proporzionale alla loro desiderabilità e spendibilità: finché questi due valori restano elevati, il valore delle valute sale, anche rapidissimamente, come accaduto per i bitcoin, ma altrettanto rapidamente potrebbe crollare laddove questa fiducia dovesse venire a mancare.

Monero (XMR)

Monero (XMR) è una criptovaluta creata nell'aprile 2014, che si focalizza sulla privacy, la decentralizzazione e la scalabilità. Sin dalla presentazione si dimostra focalizzata proprio sulla riservatezza e non tracciabilità: «Monero è una criptovaluta sicura, riservata e non tracciabile. È open source e accessibile a tutti. Con Monero tu sei la tua banca. Solo tu controlli e sei responsabile dei tuoi fondi. Il tuo account e le tue transazioni sono mantenuti riservati da occhi indiscreti» [4].

Monero basa la propria POW sull'algoritmo CryptoNight, mentre la *blockchain* è basata sul protocollo CryptoNote, caratterizzato da differenze significative relative all'offuscamento della *blockchain*. CryptoNote, concettualmente, rappresenta un'evoluzione indirizzata alla tutela della riservatezza delle idee sottostanti a Bitcoin; la *blockchain* in cui vengono memorizzate le transazioni è, infatti, quasi anonima, dato che le valute basate su CryptoNote usano una «contabilità pubblica» distribuita in cui vengono registrati tutti i bilanciamenti e le transazioni della valuta, ma che non consente la tracciabilità tipica della *blockchain* Bitcoin. Le uniche persone ad avere accesso a tutte le informazioni sono chi invia e chi riceve il denaro. Di seguito una tabella con le principali differenze.

[4] «Monero is a secure, private, and untraceable cryptocurrency. It is open-source and accessible to all. With Monero, you are your own bank. Only you control and are responsible for your funds. Your accounts and transactions are kept private from prying eyes» (getmonero.org).

	BITCOIN	MONERO
CAP	21 milioni	18,4 mil. poi 0.6 XMR ogni 2′
Algoritmo	SHA-256	CryptoNight
Un nuovo blocco ogni	10 minuti	2 minuti
Aggiornamento difficoltà	2016 blocchi	Ogni blocco
Aggiornamento premio	Dimezzato ogni 210.000 blocchi	Riduzione progressiva
Premio iniziale	50 BTC	32 XMR
Premio al 27/12/2017	12.5 BTC	5,54 XMR
Analisi blocchi	Blockchain.info	bchain.info/LTC/
Sito web	Bitcoin.org	getmonero.org
Data creazione	3 gennaio 2009	18 aprile 2014

CryptoNote

Il progetto CryptoNote (cryptonote.org), basato su una licenza *open source*, si presenta come la criptovaluta del futuro e sostiene di rappresentare l'evoluzione *privacy oriented* del Bitcoin. Nel suo *white paper* di presentazione (Cryptonote v. 2.0) Nicolas van Saberhagen parte dall'analisi di quelle che, a suo avviso, rappresentano le principali criticità del sistema Bitcoin affermando che «riservatezza e anonimato sono gli aspetti più importanti del denaro elettronico», per poi osservare che «Bitcoin non soddisfa il requisito della non tracciabilità»[5]. La seconda critica che viene mossa al Bitcoin riguarda la POW adottata e la circostanza che, con il diffondersi delle *mining pool*, la potenza di calcolo sia sempre più concentrata nelle mani di un ristretto numero di persone, violando così il principio «one-CPU-one-vote» che dovrebbe essere alla base del sistema:

> Pertanto, Bitcoin crea le condizioni favorevoli per un ampio divario tra il potere di voto dei partecipanti sulla base del potere della CPU e questo viola il principio del «una-CPU-un-voto» poiché i proprietari di GPU e ASIC possiedono un potere di voto molto più grande rispetto ai proprietari di CPU. È un classico esempio del principio di Pareto in cui il 20 per cento dei partecipanti di un sistema controlla più dell'80 per cento dei voti.[6]

Seguono, poi, altre critiche relative alla possibilità di prevedere con precisione il momento in cui il premio verrà dimezzato e di come questo momento porti alla momentanea perdita di interesse da parte di molti *miner*: si tratta della situazione migliore per perpetrare un attacco *double spending*, dato che è più facile puntare ad avere il controllo sul 50% + 1 dei nodi. Le ultime critiche vengono mosse ai limiti tecnici del sistema, alla sua scarsa flessibilità e sca-

[5] «Privacy and anonymity are the most important aspects of electronic cash [...] Bitcoin does not satisfy the untraceability requirement».

[6] «Therefore, Bitcoin creates favourable conditions for a large gap between the voting power of participants as it violates the "one-CPU-one-vote" principle since GPU and ASIC owners posses a much larger voting power when compared with CPU owners. It is a classical example of the Pareto principle where 20 per cento of a system's participants control more than 80 per cento of the votes».

labilità, per poi passare a presentare CryptoNote, la cui principale caratteristica è indubbiamente la non tracciabilità delle transazioni. La filosofia alla base del progetto è di consentire la creazione di una criptovaluta completamente anonima, in cui tutti i nodi abbiano lo stesso «peso» indipendentemente dalla potenza di calcolo, e completamente affidata al controllo degli utenti:

> È nella nostra filosofia incoraggiare l'illuminazione attraverso innovazioni rivoluzionarie. L'emancipazione inizia con outsider che ottengono l'accesso a risorse finanziarie che daranno agli oppressi la speranza di un'istruzione di qualità, acqua potabile e una vita migliore. CryptoNote non riguarda la creazione di un'altra valuta digitale. Sono la mentalità e i concetti che rappresentano il primo piccolo passo per riguadagnare il potere su noi stessi per vivere in pace e prosperare.[7]

I punti di forza di CryptoNote sono indicati nel citato *white paper* e riassunti nel sito ufficiale del progetto[8]. Di seguito alcuni degli aspetti più rilevanti.

Ring signatures: i pagamenti non sono tracciabili. Nelle procedure ordinarie il processo di verifica richiede all'utente di utilizzare la propria coppia di chiavi, ma questa ca-

[7] «It is in our philosophy to encourage enlightenment through breakthrough innovations. Emancipation begins with laymen getting access to financial resources that will give the oppressed the hope for quality education, drinking water, and a better life. CryptoNote is not about creating yet another digital currency. It is the mindset and concepts that represent the first small step to regain the power over ourselves in order to live peacefully and prosper».

[8] Criptpnote.org - immagini tratte da https://cryptonote.org/inside.

ratteristica rende possibile individuare l'autore della transazione; nel sistema adottato da CryptoNote, invece, abbiamo un gruppo di individui, ciascuno con la propria coppia di chiavi. A questo punto, la firma viene verificata con la chiave pubblica del gruppo: in questo modo, per chi verifica sarà impossibile stabilire l'esatta identità del soggetto che ha effettuato la transazione.

L'immagine illustra la creazione della chiave pubblica di gruppo

Le chiavi pubbliche di Alice, Bob e Carol sono racchiuse nella chiave pubblica del gruppo: in questo modo Romulus, destinatario della transazione, non sarà in grado di sapere chi, tra i tre soggetti indicati, l'ha effettuata:

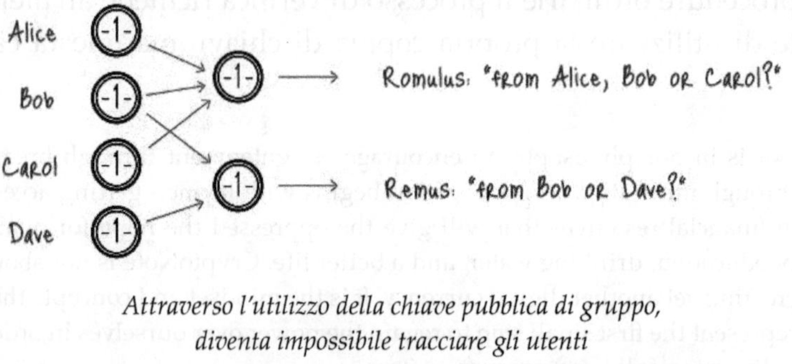

Attraverso l'utilizzo della chiave pubblica di gruppo, diventa impossibile tracciare gli utenti

One-time keys: impossibilità di collegare le transazioni tra di loro. Di solito, quando un utente pubblica il suo indirizzo pubblico, chiunque può verificare tutti i movimenti legati a quello specifico indirizzo.

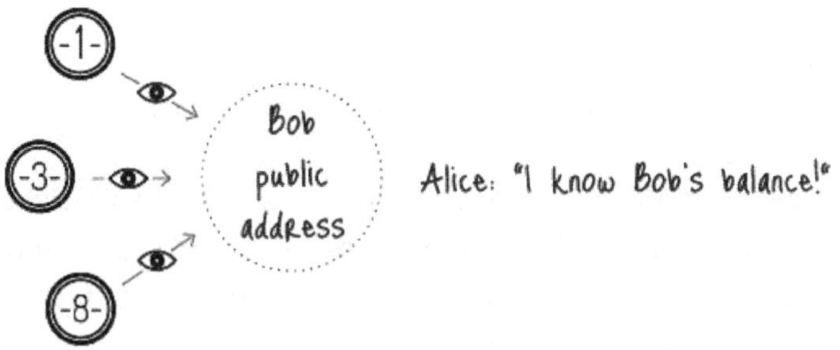

L'immagine illustra la creazione della chiave pubblica di gruppo

Per evitare questo rischio è possibile creare un numero infinito di chiavi differenti, ma questo sistema priva l'utente del vantaggio di avere un unico indirizzo pubblico. Per ovviare a questo inconveniente, CryptoNote crea automaticamente delle chiavi pubbliche usa e getta, derivandole dall'indirizzo pubblico del destinatario e da un insieme randomico di dati: in questo modo il mittente genererà l'indirizzo a cui spedire la somma partendo dalla chiave pubblica del destinatario e aggiungendo alcuni dati casuali in modo da realizzare la chiave usa e getta. L'impiego di dati casuali consentirà di avere una chiave unica anche in caso di più pagamenti da parte della stessa persona. Una volta inviato il pagamento, il destinatario potrà incassarlo utilizzando la propria chiave privata, ma nessun altro sarà in grado di associare il pagamento a lui.

L'immagine illustra il funzionamento dell'indirizzo usa e getta

Questo sistema rende anche molto più difficile analizzare la *blockchain* per tracciare i movimenti di denaro, garantendo così un certo grado di resistenza nei confronti di tecniche finalizzate alla *blockchain analysis*.

Double spending proof: il sistema è protetto dai doppi pagamenti grazie a una versione modificata del *Traceable ring signature*, in cui la tracciabilità è sostituita dal collegamento tra l'identità dell'utente e uno specifico *marker* creato attraverso una funzione non invertibile.

Scalabilità e POW: Cryptonight, l'algoritmo *proof-of-work* utilizzato da Monero, cerca di rendere la gara tra GPU, CPU e ASIC più equa possibile: anche coloro che hanno un'incredibile potenza di calcolo ed efficienza non potranno assumere il controllo del mercato così facilmente come accade con Bitcoin. L'idea è quella di evitare la centralizzazione dei *miner* e impedire che alcuni gruppi di persone dominino il mercato grazie ai loro *hash rate*.

Pian piano Monero sta diventando una valuta sempre più importante nel mercato online, potenzialmente sulla strada della popolarità dei bitcoin.

Un'altra caratteristica di Monero è l'assenza di un limite definito, il che significa che non ha una limitazione di blocchi da 1 MB che impediscono la scalabilità come i bitcoin; è quindi ipotizzabile che continuerà a crescere fino a incontrare i limiti delle macchine su cui verrà fatto girare.

Fornendo un elevato livello di privacy, Monero offre, inoltre, alti livelli di fungibilità: ogni singola unità di valuta può essere sostituita da un'altra, dato che non sarà possibile differenziare una moneta da un'altra. A novembre 2019 il sito ufficiale di Monero è stato compromesso e l'attaccante è riuscito a caricare una versione compromessa del *wallet* di Monero in grado di rubare le monete.

Warning: The binaries of the CLI wallet were compromised for a short time

Posted by: ErCiccione
November 19, 2019

Yesterday a GitHub issue about mismatching hashes coming from this website was opened. A quick investigation found that the binaries of the CLI wallet had been compromised and a malicious version was being served. The problem was immediately fixed, which means the compromised files were online for a very short amount of time. The binaries are now served from another, safe, source. See the reddit post by core team member binaryfate.

It's strongly recommended to anyone who downloaded the CLI wallet from this website between Monday 18th 2:30 AM UTC and 4:30 PM UTC, to check the hashes of their binaries. If they don't match the official ones, delete the files and download them again. **Do not run the compromised binaries for any reason**.

L'immagine illustra l'avviso di una criticità riscontrata nel wallet di Monero

Monero e darknet

Grazie alla sua vocazione *privacy friendly,* Monero sta rapidamente diventando la moneta preferita nelle *dark net,* tanto da suscitare l'interesse di FBI, Interpol ed Europol. Quest'ultima, in particolare, nel Rapporto IOCTA 2017 ha osservato: «Sebbene Bitcoin rimanga un facilitatore chiave per il crimine informatico, altre criptovalute come Monero, Ethereum e Zcash stanno guadagnando popolarità anche nel sottosuolo digitale»[9].

Tutto ha avuto inizio allorché, ad agosto del 2016, Oasis e AlphaBay, due dei principali *dark market,* hanno annunciato di aver integrato Monero come sistema di pagamento, ma di questo parleremo più diffusamente nel capitolo dedicato agli utilizzi illeciti delle criptovalute.

Ripple (XRP)

Ripple, universalmente riconosciuto come uno dei principali concorrenti di Bitcoin, è un sistema di trasferimento di fondi in tempo reale che permette la spedizione di denaro grazie a un servizio garantito dall'omonima società ed è basato su un protocollo *open source.*

Come accade per Bitcoin, con lo stesso nome identifichiamo la rete, la criptovaluta (XRP) e il protocollo che gestisce la rete (Ripple Transaction Protocol, RTXP); quest'ultimo nasce nel 2012 con lo scopo di rendere possibili transazioni finanziarie a bassissimo costo e con il massimo livello di sicurezza a livello globale, indipendentemente dagli importi. Nella presentazione del progetto è possibile leggere:

[9] «While Bitcoin remains a key facilitator for cybercrime, other cryptocurrencies such as Monero, Ethereum and Zcash are also gaining popularity within the digital underground» (vedi https://www.europol.europa.eu/iocta/2017/index.html).

> In un mondo in cui tre miliardi di persone sono connesse online, le auto si guidano da sole e gli elettrodomestici possono comunicare, i pagamenti globali sono ancora bloccati nell'era della disco [anni '70, *N.d.T.*]. Perché? L'infrastruttura di pagamento è stata costruita prima di Internet con pochi aggiornamenti. Ripple collega banche, fornitori di servizi di pagamento, Borse digitali e società tramite RippleNet in modo da offrire un'esperienza senza intoppi per inviare denaro a livello globale.[10]

Il protocollo RTXP nasce, quindi, come una soluzione al fatto che «sending money isn't as easy as sending an email» e si propone come un'alternativa a bassissimo costo all'attuale sistema, diventando per il trasferimento di fondi quello che l'http è per il web e l'SMTP per la posta elettronica: utilizzando questi protocolli, due sistemi possono comunicare liberamente, indipendentemente dalla loro collocazione geografica e dalle infrastrutture utilizzate.

In breve, oggi i sistemi di pagamento, basati su banche di corrispondenza e protocolli come lo Swift, funzionano bene in singoli territori – Usa, Europa, Cina –, ma non sono interoperabili, tanto che un bonifico transatlantico impiega giorni per arrivare e le banche spendono oltre 1600 miliardi di dollari l'anno per trasferire denaro. Il protocollo RTXP si propone di porre fine a questa situazione consentendo a ogni banca di comunicare e trasferire fondi a ogni altra

[10] «In a world where three billion people are connected online, cars drive themselves and appliances can communicate, global payments are still stuck in the disco era. Why? The payment infrastructure was built before the Internet with few updates. Ripple connects banks, payment providers, digital asset exchanges and corporates via RippleNet to provide one frictionless experience to send money globally».

banca attraverso un sistema p2p che consenta di scambiare valori in tempo reale e con un costo marginale prossimo allo zero, senza bisogno di depositi e di un corrispondente nei vari Paesi.

In un'intervista, rilasciata a «la Repubblica» nell'ottobre 2016, Chris Larsen (AD di Ripple) ha spiegato:

> Oggi abbiamo l'Internet delle informazioni. Noi vogliamo costruire l'Internet del valore. Una mail impiega frazioni di secondo per arrivare negli Stati Uniti, un bonifico cinque giorni. La colpa è della serie di intermediari che stanno in mezzo tra chi spedisce e chi riceve denaro. Quegli intermediari, dalle banche corrispondenti alle società di settlement, possono essere aggirati con la blockchain. O meglio: con un sistema finanziario distribuito.

Unicredit, Royal Bank of Canada, Santander e Standard Chartered hanno dimostrato un grandissimo interesse per questo progetto, intervenendo anche in qualità di finanziatori insieme a Google, tanto che la RTXP si può oggi considerare un diretto concorrente dell'attuale sistema di interscambio bancario Swift. Ripple offre poi anche un nuovo approccio alla compensazione finanziaria (*clearing*), che è quel meccanismo che garantisce alle banche di chiudere la giornata in equilibrio tra dare e avere nella moltitudine delle transazioni reciproche gestite.

Verso l'internet dei pagamenti...

Vediamo ora le caratteristiche salienti del protocollo RTXP e il funzionamento di Ripple.

Immaginiamo che Bob (negli Stati Uniti) voglia inviare ad Alice (che si trova in Italia) 100 dollari. Scarta immediatamente l'ipotesi del bonifico internazionale: tempi e costi sono eccessivi in relazione alla somma in questione; basti considerare che, secondo il blog di Ripple: «Negli Stati Uniti, un tipico pagamento internazionale richiede 3-5 giorni per essere saldato, ha un tasso di errore intorno al 5 per cento e un costo medio di 42 dollari. In tutto il mondo, ogni anno vengono effettuati pagamenti transfrontalieri per 180 trilioni di dollari, con un costo combinato di oltre 1,7 trilioni di dollari all'anno».[11]

Bob decide, quindi, di ricorrere a Ripple: i 100 dollari vengono convertiti, direttamente dalla banca di Bob, in ripple e spostati, in questa forma, presso la banca di Alice che, a sua volta, si occuperà di convertire la somma in euro per poi accreditarli sul conto di Alice. In questo modo, è possibile effettuare un trasferimento rapido (si parla di 2-5 secondi) ed economico; ovviamente sono stati implementati dei sistemi di controllo in grado di soddisfare le rigidissime *policy* antiriciclaggio degli Stati Uniti. Questi ultimi hanno, infatti, una severa normativa che impone alle banche di verificare l'identità dei propri *client* (cosiddette *know-your-customer*, KYC, *policies*), soprattutto quando i trasferimenti di denaro sono indirizzati oltreoceano: nessuno vuole permettere pagamenti istantanei a organizzazioni terroristiche!

[11] «In the US, a typical international payment takes 3-5 days to settle, has an error rate of at least 5 per cento and an average cost of $42. Worldwide, there are $180 trillion worth of cross-border payments made every year, with a combined cost of more than $1.7 trillion a year».

Proprio per tale ragione, Ripple è in grado di individuare e segnalare in tempo reale eventuali operazioni sospette. Come i bitcoin, anche i ripple sono in quantità finita, ma i ripple sono già stati creati tutti: la società Ripple ha creato 100 miliardi di XRP, ma ne ha messa sul mercato soltanto una porzione (38 miliardi a dicembre 2017), i rimanenti verranno in parte rilasciati in maniera controllata per evitare fenomeni inflazionistici e in parte trattenuti presso la società per finanziare ricerca e sviluppo del sistema.

Transazioni e commissioni: neutral fees

Ogni transazione effettuata in Ripple comporta il pagamento di una commissione, ma essendo RTXP un protocollo p2p e decentralizzato, nessuno può richiedere e incassare un compenso per l'utilizzo del sistema.

Le regole del registro XRP, tuttavia, prevedono alcuni tipi di commissioni, come garanzia contro gli abusi del servizio: questi pagamenti, identificati come *neutral fee*, non vengono corrisposti a nessuno, ma vengono distrutti a ogni transazione, in modo da rendere eccessivamente costose attività di spam ed eventuali attacchi Denial of Service; per tale ragione, il sistema è progettato per aumentare il costo di queste commissioni all'aumentare del carico della rete. Attualmente l'importo minimo richiesto per ogni transazione è pari a 0,00001 XRP (10 drops), ma può essere aumentato in presenza di un carico della rete superiore alla media. Oltre a ciò, il registro XRP richiede la presenza di una riserva, in XRP, per proteggere il registro generale da una crescita eccessiva dovuta a spam o ad altri impieghi fraudolenti. L'obiettivo è quello di contenere le dimensioni del registro, in modo da consentire una gestione agevole su macchine standard. Attualmente la riserva minima ammonta a 20 XRP per un indirizzo senza alcun altro oggetto nel registro.

A questo proposito è necessario chiarire che nel registro XRP ogni account viene identificato da un indirizzo in base58. L'indirizzo viene ricavato dalla chiave pubblica dell'account, a sua volta derivante dalla chiave privata. Ogni indirizzo è rappresentato come una stringa in JSON (JavaScript Object Notation) e ha le seguenti caratteristiche:
- tra i 25 e i 35 caratteri;
- inizia con il carattere «r»;
- utilizza caratteri alfanumerici escludendo il numero 0 e le lettere maiuscole «O», «I» e la lettera minuscola «l»;
- è *case-sensitive*;
- include un 4 byte checksum così che la probabilità di generare un indirizzo valido partendo da caratteri casuali sia all'incirca 1 su 2^{32}.

Un indirizzo valido diventa un account valido ricevendo un pagamento in XRP e rimane valido finché il suo saldo in XRP è pari o superiore alla riserva. La riserva è distinta in *base reserve*, che indica l'ammontare minimo di XRP per ogni indirizzo, e *owner reserve*. Quest'ultima aumenta per ogni oggetto che l'indirizzo possiede nel registro e attualmente ammonta a 5 XRP per ogni oggetto rilevante. Con il termine «oggetto rilevante» si indicano particolari attività che vanno a «pesare» sulla riserva dell'indirizzo; quando un oggetto viene rimosso dal registro, smette di «pesare» sulla riserva.

Alcuni degli oggetti rilevanti sono i seguenti:
- *Offers*: le offerte appartengono all'indirizzo che le ha collocate e il processo di transazione le rimuove automaticamente quando sono completamente risolte o risultano essere prive di fondi. Il titolare può cancellare l'offerta inviando un comando «OfferCancel» oppure un comando «OfferCreate» che contenga un parametro «OfferSequence».

– *Trust lines*: sono condivise tra due indirizzi e la riserva può essere applicata a uno soltanto oppure a entrambi gli indirizzi.
– *Held Payments (Escrow)*: pesano sulla riserva dell'indirizzo che li ha posti in essere.

Per approfondire si rimanda alle pagine ufficiali di Ripple: http://ripple.com/build/fees-disambiguation/, http://ripple.com/build/reserves/.

... segue: Optional fees

Inoltre, Ripple consente agli istituti finanziari di inserire delle proprie commissioni per ogni transazione, in questo caso il mittente si vedrà addebitata una maggiorazione pari alla commissione e il relativo importo verrà accreditato a favore dell'indirizzo dell'istituto. In alternativa è sempre possibile che gli intermediari possano ideare altri sistemi per ottenere un compenso per la propria attività.

Gli analisti concordando nel ritenere che il sistema Ripple abbia un valore più per il protocollo con il quale gestisce le transazioni che per la valuta in sé, dato che quest'ultima ha il solo scopo di fungere da mezzo comune di scambio piuttosto che da mezzo di investimento: in breve l'idea alla base del sistema è che la banca XY, collocata in Giamaica, dovendo trasferire 100 dollari giamaicani in Angola, preferirà avere a disposizione un proprio fondo in ripple e utilizzarlo per trasferire direttamente l'importo alla banca destinataria piuttosto che passare attraverso diversi intermediari e acquistare il corrispettivo in kwanza angolani.

Ethereum: verso gli smart contract

Un'altcoin particolare è Ethereum; si tratta di una piattaforma decentralizzata, orientata alla creazione e pubblicazione *peer-to-peer* di contratti intelligenti (i cosiddetti *smart contract*, sul punto si veda più sotto): proprio quest'ultimo aspetto caratterizza Ethereum rispetto a Bitcoin.

In breve, quello che Ethereum intende garantire è una *blockchain* che integri un linguaggio di programmazione di Turing completo, costruito al suo interno; questo linguaggio potrà essere usato per creare «contratti» e per codificare le funzioni arbitrarie di transizione, permettendo agli utenti di implementare uno specifico utilizzo della piattaforma semplicemente scrivendone la logica di funzionamento in poche righe di codice[12].

Per poter girare sulla rete *peer-to-peer*, i contratti di Ethereum «pagano» l'utilizzo della sua potenza computazionale tramite un'unità di conto, detta «ether», che funge quindi sia da criptovaluta sia da carburante. In altri termini, contrariamente a molte altre criptovalute, l'obiettivo di Ethereum non è quello di costituire un *network* per lo scambio di valore monetario, ma quello di creare un protocollo alternativo per la costruzione di applicazioni decentralizzate, fornendo un insieme eterogeneo di regole che potranno essere adattate per realizzare una larga classe di applicazioni.

Tutto questo viene garantito dalla costruzione di una *blockchain* con un linguaggio di programmazione al suo interno; in questo modo, ognuno può scrivere e realizzare *smart contract* e applicazioni decentralizzate in cui impostare proprie regole arbitrarie in grado di gestire la proprietà, i formati delle transazioni e le funzioni di transizione di stato.

[12] Cfr. Leonardo Maria Pedretti, *Ethereum: Libro Bianco - White Paper* (Traduzione), http://ethereumbuilders.gitbooks.io.

Ethereum nasce, infatti, con lo scopo di creare un protocollo in grado di superare i limiti di Bitcoin, in modo da poter essere la base per una larga classe di applicazioni decentralizzate, in particolare in quelle situazioni in cui è importante un rapido tempo di sviluppo, la sicurezza per applicazioni raramente utilizzate e la capacità da parte di differenti applicazioni di interagire molto efficacemente.

Per ottenere questo risultato Vitalik Buterin, il fondatore di Ethereum, ha pensato di sviluppare una *blockchain* con un linguaggio di programmazione *Turing-complete* costruito al suo interno e in grado di garantire a chiunque la redazione di *smart contract* e di ogni genere di applicazioni decentralizzate. Senza voler qui eseguire una dettagliata analisi del protocollo Ethereum, possiamo limitarci a osservare che in Ethereum lo stato è costituito da oggetti chiamati *accounts,* in cui ogni account ha un indirizzo di 20 byte e le transizioni di stato sono trasferimenti diretti del valore e dell'informazione tra gli accounts.

Un tipico account Ethereum contiene quattro campi:
– il *nonce,* utilizzato per assicurarsi che ogni transazione possa essere elaborata una sola volta;
– il conto corrente dell'account *ether balance;*
– il codice contratto dell'account, se presente, *contract code;*
– lo storage dell'account (vuoto di default), *storage.*

La criptovaluta ether rappresenta il carburante interno di Ethereum, e viene utilizzata per pagare le commissioni di transazione. Gli account possono essere di due tipi:
– account esterni (*externally owned account*): sono controllati da chiavi private, non contengono codice e possono essere utilizzati per inviare messaggi creando e firmando una transazione;
– account contratto (*contract account*): controllati dal loro codice di contratto di modo che, ogni volta che questo riceve

un messaggio, il suo codice si attiva, permettendogli di leggere e scrivere verso uno *storage* interno, spedire altri messaggi o creare ulteriori contratti.

Si noti che quando parliamo di «contratti» in Ethereum non dobbiamo pensare a semplici moduli o formulari da riempire, ma piuttosto ad «agenti autonomi», che vivono all'interno dell'ambiente di esecuzione di Ethereum, in grado di reagire automaticamente a determinati «input» (*poke*) e che hanno un controllo diretto sul proprio bilancio di ether e sulla propria chiave/valore di *store*. Il termine «transazione» (*transaction*) viene utilizzato per riferirsi al pacchetto di dati che rappresenta un messaggio da inviare da un account esterno e questi dati sono:

– destinatario del messaggio;
– la firma che identifica il mittente;
– l'ammontare di ether da trasferire al destinatario;
– un campo dati opzionale;
– un valore «startgas», che rappresenta il massimo numero di passaggi computazionali che l'esecuzione della transazione può impiegare;
– un valore «gasprice», che rappresenta la commissione che il mittente paga per il passaggio *step* computazionale.

Mentre i primi tre campi rappresentano uno standard presente in qualsiasi criptovaluta, gli altri tre hanno delle funzioni particolari. Gli ultimi (startgas e gasprice) sono cruciali per il buon funzionamento della rete, in quanto finalizzati a prevenire *loop*, accidentali o ostili, infiniti o altri sprechi di risorse.

L'unità base è il «gas» e, di solito uno *step* computazionale costa 1 gas, ma ci sono casi in cui i costi sono maggiori, in quanto si tratta di operazioni computazionalmente più complesse. È poi presente una commissione proporzionata ai byte contenuti nei dati della transazione, in modo da costringere un eventuale aggressore a pagare in maniera proporzionale alle risorse consumate.

Il campo dati, invece, può essere utilizzato dalla macchina virtuale nell'ambito dell'esecuzione di un contratto. Ad esempio, immaginiamo un servizio di registrazione di dominio basato sulla *blockchain*, la macchina avrà bisogno di interpretare i dati inseriti in questo campo come appartenenti a due campi: il dominio da registrare e l'indirizzo IP da registrare. I contratti hanno la capacità di inviare «messaggi» ad altri contratti: si tratta di oggetti virtuali, che esistono solo nell'ambiente di esecuzione di Ethereum e contengono:

- il mittente del messaggio (implicito);
- il destinatario del messaggio;
- l'ammontare di ether da inviare attraverso il messaggio;
- un campo dati opzionale;
- un valore startgas.

Di fatto un messaggio è come una transazione, a eccezione del fatto che viene prodotto da un contratto e non da un attore esterno. Un messaggio viene prodotto quando un contratto effettua una operazione «call» e, come una transazione, ogni messaggio fa sì che l'account del destinatario esegua il proprio codice; ne consegue che i contratti possono avere relazioni con altri contratti esattamente come avviene per gli attori esterni.

Il codice dei contratti[13]

Senza voler scendere troppo nel dettaglio, ci basti qui osservare che il codice utilizzato nei contratti Ethereum è

[13] Fonti: Gavin Wood, *Ethereum: a Secure Decentralised Generalised Transaction Ledger, EIP-150 REVISION (87ed994 - 2018-01-17);* Vitalik Buterin, *Ethereum: A Next-Generation Smart Contract and Decentralized Application Platform.*

scritto in un linguaggio di basso livello, *stack-based*, bytecode (il codice consiste in una serie di byte, dove ogni byte rappresenta un'operazione) denominato Ethereum Virtual Machine code o EVM code.

L'Ethereum Virtual Machine rappresenta l'innovazione principale del progetto Ethereum: si tratta di una macchina virtuale ideata per essere eseguita da tutti i partecipanti a una rete *peer-to-peer* e in grado di leggere e scrivere su una *blockchain* sia codice eseguibile che dati, verificare firme digitali, eseguire delle istruzioni quando riceve un messaggio verificato da una firma digitale e quando l'informazione contenuta nella blockchain le dirà che è appropriato farlo. Le applicazioni del codice possono essere ricondotte a tre grandi categorie:

- le applicazioni finanziarie, che forniscono agli utenti numerosi modi di gestire contratti di vario genere tra cui le sub-monete, i derivati finanziari, i libretti di risparmio, i testamenti ecc.;
- le applicazioni semi-finanziarie, dove è coinvolto non solo il denaro, ma, in maniera rilevante, anche aspetti non strettamente monetari come, ad esempio, accade nell'auto-assegnazione di premi per le soluzioni di problemi computazionali;
- le applicazioni non finanziarie come quelle finalizzate a gestire il voto online, il governo decentralizzato eccetera.

In conclusione, Ethereum è stato originariamente concepito per fornire caratteristiche avanzate attraverso un linguaggio di programmazione completo; si tratta dunque di molto di più di una valuta: la sua implementazione è virtualmente ipotizzabile in ogni ambito di applicazione.

I fork

Alcune tra le altre criptovalute oggi in circolazione sono, di fatto, dei *fork* della *blockchain* originale Bitcoin. In programmazione, con il termine *fork* si indica lo sviluppo di un nuovo progetto software che parte dal codice sorgente di un altro già esistente a opera di un programmatore.

Spesso il *fork* è dovuto a conflitti personali o diversità di vedute tra gli sviluppatori di un medesimo progetto che, a un certo punto, decidono di separare le proprie strade e di procedere autonomamente; in genere, quando si verifica un *fork,* entrambe le parti iniziano a lavorare partendo dalla medesima base di codice e il gruppo più numeroso, o quello che rappresenta il nucleo originario o che detiene i diritti, mantiene il nome e la comunità virtuale a esso legato, mentre l'altro è costretto a cambiare nome.

In merito al processo di *fork, The Jargon File* (considerato la «Bibbia degli hacker») si esprime così:

> Nella comunità *open source,* si definisce un fork quello che succede quando una (o più) versioni del codice sorgente di un pacchetto software sono sviluppate in parallelo, dapprima condividendo una base di codice identica, ma poi sviluppandosi in direzioni inconciliabili tra di loro. Non bisogna confondere questa situazione con un development branch [con questo termine, traducibile come «ramo di sviluppo o albero di sviluppo» indichiamo una versione in fase di sviluppo e che non è ancora stata rilasciata ufficialmente e che potrebbe anche essere sviluppata in parallelo con altre versioni] dato che in questo caso è anche possibile che le due versioni vengano poi fuse insieme. Non deve nemmeno essere scambiato con quello che succede quando viene creata una nuova distribuzione, poiché generalmente in questa situazione possono essere utilizzati pezzi che possono essere usati senza conflitti anche in altre distribuzioni.
>
> Il forking non è comune; infatti, è così raro che le singole situazioni sono ben conosciute nel folklore hacker. Da notare in questa categoria ci sono il fork Emacs/XEmacs, il fork GCC/

EGCS (poi risolto da una fusione) e i fork tra i sistemi operativi FreeBSD, NetBSD e OpenBSD.[14]

Nel network *blockchain* i *fork* vengono spesso attuati con lo scopo di migliorare le performance della *blockchain* stessa e la gestione del protocollo, a tal fine si dividono in *soft fork* e *hard fork*.

Soft fork e hard fork

Con il termine *soft fork* si indica una scissione che si attua dando vita a una versione aggiornata del protocollo *blockchain* compatibile con le versioni precedenti. Il *soft fork* mette in atto un cambiamento reversibile che consente la partecipazione alla *blockchain* anche per tutti quei nodi che, per varie ragioni, decidono di non effettuare l'aggiornamento.

Con *hard fork*, invece, si indica un cambiamento irreversibile e, proprio per tale ragione, si distingue tra *fork* pianificati, *planned*, o frutto di una scissione, *contentious*. Nel primo caso (*hard fork planned*) non si tratta di un vero e proprio

[14] «In the open-source community, a fork is what occurs when two (or more) versions of a software package's source code are being developed in parallel which once shared a common code base, and these multiple versions of the source code have irreconcilable differences between them. This should not be confused with a development branch, which may later be folded back into the original source code base. Nor should it be confused with what happens when a new distribution of Linux or some other distribution is created, because that largely assembles pieces than can and will be used in other distributions without conflict.
Forking is uncommon; in fact, it is so uncommon that individual instances loom large in hacker folklore. Notable in this class were the Emacs/XEmacs fork, the GCC/EGCS fork (later healed by a merger) and the forks among the FreeBSD, NetBSD, and OpenBSD operating systems» The on-line Jargon File, v.4.4.7, gennaio 2018.

fork quanto di un aggiornamento non retrocompatibile del protocollo; il cambiamento, infatti, viene pianificato e il passaggio è approvato dai partecipanti alla *community*; non si ha quindi uno sdoppiamento della *blockchain* come, invece, accade nel caso di *hard fork contentious.*

In quest'ultimo caso si arriva, infatti, a una scissione della *blockchain* e, tipicamente, alla creazione di una nuova criptovaluta: alla comunità viene chiesto di schierarsi, scegliendo una delle due parti nella consapevolezza che, una volta fatta la propria scelta, non sarà possibile tornare indietro.

Fork, perché?

Le ragioni che possono portare a un *hard fork,* oltre a eventuali insanabili dissidi interni alla comunità degli sviluppatori, sono molteplici, ma possono essere sintetizzate in due grosse fattispecie di base:

– Garantire un maggior equilibrio della *blockchain* attraverso modifiche che, a livello di protocollo, permettano di ridurre l'impatto della capacità di calcolo nella risoluzione della *proof-of-work,* ovvero introducendo meccanismi in grado di disincentivare un'eccessiva concentrazione dei *miner.*

– Migliorare performance e scalabilità della *blockchain,* rendendo possibile processare un maggior numero di transazioni in tempi più brevi, ad esempio attraverso interventi volti a ridurre la difficoltà o ad aumentare le dimensioni dei blocchi.

9

Criptovalute e sicurezza

Un aspetto molto importante in tema di criptovalute è quello legato alla loro sicurezza; per loro stessa natura, infatti, l'utilizzo delle criptovalute presenta delle peculiarità e degli specifici rischi nelle varie fasi della loro gestione:
- acquisto;
- conservazione;
- trasferimento.

Nelle prossime pagine, cercherò di fornire una guida utile per tentare di evitare i principali rischi legati alle truffe a cui sono esposti gli utenti meno esperti che decidono di acquistare criptovalute e di utilizzarle. Per comodità espositiva, faremo riferimento essenzialmente a Bitcoin, salvo specificare, di volta in volta, eventuali peculiarità legate ad altre criptovalute.

1. *L'acquisto*

La domanda più frequente che si legge nei forum dedicati alle criptovalute è quella relativa alle modalità di acquisto.

Tralasciando qui il *mining*, in merito al quale si rimanda a quanto detto sopra, due sono le principali modalità di acquisto per una criptovaluta: acquistandola direttamente oppure in cambio di beni o servizi. Per quest'ultima modalità si rimanda al paragrafo relativo al trasferimento (p. 284). Resta quindi da affrontare la problematica legata all'acquisto. Questo può avvenire con differenti modalità, tra cui una delle più diffuse è quella di ricorrere a un servizio di cambiavalute (*exchange service*).

Questi servizi, che possono essere fisici oppure online, svolgono la medesima attività dei cambiavalute tradizionali: accettano valuta fiat e in cambio trasferiscono all'utente criptovaluta.

Exchange online

Si tratta, forse, del sistema più diffuso. In rete esistono differenti servizi, più o meno simili tra loro, ma è bene chiarire fin da subito che non tutti assicurano la medesima affidabilità. Ricordiamo, infatti, che non esiste alcun registro pubblico o ufficiale dei cambiavalute e che, a oggi, chiunque potrebbe offrirsi come intermediario per l'acquisto di bitcoin o altre criptovalute. Prima di procedere all'acquisto è quindi opportuno verificare, nei forum o nei gruppi di discussione, il *rating* del servizio che si intende utilizzare, al fine di ridurre il rischio di incappare in truffatori che, una volta ricevuto il denaro, spariscono senza inviare le criptovalute.

Un buon punto di partenza è rappresentato dal gruppo Bitcoin-Italia, al cui interno sono presenti varie discussioni in merito alle principali problematiche legate ai differenti exchange (http://www.facebook.com/groups/bitcoinitalia/).

A oggi i più famosi e importanti *exchange* online sono Bitstamp, The Rock Trading, Coinbase. In tutti questi servizi, per effettuare l'acquisto di bitcoin è necessario iscriversi attraverso una pagina di registrazione e inviare una copia dei propri documenti (dalle varie discussioni emerge che il documento che garantisce il miglior tempo di risposta è il passaporto) che verranno, poi, verificati dal sito stesso.

Prima di procedere alla registrazione è opportuno verificare tutti i costi del servizio (soprattutto per quanto riguarda il mantenimento dell'account, la presenza di commissioni di acquisito/vendita/trasferimento o altri costi), dato che queste voci possono variare notevolmente da un servizio a un altro.

Un altro aspetto da valutare è il costo di vendita/acquisto delle criptovalute: servizi differenti hanno spesso prezzi differenti anche di alcuni punti percentuale, come ben sanno gli utenti più esperti. La questione è stata affrontata nel dicembre 2017 dal quotidiano «Il Sole 24 Ore» che, nell'articolo *Bitcoin: piattaforma che vai prezzo che trovi*, ha analizzato le differenze di prezzo tra le varie piattaforme partendo dal presupposto che, a differenza di quanto accade per le valute fiat, non esiste un prezzo universalmente riconosciuto: in alcuni casi si sono osservate oscillazioni superiori ai 2000 dollari tra una piattaforma e l'altra!

Una volta effettuata la procedura iniziale di iscrizione, l'utente ha la possibilità di scegliere uno dei differenti metodi di pagamento disponibili (che possono variare in base al sito scelto, anche se generalmente vengono accettati i bonifici bancari, PayPal, Postepay o la carta di credito). Scelto il metodo di pagamento, è possibile procedere all'acquisto delle monete virtuali, ma non sempre l'operazione è immediata. Anche in questo caso è opportuno leggere con attenzione il regolamento del servizio scelto, in modo da sapere se è il caso di preoccuparsi oppure no.

Exchange fisici

L'alternativa è quella di rivolgersi a un soggetto, fisicamente presente, che svolga il ruolo di venditore. Questi potrebbe essere una persona che intende vendere i propri bitcoin o un intermediario che svolge abitualmente questa attività: in entrambi i casi il rischio è inversamente proporzionale alla sua affidabilità.

A questo scopo esistono *community*, come Localbitcoin, che agevolano i passaggi di bitcoin tra utenti privati e in cui è possibile lasciare un *feedback*, utile a garantire l'affidabilità di un *trader*. In tal caso a far variare il prezzo dei bitcoin saranno tanto l'affidabilità del venditore quanto il metodo di pagamento scelto.

Come sempre, in queste circostanze valgono le regole delle transazioni di persona attuate però tra perfetti sconosciuti: quindi è meglio essere prudenti, perché presentarsi a un appuntamento in un luogo isolato con una valigetta di euro da cambiare in bitcoin potrebbe non essere la migliore delle idee.

A tal proposito si rivela interessante l'iniziativa di un imprenditore italiano che ha aperto, a Rovereto, in provincia di Trento, il primo negozio in cui è possibile comperare bitcoin e articoli legati a questa criptovaluta. L'obiettivo è quello di diventare un vero e proprio cambiavalute, dove chiunque potrà acquistare bitcoin a norma di legge; a questo proposito Marco Amadori, CEO di inbitcoin, tra i promotori dell'iniziativa, ha affermato la propria volontà di adeguarsi alle normative più severe in tema di cambiavalute: in pratica per acquistare più di 50 euro di bitcoin ci si dovrà registrare con un documento valido, ed è previsto un limite all'approvvigionamento di card da parte di una singola persona.

ATM

Un altro modo per acquistare bitcoin è rappresentato dagli ATM: si tratta di apparecchi simili agli sportelli bancomat in cui è possibile inserire denaro (o la carta di credito) e che inviano bitcoin al nostro *wallet* (con o senza registrazione, dipende dal Paese e dal modello di ATM). Sebbene essi siano abbastanza diffusi all'estero, in Italia ce ne sono però meno di venti, alcuni dei quali non funzionanti, collocati soprattutto al Nord (una mappa aggiornata è disponibile su coinatmradar.com). Il vantaggio degli ATM è l'immediatezza mentre i prezzi, commissioni incluse, sono mediamente più alti degli *exchange*.

In contanti: Bitboat

Last but not least, esiste un servizio italiano, con sede a Londra, che consente di acquistare i bitcoin in contanti, senza alcun incontro tra acquirente e venditore, attraverso la piattaforma che Bitboat mette loro a disposizione.

Sulla piattaforma di scambio Bitboat è possibile acquistare tutte le principali criptovalute in circolazione senza alcun tipo di registrazione. È sufficiente andare alla pagina di acquisto, riempire il relativo modulo, confermare l'ordine attraverso una mail e recarsi in una ricevitoria convenzionata per pagare l'importo preciso entro la scadenza dell'ordine.

2. La conservazione

Per acquistare una criptovaluta è necessario avere a disposizione un portafoglio elettronico, il cosiddetto *wallet*, in cui custodirla e attraverso cui operare. Il portafoglio è l'interfaccia personale dell'utente sulla rete della criptovaluta scelta, come se si trattasse di un conto corrente, anche se, in realtà, esso contiene password, codici segreti e stringhe di numeri che consentono all'utente di eseguire operazioni sulla propria criptovaluta.

La conservazione della criptovaluta rappresenta uno dei momenti più delicati, dato che chiunque entri in possesso della password è in grado di impiegare in maniera irreversibile il contenuto del *wallet*. Allo stesso modo, lo smarrimento delle credenziali di accesso rende impossibile, per chiunque, accedere al contenuto del *wallet*: tanto per intenderci, da una ricerca effettuata a dicembre 2019 risultava «smarrito» circa il 20% dei bitcoin in circolazione (si tratta di una cifra pari a oltre 3 milioni di bitcoin), per un valore superiore ai 21 miliardi di euro.

Come è possibile? Semplice, smarrire una criptovaluta è molto più facile che smarrire una valuta reale: basta dimenticare una password oppure perdere un *hard disk* a causa di un danno hardware o, ancora, smarrire, buttare o farsi rubare il supporto (ad esempio il cellulare) in cui era conservata.

Per conservare il nostro denaro virtuale, l'alternativa è quella di utilizzare una delle tante piattaforme online, anche se pure questa soluzione presenta notevoli rischi: pericolo di subire accessi abusivi, affidabilità della piattaforma, scelta e garanzia di stabilità della stessa nel tempo non sono, infatti, elementi marginali! I portali e le piattaforme online, infatti, rappresentano un bersaglio privilegiato per i criminali, come hanno scoperto a loro spese gli utenti di una nota piattaforma online che è stata violata, portando a perdite per oltre 70 milioni di dollari.

Altra ragione di rischio legata a una piattaforma online è che essa non sia gestita nel pieno rispetto della legalità (il rischio che le criptovalute vengano utilizzate per agevolare attività criminali o per commettere il reato di riciclaggio è concreto) e che, quindi, incorra in problemi di natura legale: in caso di perquisizione e sequestro della piattaforma è possibile che tutto il nostro denaro diventi indisponibile per un tempo che può variare da pochi giorni all'eternità...

Hardware wallet

Ad avviso di chi scrive, la scelta migliore è quella di utilizzare un dispositivo fisico su cui è possibile esercitare un controllo diretto, tipo una chiavetta USB o, meglio ancora, uno dei tanti *wallet hardware* che si trovano in commercio.

Un «portafoglio hardware» è un dispositivo elettronico realizzato al solo fine di consentire l'utilizzo della criptovaluta. Prima di poter effettuare una transazione, infatti, questa deve essere autorizzata attraverso il dispositivo hardware in cui sono conservate le chiavi private dell'utente. Queste ultime vengono tenute in un ambiente offline, sicuro e protetto anche nel caso in cui il dispositivo venga collegato a un computer infettato da *malware* (almeno il più delle volte...).

I principali vantaggi di un *hardware wallet* rispetto a uno software possono essere riassunti nei seguenti punti:

- le chiavi private sono spesso conservate in un'area sicura e non possono essere esportate come testo;
- i dispositivi sono immuni ai comuni virus informatici pensati per rubare chiavi e codici di accesso dai *software wallet*;
- possono essere utilizzati in maniera sicura direttamente, senza bisogno di trascrivere il codice come, invece, avviene per la conservazione cartacea;
- il più delle volte utilizzano *software open source*;
- il più delle volte dispongono di strumenti di recupero in caso di furto, smarrimento o guasto hardware.

In breve, i portafogli hardware rappresentano di certo un'ottima scelta, ma non sono *bulletproof*... A oggi non risultano *report* di furti di bitcoin avvenuti da un portafoglio hardware, ma dato che si tratta di una tecnologia piuttosto nuova è possibile che nuovi attacchi vengano studiati e posti in essere soprattutto quando inizieranno a scarseggiare le prede più facili (portafogli software). Battute a parte, è evidente che gli *hardware wallet* rappresentino un bersaglio privilegiato e di altissimo valore; le possibilità di attacco sono dunque numerose, ed è bene esserne consapevoli.

Il primo e principale attacco si basa sull'inganno del titolare del *wallet*: un *malware* installato nel computer utilizzato potrebbe eseguire un attacco *man in the middle* e stornare, modificando l'indirizzo, alcune o tutte le transazioni dell'utente: prima e principale contromisura contro questo attacco è la prassi di applicare sempre una doppia conferma su canali separati dell'indirizzo a cui inviare i bitcoin.

Sviluppo e distribuzione di un RNG (Random Number Generator) non sicuro: *hardware wallets* basano la propria sicurezza su un RNG, spesso integrato nell'hardware, in modo da generare in maniera sicura le chiavi private. Purtroppo è molto difficile verificare che le chiavi siano effettivamente generate attraverso un meccanismo casuale; in questo l'analisi del codice sorgente aiuta. Se la chiave non è generata in maniera casuale, un attaccante potrebbe riuscire a ricostruirla e utilizzarla abusivamente. Contro questa tipologia di attacco la scelta deve ricadere soltanto su dispositivi affidabili e testati evitando di optare per soluzioni economiche o di dubbia origine.

Allo stesso modo, eventuali *bug* o difetti di progettazione o programmazione del *wallet* potrebbero renderlo vulnerabile. *Bug* a livello di software, firmware o hardware possono aprire letteralmente le porte a un attaccante e, anche se il progetto è perfetto, l'utente deve monitorare costantemente gli *alert* di sicurezza e mantenere il prodotto aggiornato.

La presenza di *backdoor* è il rischio maggiore; ancora una volta la presenza di *software open source* è una garanzia, ma è necessario che l'utente tenga alta la soglia di attenzione e non si lasci cullare dalla falsa convinzione di utilizzare un dispositivo inattaccabile. Un corollario a questo rischio è rappresentato dalla possibilità che l'hardware venga compromesso in fase di spedizione: le cifre in gioco sono rilevanti e altrettanto rilevanti sono le risorse messe in atto dai criminali.

Software wallet

Si tratta di portafogli che vengono installati su dispositivi elettronici come computer, cellulari o tablet. Le password sono rappresentate da codici segreti, ma dato che la loro sicurezza è legata al sistema in cui girano, sono molto più facili da attaccare rispetto a un *hardware wallet*.

La scelta del *wallet* dipende da un grande numero di fattori, in primis dal proprio sistema operativo, dato che non tutti i *wallet* sono disponibili per tutte le piattaforme, e, in secondo luogo, dalla criptovaluta scelta (alcune utilizzano un proprio *wallet* specifico mentre alcuni *wallet* sono focalizzati soltanto su alcune criptovalute), per poi passare ad analizzare altri elementi più soggettivi e, tipicamente, dipendenti dalle nostre preferenze ed esigenze.

Alcuni portafogli sono orientati alla sicurezza, mentre altri sono più concentrati sulla privacy degli utenti o sulla semplicità e immediatezza di utilizzo. *Attenzione!* Praticamente ogni giorno nuovi portafogli truffa vengono aggiunti nei vari siti promettendo miracoli, mentre in realtà sono stati progettati per rubare il denaro collocato in essi; verificate sempre l'affidabilità dello sviluppatore e, in caso di dubbio, optate per un'altra soluzione: nessuno potrà mai restituirvi il denaro rubato.

L'ultimo aspetto da considerare, e non in ordine di importanza, è la sicurezza e la stabilità del sistema in cui viene installato il portafoglio software: molti bitcoin sono andati irrimediabilmente perduti a seguito di un evento imprevisto che ha danneggiato l'hard disk del computer in cui era installato il portafogli software oppure il cellulare o il tablet: è bene avere sempre un backup del proprio portafoglio e conservarlo in un luogo sicuro!

The importance of being smart

A prescindere dal portafoglio scelto, è necessario ricordare che la sicurezza del denaro è direttamente proporzionale alla robustezza e segretezza della password che lo protegge.

Per prevenire furti, truffe o qualsiasi altra perdita di denaro è quindi opportuno generare le password in un ambiente sicuro, possibilmente offline, eseguire più di un backup delle password e conservarlo in un luogo sicuro e, da ultimo, il portafoglio dovrebbe essere crittografato per aumentarne la sicurezza.

3. *Trasferimento*

Nella fase di trasferimento il denaro passa da un conto a un altro con modalità che variano da sistema a sistema. Semplificando al massimo, per trasferire denaro da un portafogli a un altro è necessario avere un collegamento che punti all'indirizzo verso il quale si vuole effettuare la transazione. Se chiave e indirizzo collimano, il sistema consente la transazione e la registra. Tutta l'operazione viene naturalmente gestita dal *wallet* e, così facendo, è possibile utilizzare le criptovalute in maniera estremamente agevole: ad esempio si può effettuare un pagamento utilizzando un semplice QR code...

In alcuni sistemi (come Bitcoin) le transazioni sono trasparenti e chiunque può conoscere il *wallet* di origine e quello di destinazione; in altri sistemi solo il mittente può conoscere il *wallet* di destinazione e in altri ancora l'indirizzo di destinazione è costituito da un collegamento usa e getta, in modo da garantire l'anonimato dei soggetti coinvolti. Qualunque sia il sistema scelto, la transazione è irrevocabile e questa circostanza ha introdotto non pochi problemi nel mondo del commercio online, soprattutto in quegli ambienti in cui la fiducia non è propriamente di casa.

Il punto centrale di tutta la questione resta, dunque, la sicurezza delle transazioni e la stabilità del sistema: nessun sistema economico può, infatti, essere ritenuto affidabile se non è stabile.

Escrow for dummies

Uno dei principali «problemi» delle transazioni online è rappresentato dal fatto che, molto spesso, acquirente e venditore non si conoscono tra loro e, soprattutto, non si fidano l'uno dell'altro.

Più precisamente, l'acquirente ben di rado è disponibile a pagare in anticipo, perché sa bene che, una volta trasferito il denaro al venditore, per lui sarà estremamente difficile, se non impossibile, annullare l'operazione, anche laddove si sia trattato di una truffa. Allo stesso modo, il venditore non ha alcuna intenzione di inviare il bene all'acquirente prima di essere pagato dato che, così facendo, non ha alcuna garanzia che quest'ultimo paghi la merce dopo averla ricevuta.

La soluzione a questa tipologia di problemi è rappresentata dalla nascita e dalla diffusione di vari servizi di *escrow* (letteralmente «deposito in garanzia», ma a volte tradotto anche con «conto di garanzia»). Per comprendere l'*escrow* come *hidden service*, nonché come e perché viene impiegato, è necessario partire dall'analisi di come l'*escrow* viene visto e, soprattutto, utilizzato, nel *surface web*.

Questo servizio, perfettamente legale e ampiamente diffuso nelle transazioni internazionali, nasce principalmente per «proteggere/incrementare» il livello di fiducia tra il venditore e l'acquirente, soprattutto laddove i due non si conoscano: immaginiamo di dover acquistare un computer, ma, prima di inviare il bene, il venditore vuol essere sicuro che verrà pagato. Naturalmente, noi non abbiamo alcuna intenzione di pagare prima di ricevere il computer, quindi, per riuscire a superare l'impasse, decidiamo di rivolgerci a un terzo di cui ci fidiamo entrambi e a cui io (acquirente) consegnerò il denaro a garanzia del pagamento. A questo punto, una volta che il denaro è stato depositato sul conto di deposito a garanzia, il venditore procede alla consegna del computer, poi, dopo che l'acquirente ha confermato di aver ricevuto il bene, l'*escrow* procede a versare al venditore l'importo pattuito. Naturalmente le parti dovranno stabilire nel dettaglio tutte le condizioni del contratto, soprattutto per quanto riguarda le condizioni che dovranno avverarsi prima di poter procedere al pagamento.

È bene evidenziare che l'*escrow service* dovrà essere un soggetto che entrambe le parti ritengono affidabile e neutrale, disposto a fare da arbitro o mediatore in caso di dispute e, ovviamente, per il suo servizio, ricevere un compenso in proporzione al valore dell'affare. La principale e, forse unica, caratteristica che distingue *l'escrow service* nel *surface web* dall'*escrow hidden service* è rappresentata dal fatto che, in questo secondo ambiente, l'unico modo di verificare l'affidabilità dell'*escrow* è dato dalla sua reputazione presso gli altri utenti.

Nel *dark web,* infatti, nessuno si fida di nessuno e, con queste premesse, solo un pazzo si sognerebbe di inviare denaro a un altro utente in cambio di un prodotto che potrebbe non arrivare mai; allo stesso modo, nessuno si azzarderebbe a inviare un qualsiasi tipo di bene a un individuo che potrebbe benissimo svanire nel nulla senza pagare.

L'unica soluzione a questo problema è rappresentata dalla possibilità di avvalersi di un servizio di *escrow* e, infatti, molti dei *dark market* consentono di avvalersi di un simile servizio. Ovviamente, nessun servizio può essere ritenuto davvero affidabile al 100%, dato che il gestore potrebbe lasciarsi corrompere o ricattare... in breve, l'ultima parola spetta all'utente, che deve decidere a quale servizio rivolgersi, in base alle caratteristiche e alle regole pubblicate nel sito.

Bitcoin e anonimato

Giova qui osservare che uno dei più comuni errori che vengono commessi in relazione a Bitcoin è quello di considerarlo un sistema di pagamento anonimo; in realtà il sistema non è affatto anonimo dato che, per impedire la possibilità di utilizzare più volte la stessa moneta, la rete implementa un sistema di marcatura oraria *peer-to-peer,* che assegna identificatori sequenziali a ognuna delle transazioni, le quali vengono poi rafforzate nei confronti di tentativi di modifica.

In precedenza, abbiamo analizzato il funzionamento della *blockchain* e abbiamo visto come, a ogni nuovo blocco, la catena si allunghi e contenga lo storico di tutti i movimenti di tutti i bitcoin generati a partire dall'indirizzo del loro creatore fino all'ultimo proprietario, rendendo le transazioni perfettamente tracciabili. È un po' come se i numeri di serie di una banconota venissero annotati in un pubblico registro ogni volta che questa viene spesa; a ciò deve aggiungersi che, nonostante il database aumenti di dimensioni nel tempo, è sempre possibile averne una versione ridotta che riguardi nel dettaglio solo alcune transazioni, ma che rimanga completamente verificabile in maniera indipendente.

Ovviamente, esistono vari modi per accrescere la privacy delle transazioni effettuate utilizzando i bitcoin: il primo è quello di servirsi di un nuovo indirizzo per ogni pagamento ricevuto, mentre il secondo è quello di usare differenti *wallet* in modo da rendere molto difficile, ma non impossibile, l'associazione tra i vari indirizzi e le varie transazioni. Per rendere impossibile tale associazione esistono differenti strumenti: il primo è noto come Dark Wallet, è stato realizzato da Cody Wilson ed è finalizzato a rendere del tutto irrintracciabili le transazioni in BTC. L'idea alla base di Dark Wallet, un progetto che ha raccolto migliaia di dollari in finanziamenti da parte del pubblico, è quella di mischiare il nostro acquisto con quello di (almeno) un'altra persona rendendo virtualmente impossibile l'identificazione sicura di chi ha acquistato cosa; allo stesso modo, chi vende può usare lo strumento per generare un indirizzo «in incognito» e crittografato, e condividerne l'accesso solo con uno specifico cliente che, ovviamente, dovrà usare anche lui Dark Wallet.

In alternativa, altri strumenti molto utilizzati per impedire l'identificazione dei soggetti che impiegano i bitcoin sono i cosiddetti *mixing service* (noti anche come *tumbler*), e cioè servizi in grado di mescolare le transazioni di differenti utenti così da renderle non rintracciabili. Prima dell'avvento di sistemi maggiormente sicuri, i *mixing service* rappresentavano il principale strumento per offuscare le transazioni effettuate in bitcoin con operazioni che rappresentavano l'equivalente digitale dello spostamento di fondi nei vari paradisi fiscali. È appena il caso di notare che questi servizi richiedono una profonda fiducia nei soggetti che li gestiscono, data l'estrema facilità con cui questi potrebbero «perdere» o, più probabilmente, rubare i fondi a essi affidati.

Oggi il «problema» è superato dalla diffusione nel *dark web* di nuove criptovalute maggiormente orientate verso la tutela della privacy degli utenti, ma di questo parleremo in maniera più approfondita nel prossimo paragrafo, dedicato ai loro utilizzi illegali.

4. *Profili criminali*

Nelle pagine precedenti abbiamo visto gli aspetti positivi delle modifiche che le criptovalute hanno portato nel nostro modo di interpretare le relazioni finanziarie internazionali, i pagamenti online e le loro ripercussioni nel mondo della finanza, soprattutto per quanto riguarda l'impiego della *blockchain*, e nel mondo della contrattualistica, ipotizzando la prossima nascita e la successiva diffusione dei cosiddetti *smart contract*.

Ora è giunto il momento di analizzare gli aspetti legati all'impiego criminale di questi strumenti. A giugno 2017, l'FBI ha affermato di avere bisogno di 80 nuove posizioni lavorative e di un budget di 21,6 milioni di dollari per incrementare le proprie capacità investigative relativamente alle attività illegali legate al *dark web* e alle criptovalute. Nel documento si legge:

> Alcuni dei nostri investigatori affrontano la sfida di identificare pedofili online che nascondono i loro crimini e le loro identità dietro strati di tecnologie di anonimizzazione o trafficanti di droga che usano valute virtuali per oscurare le loro transazioni.[1]

E lo stesso problema è stato sollevato da Europol che, a marzo 2017, ha denunciato:

> L'ampliamento dell'uso criminale di valute virtuali decentralizzate e il maggiore utilizzo di servizi di mixing, impediscono efficacemente alle forze dell'ordine di «seguire i soldi» e complicano significativamente le possibilità di recupero di beni e la prevenzione di transazioni fraudolente. La mancanza di standard (minimi) per la dovuta diligenza e Know-Your-Customer per tali servizi e la mancata applicazione delle normative esistenti aggrava il problema.[2]

Le problematiche legate all'impiego criminale dei bitcoin

Gli ambienti criminali, infatti, hanno apprezzato sin da subito molte delle caratteristiche delle criptovalute, con particolare riguardo alla facilità con cui possono essere rese

[1] «Some of our criminal investigators face the challenge of identifying online pedophiles who hide their crimes and identities behind layers of anonymizing technologies, or drug traffickers who use virtual currencies to obscure their transactions».

[2] «The widening criminal use of decentralised virtual currencies and the increased use of tumbler/mixer services, effectively prevent law enforcement to "follow the money" and significantly complicate the possibilities for asset recovery and the prevention of fraudulent transactions. The lack of (minimum) standards for due diligence and Know-Your-Customer for such services and the non-application of existing regulations compound to the problem».

anonime e ripulite. Sebbene sia noto che i bitcoin non possono essere considerati un sistema di pagamento anonimo, la loro altissima diffusione li rende ancora oggi uno dei modi principali di pagamento per operazioni illecite e questa circostanza ha reso necessario sviluppare e diffondere sistemi in grado di aumentarne il livello di anonimato.

Dark Wallet

Uno di questi strumenti è rappresentato da Dark Wallet, presentato nel 2014 e ancora molto diffuso sebbene in fase di *beta testing*. Si tratta di un software sviluppato con il preciso scopo di rendere impossibile il tracciamento delle transazioni effettuate in bitcoin, cifrando e mescolando le transazioni degli utenti.

Il software è potenzialmente esplosivo e ne è facilmente ipotizzabile un utilizzo illegale tanto che, durante un dibattito al New York's Museum of Modern Art a marzo 2014, il suo ideatore Cody Wilson ha descritto così il suo programma: «È solo un software di lavaggio del denaro» [3], mentre in un'intervista ha dichiarato: «Voglio uno strumento privato per effettuare transazioni sul mercato nero, sia che si tratti di prescrizioni mediche non autorizzate, MDMA per tossicodipendenti, o armi» [4]. Ciò nonostante Wilson sostiene che il suo sviluppo è tutelato dal Primo emendamento della Costituzione degli Stati Uniti, come strumento per la tutela della libertà di opinione.

Di particolare interesse è la funzione Coinjoin: si tratta di una funzione di riciclaggio, ideata da Gregory Maxwell, ba-

[3] «It's just money laundering software».

[4] «I want a private means for black market transactions, whether they're for non-prescribed medical inhalers, MDMA for drug enthusiasts, or weapons».

sata sull'idea di mescolare tra di loro differenti transazioni in modo che sia impossibile stabilire a chi appartenga ogni singola transazione. A ciò si aggiunga che Dark Wallet offre anche la possibilità di utilizzare un'ulteriore tecnica nota come *stealth address*: un utente può generare un indirizzo segreto e utilizzarlo per richiedere un pagamento. Quando il mittente invia i bitcoin a questo indirizzo, Dark Wallet li invia a un altro indirizzo che rappresenta il risultato di una cifratura casuale dell'indirizzo segreto. A questo punto Dark Wallet analizza la *blockchain* alla ricerca di un indirizzo che può essere decifrato utilizzando la propria chiave e, una volta individuato, rivendica il pagamento. Tuttavia, se un qualsiasi soggetto effettua una ricerca nella *blockchain* per individuare l'indirizzo segreto, non è in grado di trovare i pagamenti legati a quell'indirizzo.

Al momento di andare in stampa il sito web di Dark Wallet risulta non attivo.

Samourai

Accanto a Dark Wallet esiste un altro strumento similare: Samourai (samouraiwallet.com/). *Open source* e *privacy oriented*, Samourai è stato rilasciato nel maggio del 2015, è ancora in versione alpha e si presenta come «un moderno portafoglio bitcoin creato per mantenere private le tue transazioni, la tua identità riservata e i tuoi fondi sicuri» [5].

Il *wallet* sembra essere focalizzato tanto sulla sicurezza quanto sulla riservatezza, al punto da implementare, unico nel suo genere, una funzione di autodistruzione tramite sms. Gli sviluppatori di Samourai si presentano come «Atti-

[5] «A modern bitcoin wallet hand forged to keep your transactions private, your identity masked, and your funds secure».

visti della privacy che hanno dedicato la loro vita alla creazione dei software che la Silicon Valley non svilupperà mai, i controllori non consentiranno mai e su cui i VC non investiranno. Costruiamo il software che Bitcoin merita»[6].

La fase di *mixing*, gestita in maniera differente rispetto a Dark Wallet, viene descritta nel dettaglio all'interno del blog ufficiale di Samourai (http://blog.samouraiwallet.com/). In breve, mentre un *wallet* ordinario consente sempre di collegare le varie transazioni all'account originario, Samourai non utilizza mai due volte un medesimo indirizzo per inviare bitcoin e non consente di collegare le singole transazioni all'account originario. Particolarmente interessante è la funzione che consente di recuperare o cancellare, come detto, tramite un sms il proprio *wallet*: inviando al cellulare il messaggio «SW seed YOUR_PIN_CODE», l'utente potrà ricevere il proprio seed HEX attraverso cui potrà ripristinare l'accesso ai propri bitcoin mentre, utilizzando il comando «SW wipe YOUR_PIN_CODE» l'utente potrà cancellare il proprio *wallet*.

Una funzione «segreta» consente poi di nascondere la presenza dell'applicazione, che potrà essere avviata solo digitando un apposito numero di telefono. A ciò deve aggiungersi che Samourai è protetto da una crittografia AES-256 e che, per poter accedere, è richiesta una *passphrase* robusta.

Altri wallet

Nel *dark web* esistono, poi, altri *wallet* che si propongono di mantenere al sicuro l'identità degli utenti, ma si tratta

[6] «Privacy activists who have dedicated our lives to creating the software that Silicon Valley will never build, the regulators will never allow, and the VC's will never invest in. We build the software that Bitcoin deserves».

prevalentemente di *wallet* collocati su piattaforme online, con tutti i rischi che questo comporta.

Bitcoin laundering - Bitcoin anonymization taken seriously

Nelle prossime pagine di questo paragrafo analizzeremo nel dettaglio alcuni degli strumenti maggiormente utilizzati per «offuscare» i bitcoin attraverso servizi di *mixing*. Diciamo subito che, nella maggior parte dei casi, questi servizi sono delle «lavatrici», servizi tesi non soltanto a garantire la tutela dell'anonimato degli utenti, ma anche ad agevolare il riciclaggio di denaro sporco (in merito al cyber-riciclaggio si vedano i prossimi paragrafi).

Il primo strumento di cui parleremo è Helix: si tratta di un servizio molto popolare e, per questa ragione, viene fatto spesso oggetto di imitazioni, tese a ingannare gli utenti e rubare i loro bitcoin. Helix dichiara espressamente di «ripulire» i bitcoin rendendoli «come nuovi», come se non fossero mai stati impiegati nelle *dark net*.

Il processo viene eseguito in base a una nuova tecnologia proprietaria e il denaro non viene solo mescolato, ma scambiato con monete nuove prima di essere «lavorato», in modo da non poter essere tracciato. Questa circostanza, inoltre, fa sì che il sistema abbia sempre una riserva di denaro «pulito» da reimmettere subito nel circuito in presenza di importi modesti. In media, l'operazione di «lavaggio» impiega almeno quaranta minuti per essere portata a termine, ma i tempi possono aumentare notevolmente se l'utente inserisce un ritardo casuale, ovvero quando la transazione coincide con una delle operazioni di manutenzione del server. Un ulteriore vantaggio di Helix è rappresentato dal fatto che la «lavatrice» è direttamente integrata con l'account che l'utente utilizza nei *dark market*, rendendo tutto molto più semplice;

a titolo di provvigione, i gestori trattengono il 2,5% dell'importo «lavato». Una volta che l'operazione di lavaggio è stata portata a termine, l'utente riceve una comunicazione di conferma che si autodistrugge dopo essere stata letta e tutti i *log* vengono cancellati al massimo dopo una settimana, sempre che l'utente non chieda di cancellarli prima.

Un altro servizio di *cyberlaundering*, è rappresentato da Pay Shield, che opera mescolando tra di loro i bitcoin dei propri utenti in modo da rendere impossibile attribuire una specifica operazione a un determinato utente.

L'immagine mostra il logo di un servizio di mixing

Il lavaggio richiede circa trenta minuti, i gestori trattengono il 2% dell'importo a titolo di provvigione e, per aumentare il livello di sicurezza e di riservatezza, l'importo della commissione viene leggermente modificato in maniera casuale; una volta eseguita la pulizia dei bitcoin, l'utente ha ventiquattr'ore di tempo per impiegare la somma e inviare il pagamento prima che il sistema elimini automaticamente ogni traccia dell'operazione compiuta. Il sistema offre anche un'opzione per consentire agli utenti di inviare un pagamento direttamente a un altro portafoglio attraverso il servizio «Paga qualcuno con denaro mescolato»[7].

Altri sistemi, simili ai due già analizzati, sono BitMixer, WashBit e Bitcoin Blender. Nell'immagine qui di seguito possiamo vedere lo schema grafico di funzionamento di BitMixer: il denaro sporco entra nella «cassa comune» di BitMixer e all'utente viene erogato altro denaro già presente in cassa.

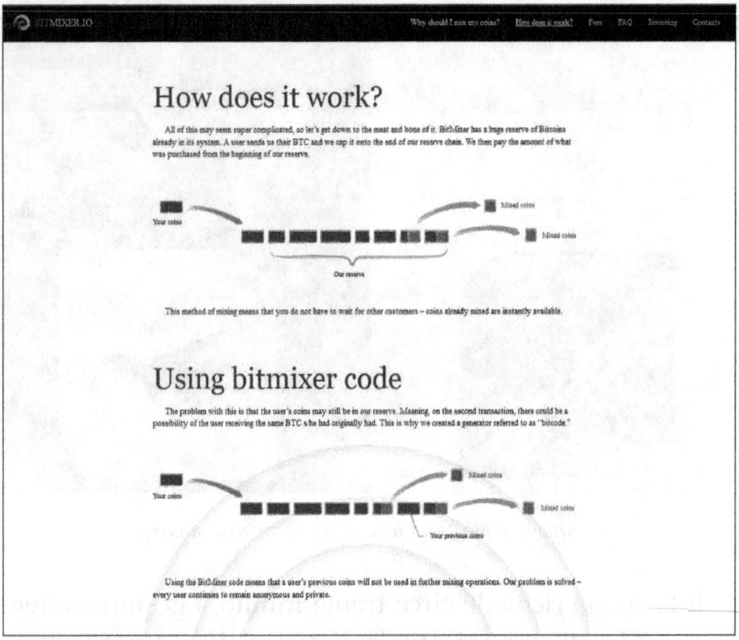

L'immagine illustra il funzionamento di un sistema di mixing

[7] «Pay someone with mixed coins».

In questo modo viene interrotta la continuità della *blockchain* e non è più possibile collegare un determinato gruppo di bitcoin a una specifica operazione di acquisto o vendita.

Particolarmente interessante si rivela la guida pubblicata dal servizio di Bitcoin Blender, in quanto in essa vengono illustrati alcuni «trucchi» per rendere ancora più efficace la procedura di pulizia:
– le quote delle provvigioni non devono essere fisse, ma devono variare in modo da impedire a un attaccante di individuare facilmente la somma ripulita mediante un semplice calcolo; in breve, se io so che la provvigione del servizio di lavanderia è pari al 2% e so che Tizio deve «lavare» 100 BTC, non dovrò fare altro che tracciare tutte le operazioni pari a 98 BTC nelle ventiquattr'ore successive all'avvio del lavaggio;
– impiego di più conti in modo da rendere più difficile tracciare le operazioni: se può essere facile tracciare i movimenti di 50 BTC, tutt'altra impresa si rivela tracciare la stessa cifra ripartita in maniera casuale in cinque conti di appoggio;
– la possibilità di impostare un ritardo casuale, da poche ore a una o più settimane, si rivela utile per impedire agli investigatori di notare uno schema temporale nei movimenti di bitcoin del sospetto;
– possibilità di ritirare gli importi scaglionandoli in maniera automatica nel tempo tra i vari conti gestiti dal sistema in modo da non destare alcun sospetto con movimenti rintracciabili.

L'impiego delle altcoin

Preso atto delle carenze, in termini di anonimato, di Bitcoin, la criminalità, organizzata e non, ha iniziato a spostare il proprio interesse verso altre criptovalute maggiormente *privacy oriented.*

Nei primi mesi del 2017 l'FBI ha rilevato l'aumento delle transazioni effettuate nei *dark market* utilizzando Monero, tanto che l'agente speciale Joseph Battaglia, dell'FBI Cyber Division di New York, ha chiaramente detto, durante un evento organizzato da New York's Fordham University nel gennaio del 2017, che la diffusione di transazioni in criptovalute pseudo-anonime o anonime ha radicalmente modificato il modo in cui l'Agenzia conduce le proprie indagini. L'agente, che ha espressamente fatto riferimento a Monero, ha poi concluso dichiarando: «Vedremo cosa succede e come si svilupperà e lo terremo d'occhio, perché di solito non occorre molto tempo prima che si inizino a vedere alcuni degli utilizzi più nefasti e fraudolenti di questa tecnologia» [8].

Nel settembre del 2017 il concetto è stato ribadito da un agente del Department of Homeland Security (DHS) che, in un'intervista alla CNBC ha dichiarato: «Quello che i criminali stanno iniziando a vedere, e alcune delle tendenze che stiamo raccogliendo, è che il bitcoin funziona allo stesso modo tanto contro di te quanto a tuo vantaggio» [9].

Al momento le criptovalute preferite dai criminali sembrerebbero essere Monero e ZCash; quest'ultima si presenta come una criptovaluta che fornisce una robusta protezione alla riservatezza delle transazioni. Sebbene non sia possibile conoscere l'esatto ammontare delle transazioni illegali, Blockchain Intelligence Group ha affermato che le transa-

[8] «We're going to look at what catches on, and what becomes mainstream, and then we're going to keep an eye on that, because usually not long after that is when you start to see some of the fraud and some of the more nefarious uses of that technology».

[9] «What the criminals are starting to see, and some of the trends we're picking up as well, is that bitcoin also works equally just as much against you as it does for you».

zioni illecite che coinvolgono l'impiego di bitcoin sono calate fino ad arrivare a meno del 20% di tutte le transazioni.

Dalla moneta reale alla moneta virtuale

Nelle pagine precedenti abbiamo visto come funziona tecnicamente il *cyberlaundering*, ora è giunto il momento di affrontarne i principali aspetti legali e investigativi. L'esperienza investigativa ha ampiamente dimostrato che, nel corso degli anni, la criminalità organizzata è sempre stata pronta a individuare e sfruttare nuove fonti di reddito: a tale ricerca non potevano, ovviamente, sfuggire le enormi potenzialità offerte dall'informatica.

Si pensi, ad esempio, a quanto appaia attraente, per il crimine organizzato, la possibilità di trasferire ingenti capitali, direttamente in forma elettronica, inviandoli alle «lavatrici» semplicemente con un click del mouse, riducendo notevolmente il rischio che il denaro venga individuato, intercettato e sequestrato alla frontiera da parte delle forze dell'ordine. Le organizzazioni criminali, infatti, non hanno soltanto bisogno di assicurarsi un flusso costante di risorse finanziarie, ma devono anche riuscire a reinvestire e utilizzare proficuamente il denaro raccolto.

Un po' di storia

In Italia, già nel 1998, Alessandro Pansa, all'epoca direttore del Servizio Centrale Operativo della Polizia di Stato ed ex capo del DIS (Dipartimento delle Informazioni per la Sicurezza), osservava che i cartelli colombiani, avendo l'esigenza di raccogliere il denaro sparso in tutto il mondo e guadagnato vendendo droga, necessitavano di una grossa rete di comunicazione per recuperarlo e farlo poi confluire verso i cosiddetti *broker*. Questi sono intermediari finanziari che poi, a loro volta, devono far confluire i soldi sporchi verso le cosiddette «case di cambio» (una sorta di banche non ufficiali gestite direttamente dai cartelli colombiani). In questi circuiti illeciti, le reti di comunicazione, che fino a qualche anno fa erano gestite via fax trasmettendo messaggi codificati, sono oggi gestite attraverso i più moderni strumenti di comunicazione elettronica: ognuno di questi singoli operatori/riciclatori dei cartelli colombiani viene, quindi, dotato di un personal computer portatile, di un accesso alla rete e di un programma di comunicazione con un codice di criptazione estremamente complicato che viene modificato continuamente.

Sulla questione è intervenuto anche Umberto Rapetto, all'epoca tenente colonnello della Guardia di Finanza, che nel 1999 evidenziò come uno scenario poco rassicurante si prospettasse agli occhi di chi si trovava a operare sul campo per contrastare in maniera efficace il sempre più impressionante fenomeno del riciclaggio del denaro sporco: il *corporate* e l'*home banking* avevano portato i tradizionali sportelli sulle scrivanie degli uffici e delle case, consentendo a operatori non bancari di immettere denaro nel circuito creditizio, effettuare pagamenti e, soprattutto, movimentare capitali. L'attività degli operatori di polizia si era notevolmente complicata, in quanto i milioni di agenzie e filiali di banca si erano centuplicati: ogni presa telefonica può consentire a un computer di entrare in rete e – magari per pochi minuti – trasformarsi in una postazione bancaria. A ciò deve aggiungersi che anche i servizi segreti italiani, allertati da alcune operazioni finanziarie sospette tra l'Italia e la Russia, hanno avuto modo di verificare come, negli ultimi venticinque anni, la criminalità organizzata e il terrorismo internazionale si siano spostati sul web, trovando in esso un utile strumento per raccogliere fondi e riciclare i proventi delle attività illecite.

Si è poi osservato che, molto probabilmente, la criminalità organizzata sta utilizzando le conoscenze e le abilità intrusive di alcuni criminali informatici al fine di violare, per fini illeciti, importanti sistemi computerizzati, articolati in rete, per carpire, modificare o distruggere dati sensibili, anche di carattere riservato, o per occultare le tracce del trasferimento di denaro «sporco».

D'altra parte, gli esperti di cyber-sicurezza sono perfettamente consapevoli che Internet si presta ottimamente a tali scopi, consentendo lo sviluppo di attività criminali di vario genere e favorendo in vario modo il riciclaggio del denaro sporco. È altresì evidente e innegabile che lo sviluppo delle transazioni bancarie effettuate tramite Internet abbia garantito un notevole risparmio, in termini economici e di ore lavorative, sia per gli utenti sia per le banche, andando a rappresentare uno strumento utile e irrinunciabile.

La questione è nota e ampiamente dibattuta anche oltreoceano, dove, già negli ultimi anni del secolo scorso, in relazione al possibile abuso delle reti telematiche per trasferire e riciclare il denaro, l'Internet Fraud Complaint Center affermava:

> I trasferimenti digitali sono anonimi. Anche se le cyber-banche che accettano contanti elettronici anonimi sono in qualche modo soggette alle stesse leggi e regolamenti degli istituti finanziari nel mondo tangibile, il riciclatore deve prima essere catturato. I rapporti saranno praticamente inutili, in quanto le banche non sono a conoscenza di quali fondi siano quelli riciclati. Questa situazione agevola il riciclaggio di denaro anonimo. La strutturazione delle transazioni in modo da evitare

l'obbligo di rendiconto valutario diventa meno rischiosa se i fondi utilizzati per strutturare sono praticamente non rintracciabili. Inoltre, anche archiviare i rapporti sulle transazioni in valuta può essere inutile se il denaro non può essere rintracciato in un conto specifico. Tuttavia, l'attuale requisito che le banche presentino un rapporto sulle transazioni può essere inutile se le cyber-banche che accettano conti di deposito in contanti elettronici non rientrano nella vigente regolamentazione federale o statale degli istituti finanziari (IFCC). [10]

Anche in Svizzera, il Dipartimento della Giustizia ha riunito un gruppo di esperti che ha redatto un rapporto dal titolo *New Media and The Law*, da cui emerge con chiarezza che il riciclaggio segue, ormai da anni, lo sviluppo dei pagamenti elettronici; il Dipartimento afferma trattarsi di un settore ad alto rischio, specialmente quando sarà molto più diffuso il cosiddetto «borsellino elettronico», in grado di permettere pagamenti elettronici direttamente tra i singoli individui, al di fuori dell'infrastruttura finanziaria e bancaria.

[10] «Digital transfers are anonymous. Even if the cyberbanks that accept anonymous E-cash are somehow subject to the same laws and regulations that financial institutions in the tangible world are, the launderer must first be caught. The reports will be virtually useless, as the banks have no knowledge as to which funds are the launderer's. This provides for anonymous money laundering. Structuring of transactions so as to avoid currency reporting requirements becomes less risky if the funds used to structure are virtually untraceable. In addition, the filing of currency transaction reports may be pointless if the money can not be traced into a specific account. However, the actual requirement that a transaction report be filed may be nonexistent if cyberbanks that accept E-cash deposit accounts do not fall under current federal or state regulation of financial institutions (IFCC)».

Riciclaggio digitale: strumentale e integrale

Dall'analisi del *modus operandi* emerge chiaramente che i criminali tengono due distinte tipologie di condotta relativamente al riciclaggio in Internet: una prima indicata come «riciclaggio digitale strumentale» e una seconda definita «riciclaggio digitale integrale».

Si parla di «riciclaggio digitale strumentale» quando la rete Internet viene presa in considerazione come mero strumento, ma l'attività illecita prende le mosse dai cosiddetti «paradisi fiscali»; in questo caso, dunque, la tecnologia viene utilizzata per perfezionare e migliorare le strategie classiche del riciclaggio dei proventi illeciti sostituendo con un computer il classico corriere.

In origine il riciclaggio era essenzialmente un'attività fisica, svolta nel mondo reale con corrieri in carne e ossa, un'attività finalizzata a nascondere l'esistenza, l'origine illegale o l'illegalità delle attività in cui quel denaro aveva trovato applicazione, e la necessità di poter poi «lavorare» quei soldi in modo da poterne simulare un'origine lecita richiedeva che il «lavandaio» avesse la possibilità di trasportare fisicamente il denaro contante. Il gioco si basava, e si basa ancora oggi, sulla capacità di evitare di attirare attenzioni indesiderate da parte delle agenzie governative preposte al controllo dei flussi finanziari.

Il riciclaggio a «bassa tecnologia» esigeva, essenzialmente, la capacità, da parte degli operatori, di manipolare il mondo circostante, ingannare o corrompere gli operatori delle dogane, contrabbandare il contante attraverso varchi non sorvegliati per poi farlo giungere in Paesi con una normativa bancaria più favorevole, dove trovare banche e banchieri compiacenti che non facessero troppe domande sull'origine dello stesso. Non a caso i corrieri erano detti «muli»:

semplici «animali» da soma che dovevano trasportare somme relativamente modeste in modo da aggirare le norme in materia di circolazione del denaro contante.

Con l'evolversi della normativa antiriciclaggio e l'intensificarsi dei controlli, la criminalità organizzata ha dovuto iniziare a trovare delle valide alternative al trasporto «fisico» del denaro, cominciando a sfruttare in maniera sempre più approfondita e complessa i trasferimenti elettronici di denaro. La rete ha iniziato a giocare, dunque, un ruolo sempre più significativo, a volte essenziale, in ciascuna delle tre fasi che l'attività investigativa ha individuato come tipiche del riciclaggio:

– la fase di *placement;*
– la fase di *layering;*
– la fase di *integration.*

La fase di *placement* coincide con l'«emersione» del denaro e il suo collocamento nel circuito finanziario o nel commercio legale; indubbiamente si tratta del momento di maggior rischio per i criminali in quanto, proprio in questa fase, più alta è la possibilità di essere individuati, arrestati e di vedersi confiscare i proventi del reato.

Vi è, inoltre, il grosso rischio di creare e mantenere la cosiddetta «strada di carte», e cioè tutta quella serie di documenti in grado di aiutare gli investigatori a identificare i membri dell'organizzazione. In breve, la vita del «riciclatore classico» era tutt'altro che facile: costretto a trasportare da un Paese all'altro ingenti quantità di denaro, avvalendosi di corrieri che potevano facilmente essere arrestati, tradire il proprio datore di lavoro tenendosi il contante o collaborare con le forze dell'ordine consegnando loro informazioni e documenti...

Da questo punto di vista, l'utilizzo di Internet è risultato strategico per varie ragioni: in primo luogo questo strumento si è rivelato in grado di garantire una notevole certezza sull'identità dell'interlocutore; pur in assenza di comunicazione di dati anagrafici o di conoscenza diretta, è infatti sufficiente l'utilizzo di un qualsiasi sistema di firma elettronica e una *chain of trust* per essere ragionevolmente certi che l'interlocutore è chi dice di essere e non un impostore.

In secondo luogo, la rete rende spesso superata la necessità di corrompere i cosiddetti «intermediari necessari», soggetti in grado di monitorare e tracciare il trasferimento del denaro, consentendo, al contrario, trasferimenti di valuta per ammontare illimitati e senza alcun intermediario. A tale proposito Umberto Rapetto osservava che, storicamente, si è sempre fatto affidamento sull'intermediazione delle banche e delle altre istituzioni finanziarie, in modo da disporre di passaggi obbligati attraverso i quali denaro e altri fondi dovevano necessariamente transitare e dove rimanevano annotate e registrate le tracce delle relative operazioni.

Attraverso il meccanismo della disintermediazione questi passaggi obbligati vengono eliminati, bastando la semplice connessione alla rete per ottenere il trasferimento di valori finanziari tra soggetti diversi senza coinvolgere alcuna entità terza operante sotto il controllo di un ente governativo. Tuttavia, se il ruolo di Internet è importante in relazione ai primi due aspetti, diventa addirittura strategico nel momento in cui si tratta di migliorare altri due importanti elementi: la riservatezza delle comunicazioni e l'occultamento dei beneficiari delle operazioni.

La riservatezza viene garantita dalla disponibilità di molteplici software di crittografia o di steganografia, di fatto spesso inviolabili per qualsiasi agenzia di controllo del crimine. Non si può, poi, ignorare la concreta eventualità di operare in Internet in totale anonimato frustrando qualsiasi tentativo di intercettazione, e a ciò si aggiunge la possibilità di acquistare caselle postali anonime con possibilità di rinvio postale, oppure numeri di telefono in altre nazioni che vengono automaticamente «girati» su un'utenza nazionale in modo da poter efficacemente costruire identità fittizie.

Una volta immesso il denaro nel circuito bancario è necessario procedere al suo «lavaggio». Si tratta della fase cosiddetta di *layering* e consistente nell'esecuzione di molteplici operazioni finanziarie o commerciali finalizzate al mascheramento dell'origine del denaro. È proprio in tale fase che l'utilizzo delle banche online offre i migliori risultati, consentendo di spostare il denaro in maniera rapida ed economica restando comodamente seduti alla propria scrivania o, magari, standosene tranquillamente in spiaggia sotto l'ombrellone!

Non si possono poi trascurare le possibilità di riciclaggio offerte dai casinò e dalle scommesse effettuate in Internet. Il business delle case da gioco virtuali è letteralmente esploso in questi ultimi anni e spesso si tratta di «locali» che operano in paradisi fiscali o in Paesi dalla normativa anti-riciclaggio a dir poco «allegra». Le giocate vengono pagate con qualsiasi sistema, evitando controlli o comunicazioni che possano insospettire qualche autorità di vigilanza. Vengono poi rilasciati certificati di vincita ed è persino possibile acquistare gli stessi da qualche casinò virtuale senza scrupoli. Per non parlare della gestione di queste attività da parte delle stesse organizzazioni dedite al riciclaggio... Una volta che il denaro è stato debitamente ripulito, l'organizzazione criminale non deve fare altro che reinvestirlo in attività perfettamente lecite: si tratta della cosiddetta fase di *integration*, qui il ruolo della rete è soltanto quello di agevolare la gestione di un patrimonio ormai perfettamente legittimo.

... segue: Il riciclaggio digitale integrale

Nel riciclaggio digitale integrale si ha una completa sostituzione del denaro convenzionale con moneta virtuale e questa trasformazione rende gli scambi molto più difficili da tracciare. Basti qui osservare che la fase di *placement* viene condotta direttamente in forma digitale, riducendo notevolmente tutti i rischi connessi a tale attività e, spesso, rendendo persino superflue le altre due fasi. Può prevedersi l'utilizzo di almeno quattro differenti tipologie di strumenti di cyber-pagamento:

– sistemi basati sul ricorso a reti telematiche connesse a valute legali (bonifici online *et similia*);
– sistemi basati su valute virtuali non aventi corso legale (si pensi alle varie criptovalute);
– soluzioni fondate sull'utilizzo di valori conservati su carte intelligenti o *smart card* con trasferimento diretto di fondi da una carta all'altra, come nel caso del cosiddetto borsellino elettronico;
– sistemi alternativi di pagamento (buoni virtuali di acquisto, credito telefonico, crediti da spendere presso *e-store* o simili).

In tutti questi casi, il denaro «fisico» viene convertito in moneta elettronica molto tempo (e molti passaggi) prima di essere utilizzato per finalità illecite e, quindi, si tratta di denaro perfettamente «pulito» e facilmente spendibile.

Ovviamente, prevalentemente per ragioni di riservatezza, la criminalità preferisce avvalersi dei sistemi «alla pari», e cioè senza alcun intermediario tra le parti, in quanto le transazioni sono molto più facili da gestire e, soprattutto, occultare. Le ipotesi di utilizzo pratico di tali sistemi sono virtualmente infinite e garantiscono una sicurezza pressoché assoluta, sia dal punto di vista della riservatezza sia da quello della certezza della transazione.

Immaginiamo che Tizio, spacciatore affiliato all'organizzazione XY, non voglia maneggiare denaro contante. Non deve fare altro che pretendere che i suoi clienti lo paghino utilizzando schede prepagate con cui ricaricare la propria scheda GSM (ovviamente registrata sotto falso nome). Una volta caricata la scheda, per trasferire il denaro all'estero Tizio non dovrà fare altro che effettuare delle chiamate a *hot-line* fittizie collocate in Paesi di comodo oppure acquistare beni fisici o virtuali utilizzando come sistema di pagamento il proprio credito telefonico. Effettuate le chiamate, l'organizzazione XY dovrà soltanto occuparsi di gestire le *hot-line* e verificare la regolarità delle chiamate senza alcuna operazione bancaria da giustificare e con i fondi già «ripuliti» e comodamente disponibili in un conto estero, oppure occuparsi di gestire la vendita al dettaglio dei beni acquistati presso gli *e-store*. Un'ipotesi simile può farsi in caso di utilizzo del borsellino elettronico, soprattutto se caricato con bitcoin. Attraverso una semplice operazione è possibile trasferire i bitcoin da un borsellino all'altro, comprando un qualsiasi bene illegale senza dover adoperare denaro fisico: si inserisce il numero di borsellino del venditore, si indica l'importo da trasferire, si digita la propria *passphrase*, si impartisce l'ordine di trasferimento e il gioco è fatto.

Nell'immagine a fianco vediamo la schermata di un moderno *bitcoin wallet* in grado di gestire

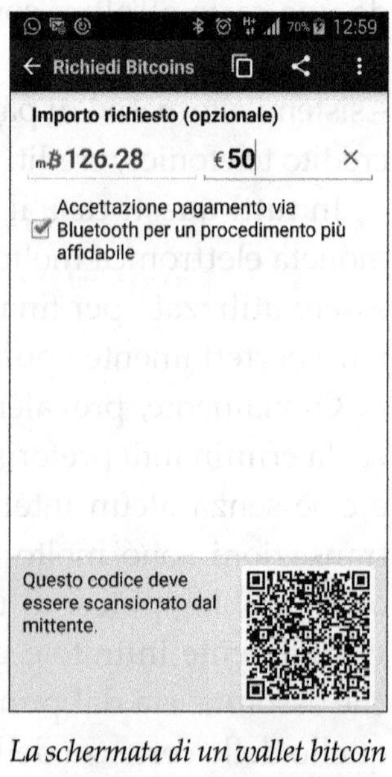

La schermata di un wallet bitcoin

in automatico l'intera transazione fornendo al soggetto tenuto al pagamento un comodo QR code, da acquisire con il proprio cellulare, per attivare immediatamente il trasferimento della corretta somma in bitcoin verso il borsellino del soggetto venditore. Lo spacciatore, ad esempio, attraverso il proprio cellulare può immediatamente riscontrare l'avvenuto pagamento e procedere alla cessione della droga al cliente. A questo punto, i bitcoin che sono stati «caricati» sul borsellino a fronte dell'operazione illecita di spaccio di stupefacenti possono essere agevolmente trasferiti e ripuliti in diverse maniere.

Ransomware

Un altro ambito criminale in cui le criptovalute sono particolarmente apprezzate è legato alla diffusione dei cosiddetti *ransomware*. Si tratta di software che prendono in «ostaggio» i dati dell'utente crittografandoli e chiedendo il pagamento di un riscatto per consentire di accedere nuovamente agli stessi. Secondo la definizione dell'FBI, il *ransomware* è una forma di *malware* che colpisce debolezze, tecnologiche ed umane, nelle organizzazioni e in reti individuali allo scopo di negare la disponibilità di informazioni critiche[11].

Si tratta di un fenomeno in rapidissima crescita e che ha visto in qualità di vittime ospedali, aziende, privati e liberi professionisti con un tasso di crescita del 36% tra il 2015 e il 2016 (dati Symantec), ancora maggiore nel corso del 2017 (secondo Symantec nel solo primo semestre si sono contati 319.000 attacchi contro i 470.000 contati in tutto il 2016)

[11] «Ransomware is a form of malware that targets both human and technical weaknesses in organizations and individual networks in an effort to deny the availability of critical data and systems».

con un preoccupante aumento degli attacchi mirati contro obiettivi specifici. L'importo del riscatto varia tra i 500 e i 1000 dollari e, generalmente, viene pagato in bitcoin o in monero.

To pay or not to pay?

Una volta infettata, la vittima può solo decidere se pagare o meno; in quest'ultimo caso potrà tentare di recuperare i propri file attraverso uno dei tanti programmi messi a disposizione dai vari fornitori di servizi antivirus. Sebbene le forze dell'ordine sconsiglino di pagare il riscatto, circa il 34% delle vittime decide di piegarsi e versare quanto richiesto dagli estorsori.

In ogni caso, per le forze dell'ordine è sempre possibile tentare di identificarli attraverso l'analisi dell'indirizzo bitcoin fornito alla vittima e, se anche si tratti di un indirizzo mai utilizzato, è comunque utile aggiungerlo alla lista di indirizzi noti per essere stati impiegati per attività illecite: potrebbe essere stato adoperato da altre vittime per pagare il riscatto e, in questo modo, le forze dell'ordine avranno a disposizione una pista da seguire.

Gli indirizzi utilizzati dalle vittime che decidono di pagare, infatti, possono essere analizzati da uno dei *blockchain analysis tools* a disposizione delle forze dell'ordine in modo da generare, e mantenere, una lista di *wallet* associati ad attività criminali e, auspicabilmente, identificare i soggetti che li utilizzano.

Joe Battaglia, un agente speciale dell'FBI addetto alla sezione Crimini informatici, ha dichiarato: «Potrei scoprire che quelle transazioni avvengono all'interno di un altro cluster di indirizzi bitcoin di cui non sappiamo nulla e di cui i miei strumenti di analisi non sanno nulla, ma posso prendere quegli indirizzi, estrarli, collegarli al nostro sistema di gestione dei casi» [12].

L'obiettivo è chiaramente quello di raccogliere abbastanza dati per poter incrociare le informazioni, in modo da ricostruire i collegamenti tra le varie transazioni, fino a individuare uno o più soggetti identificabili. I dati vengono passati al setaccio allo scopo di rintracciare schemi di pagamento verso determinati account e, da questi, trasferimenti verso conti correnti in valute fiat.

Naturalmente, gli investigatori devono affrontare ulteriori difficoltà, tra cui il probabile impiego di VPN (Virtual Private Network) e *fake server* da parte dei «cattivi», ma individuare i *wallet* e i conti di destinazione rappresenta indubbiamente un valido punto di partenza.

[12] «I might find that those transactions occur within another cluster of bitcoin addresses that I don't know anything about, and my analysis tool doesn't know anything about. But I can take those addresses, pull them out, plug them into our case management system».

Glossario [1]

Algoritmo: Un algoritmo è un processo che risolve un problema attraverso un numero finito di istruzioni elementari, chiare e non ambigue.

Backdoor: Letteralmente «porta sul retro», è una sorta di accesso secondario che il programmatore inserisce nel proprio software in modo da poter accedere a specifiche informazioni in caso di necessità. Astrattamente potremmo equipararlo a una chiave passepartout.

BBS: (Bulletin Board System) sistema telematico che consente a computer remoti di accedere a un elaboratore centrale per condividere o prelevare risorse (tipicamente messaggi di testo). Il sistema è stato sviluppato negli anni '70 e ha costituito il fulcro delle prime comunicazioni telematiche amatoriali, dando vita alla telematica di base. Tra le novità consentite dai sistemi BBS, le principali furono la messaggistica e il file sharing centralizzato. Nell'uso moderno il termine indica anche i forum, i guestbook e i newsgroup su Internet.

Beta testing: con questo termine si indica la fase di prova e collaudo di un software non ancora pubblicato, con lo scopo di trovare eventuali errori (*bug*). Questa operazione può essere svolta da professionisti specializzati, oppure, molto spesso, da semplici amatori, chiamati «beta tester». La loro importanza è legata, oltre al test dei sistemi operativi, anche ai programmi minori poiché i software tendono a comportarsi diversamente in base all'hardware sul quale vengono eseguiti, per cui conviene avere la possibilità di provarli su più hardware differenti.

Blockchain: La *blockchain* (letteralmente «catena di blocchi») è una struttura dati condivisa e immutabile. È definita come un registro digitale le cui voci sono raggruppate in blocchi, concatenati in ordine cronologico,

[1] Ove non diversamente indicato, le definizioni sono tratte da Wikipedia.

e la cui integrità è garantita dall'uso della crittografia. Sebbene la sua dimensione sia destinata a crescere nel tempo, è immutabile in quanto, di norma, il suo contenuto una volta scritto non è più né modificabile né eliminabile, a meno di non invalidare l'intera struttura.

Bot: Abbreviazione di robot, in terminologia informatica in generale è un programma che accede alla rete attraverso lo stesso tipo di canali utilizzati dagli utenti umani (accede alle pagine web, invia messaggi in una chat, si muove nei videogiochi, e così via) imitando comportamenti umani. Programmi di questo tipo sono diffusi in relazione a molti diversi servizi in rete, con scopi vari, ma in genere legati all'automazione di compiti che sarebbero troppo gravosi, complessi o monotoni per gli utenti umani.
Con «Bot» s'intende anche un programma autonomo che, nelle reti sociali, fa credere all'utente di comunicare con un'altra persona. Questi *bot* migliorano di anno in anno ed è sempre più difficile distinguere un *bot* da un essere umano.

Browser: Il «navigatore» è l'applicazione per l'acquisizione, la presentazione e la navigazione di risorse sul web. Tali risorse (come pagine web, immagini o video) sono messe a disposizione sul World Wide Web (la rete globale che si appoggia su Internet), su una rete locale o sullo stesso computer dove il browser è in esecuzione. Il programma implementa da un lato le funzionalità di *client* per il protocollo HTTP, che regola il download delle risorse dai server web a partire dal loro indirizzo URL; dall'altro quelle di visualizzazione dei contenuti ipertestuali (solitamente all'interno di documenti HTML) e di riproduzione di contenuti multimediali (*rendering*).

Bug: In italiano anche baco, in informatica identifica un difetto che porta al malfunzionamento del software tipicamente a causa di un errore nella scrittura del codice di un programma.
Un programma contenente un gran numero di bachi che interferiscono con la sua funzionalità è detto «buggato» (in inglese *buggy*), mentre l'atto di correzione dagli errori è detto *bugfixing*.

Client: Nell'ambito delle reti informatiche e dell'architettura logica di rete detta «client-server», indica genericamente un qualunque componente software che accede ai servizi o alle risorse di un'altra componente detta «server», attraverso l'uso di determinati protocolli di comunicazione.

DDoS: Con l'acronimo DoS (Denial of Service, in italiano letteralmente negazione del servizio) si indica una tipologia di attacco volta a creare un malfunzionamento di un sistema mediante una serie continua di richieste di accesso a un servizio in modo da far esaurire deliberatamente le risorse di un sistema informatico; ad esempio per bloccare un sito web si eseguono una serie di connessioni fino a renderlo non più in grado di erogare il servizio agli altri utenti. Una variante è l'attacco «Denial of Service distribuito» (attacco DDoS - Distributed Denial of Service) in cui il traffico in entrata che inonda la vittima proviene da varie fonti diverse. Questa tecnica rende molto più difficile la difesa in quanto non si può fermare l'attacco semplicemente bloccando una singola fonte.

DNS: Il sistema dei nomi di dominio (in inglese: Domain Name System) è un sistema utilizzato per assegnare nomi ai nodi della rete (in inglese: *host*). Questi nomi sono utilizzabili, mediante una traduzione, di solito chiamata «risoluzione», al posto degli indirizzi IP originali. Il servizio è realizzato tramite un database distribuito, costituito dai server DNS. Il DNS ha una struttura gerarchica ad albero rovesciato ed è diviso in domini (com, org, it, ecc.). A ogni dominio o nodo corrisponde un *nameserver*, che conserva un database con le informazioni di alcuni domini di cui è responsabile e si rivolge ai nodi successivi quando deve trovare informazioni che appartengono ad altri domini.

Fork: Nella comunità *open source*, si definisce un *fork* quello che succede quando una (o più) versioni del codice sorgente di un pacchetto software sono sviluppate in parallelo, dapprima condividendo una base di codice identica, ma poi sviluppandosi in direzioni inconciliabili tra di loro. Il *forking* non è comune; infatti, è così raro che le singole situazioni sono ben conosciute nel folklore hacker. Da notare in questa categoria ci sono il *fork* Emacs/XEmacs, il *fork* GCC/EGCS (poi risolto da una fusione) e i *fork* tra i sistemi operativi FreeBSD, NetBSD e OpenBSD.

Freeware: Il termine indica una categoria di software proprietario il cui utilizzo è concesso a titolo gratuito.

FTP: File Transfer Protocol (protocollo di trasferimento file), in informatica e nelle telecomunicazioni, è un protocollo per la trasmissione di dati.

Hacking: L'*hacking* è l'insieme dei metodi, delle tecniche e delle operazioni volte a conoscere, accedere e modificare un sistema informatico hardware o software. Il termine tuttavia, avendo accompagnato lo sviluppo delle tecnologie di elaborazione e comunicazione dell'informazione, ha assunto diverse sfumature a seconda del periodo storico e dell'ambito di applicazione. Sebbene venga usato principalmente in relazione all'informatica, l'*hacking* si riferisce più genericamente a ogni situazione in cui è necessario far uso di creatività e immaginazione nella soluzione di un problema.

Hacktivism: A volte tradotto in italiano con «hacktivismo», indica la pratica di utilizzare in maniera diretta e a volte sovversiva un computer e una rete con una precisa finalità politica. Il termine, che affonda le sue radici nella cultura e nell'etica *hacker,* viene spesso legato a iniziative in tema di libertà di parola e difesa dei diritti umani ed è un neologismo sincratico, coniato a partire dalla sincrasi delle parole inglesi *hacking* e *activism,* utilizzato per indicare le azioni dei protagonisti delle prime proteste e dei primi atti di disobbedienza civile in rete.

Hash: Nel linguaggio matematico e informatico, l'*hash* è una funzione non invertibile che mappa una stringa di lunghezza arbitraria in una stringa di lunghezza predefinita. Esistono numerosi algoritmi che realizzano funzioni *hash* con particolari proprietà che dipendono dall'applicazione.

Hash rate: Per *hash rate* si intende l'unità di misura della potenza di elaborazione di una macchina all'interno della rete Bitcoin. In breve questo termine indica il numero di calcoli che una macchina riesce a fare ogni secondo.

Indirizzo IP: Dall'inglese Internet Protocol address, in informatica e nelle telecomunicazioni è un numero che identifica univocamente un dispositivo collegato a una rete informatica. Esso equivale al numero di targa del computer, infatti sono informazioni complete e univoche a livello mondiale. NB: viene assegnato a un'interfaccia (ad esempio una scheda di rete) che identifica l'*host* di rete, che può essere un personal computer, un palmare, uno smartphone, un *router,* o anche un elettrodomestico. Va considerato, infine, che un *host* può contenere più di una interfaccia: ad esempio, un *router* ha diverse interfacce (minimo due) per ognuna delle quali occorre un indirizzo.

Indirizzo URL: Acronimo della locuzione Uniform Resource Locator, è una sequenza di caratteri che identifica univocamente l'indirizzo di una risorsa su una rete di computer, come ad esempio un documento, un'immagine, un video, tipicamente presente su un *host server* e resa accessibile a un *client.* È perlopiù utilizzato per indicare risorse web (http), risorse recuperabili tramite protocolli di trasferimento file (ftp), condivisioni remote (smb) o accessi a sistemi esterni (ssh). La risoluzione dell'URL in indirizzo IP, necessario per l'instradamento con il protocollo IP avviene tramite DNS.

Linguaggio di programmazione: Un linguaggio di programmazione, in informatica, è un linguaggio formale che specifica un insieme di istruzioni che possono essere usate per produrre un risultato. Può essere utilizzato per il controllo del comportamento di una macchina formale o di una implementazione di essa (tipicamente, un computer) ovvero in fase di programmazione di questa attraverso la scrittura del codice sorgente di un programma a opera di un programmatore. Un linguaggio di programmazione è considerato a tutti gli effetti tale se è Turing-completo.

Linux: Linux è una famiglia di sistemi operativi di tipo Unix-like, pubblicati in varie distribuzioni, aventi la caratteristica comune di utilizzare come nucleo il kernel Linux. Oggi molte importanti società nel campo dell'informatica come Google, IBM, Oracle Corporation, Hewlett-Packard, Red Hat, Canonical, Novell e Valve sviluppano e pubblicano sistemi Linux.

Log: I *log* sono dei file di testo, di solito conservati nel sistema, in cui vengono registrate specifiche informazioni come, ad esempio, l'ora in cui è avvenuta una certa connessione, gli indirizzi coinvolti e ogni altro elemento che il programmatore ritenga opportuno registrare. Ogni programma è in grado di generare dei *log*.

Malware: Abbreviazione per *malicious software*, che significa letteralmente software malintenzionato, ma di solito tradotto come software dannoso, indica un qualsiasi programma informatico usato per disturbare le operazioni svolte da un utente di un computer, in italiano viene anche comunemente chiamato codice maligno o più semplicemente «virus».

Motore di ricerca: In inglese *search engine* è un sistema automatico che, su richiesta di un utente, analizza un insieme di dati (spesso da esso stesso raccolti) e restituisce un indice dei contenuti disponibili classificandoli in modo automatico in base a formule statistico-matematiche che ne indicano il grado di rilevanza, data una determinata chiave di ricerca.

Open source: Con questa espressione, in informatica, si indica un tipo di software o il suo modello di sviluppo o distribuzione. Un *software open source* è reso tale per mezzo di una licenza attraverso cui i detentori dei diritti favoriscono la modifica, lo studio, l'utilizzo e la redistribuzione del codice sorgente. Caratteristica principale dunque delle licenze open

source è la pubblicazione del codice sorgente (da cui il nome). Il fenomeno ha tratto grande beneficio da Internet, perché esso permette a programmatori distanti di coordinarsi e lavorare allo stesso progetto.
Alla filosofia del movimento open source si ispira il movimento di contenuto aperto: in questo caso, a essere liberamente disponibile non è il codice sorgente di un software, ma contenuti editoriali quali testi, immagini, video e musica. Wikipedia è un chiaro esempio dei frutti di questo movimento. Attualmente, l'open source tende ad assumere rilievo filosofico, consistendo in una nuova concezione della vita aperta e ostile a qualsiasi appannaggio esclusivo, che l'open source si propone di superare mediante la condivisione della conoscenza.
Open source e software libero, seppure siano sovente utilizzati come sinonimi, hanno definizioni differenti: l'Open Source Initiative ha definito il termine «open source» per descrivere soprattutto libertà sul codice sorgente di un'opera. Il concetto di software libero descrive più generalmente le libertà applicate a un'opera ed è prerequisito che il suo codice sia consultabile e modificabile, rientrando generalmente nella definizione di open source.

Passphrase: In ambito informatico e crittografico, con il termine *passphrase* (dall'inglese *password* e *phrase*, lett. «frase chiave», «frase d'ordine» o «frase di accesso») si indica un insieme di parole o di stringhe alfanumeriche (di solito separate da caratteri non alfabetici, come numeri, caratteri speciali o il carattere Spazio) utilizzato per l'autenticazione a un sistema, a un programma, a una base dati o a una rete, oppure per effettuare operazioni di cifratura.

Phishing: Con questo termine indichiamo l'attività volta a ingannare un utente per indurlo a collegarsi a un sito civetta che imita un sito legittimo, in genere per impossessarsi delle credenziali di accesso (per esempio l'attaccante potrebbe creare una pagina che imita quella della banca utilizzata dall'utente in modo da indurlo a inserire lì le proprie credenziali di accesso per impossessarsene).

Plugin: In campo informatico è un programma non autonomo che interagisce con un altro programma per ampliarne o estenderne le funzionalità originarie. Ad esempio, un *plugin* per un software di grafica permette l'utilizzo di nuove funzioni non presenti nel software principale.

Programmi p2p: Abbreviazione di *peer-to-peer* ovvero connessione tra pari, nelle telecomunicazioni indica un modello di architettura logica di rete informatica in cui i nodi non sono gerarchizzati unicamente sotto forma di *client* o server fissi («clienti» e «serventi»), ma anche sotto forma di nodi equivalenti o «paritari» (*peer*), potendo fungere al contempo da *client* e server verso gli altri nodi terminali (*host*) della rete. Mediante questa configurazione, qualsiasi nodo è in grado di avviare o completare una transazione. I nodi equivalenti possono differire nella configurazione locale, velocità di elaborazione, ampiezza di banda e quantità di dati memorizzati. Esempio tipico di p2p è la rete per la condivisione di file (*file sharing*).

Provider: Un fornitore di servizi internet (in lingua inglese Internet Service Provider, in sigla ISP, anche abbreviato in *provider*), nelle telecomunicazioni, indica un'organizzazione o un'infrastruttura che offre agli utenti (residenziali o imprese), dietro la stipulazione di un contratto di fornitura, servizi inerenti a Internet, i principali dei quali sono l'accesso al World Wide Web e la posta elettronica.

Proxy: In informatica e telecomunicazioni, indica un tipo di server che funge da intermediario per le richieste da parte dei *client* alla ricerca di risorse su altri server, disaccoppiando l'accesso al web dal browser. Un *client* si connette al server *proxy*, richiedendo qualche servizio (ad esempio un file, una pagina web o qualsiasi altra risorsa disponibile su un altro server), e quest'ultimo valuta ed esegue la richiesta in modo da semplificare e gestire la sua complessità. I *proxy* sono stati inventati per aggiungere struttura e incapsulamento ai sistemi distribuiti.
A oggi, i server *proxy* vengono utilizzati per svariati impieghi come:
– fornire l'anonimato durante la navigazione internet (es. sistema TOR);
– memorizzare una copia locale degli oggetti web richiesti, in modo da poterli fornire nuovamente senza effettuare altri accessi ai server di destinazione (*HTTP caching proxy*);
– creare una «barriera di difesa» (*firewall*) verso il web, agendo da filtro per le connessioni entranti e uscenti e monitorando, controllando e modificando il traffico interno.

Ransomware: Tipo di *malware* che limita l'accesso del dispositivo che infetta, richiedendo un riscatto (*ransom* in inglese) da pagare per rimuovere la limitazione. Ad esempio alcune forme di *ransomware* bloccano il sistema e intimano all'utente di pagare per sbloccare il sistema, altri invece cifrano i file dell'utente chiedendo di pagare per riportare i file cifrati in chiaro.

Rating: Il *rating*, in italiano classificazione, è un metodo utilizzato per valutare sia i titoli obbligazionari, sia le imprese (vedi anche modelli di rating IRB secondo Basilea 2) in base al loro rischio finanziario. Le valutazioni del *rating* sono emesse a opera delle cosiddette «agenzie di rating». In questo caso si definiscono «rating di merito creditizio» da non confondersi coi «rating etici» che invece misurano la qualità della *governance*, della CSR (Corporate Social Responsibility), o in generale della sostenibilità sociale e ambientale di un'emittente.

Router: Lett. «instradatore», nelle telecomunicazioni e in informatica, nell'ambito di una rete informatica a commutazione di pacchetto, è un dispositivo di rete usato come interfacciamento tra sottoreti diverse, eterogenee e non, che lavorando a livello logico come nodo interno di rete deputato alla commutazione di livello 3 del modello OSI o del livello internet nel modello TCP/IP, si occupa di instradare i pacchetti dati fra tali sottoreti permettendone l'interoperabilità (*internetworking*) a livello di indirizzamento.

Script: In informatica con questo termine si indica un tipo particolare di programma, scritto in una particolare classe di linguaggi di programmazione, detti «linguaggi di scripting». Una classe specifica di tali programmi sono i cosiddetti «shell script», ossia *script* concepiti per essere eseguiti all'interno di una *shell* di un sistema operativo.

Server: Dall'inglese *(to) serve*, «servire», dunque letteralmente «servente, servitore», in informatica e telecomunicazioni è un componente o sottosistema informatico di elaborazione e gestione del traffico di informazioni che fornisce, a livello logico e fisico, un qualunque tipo di servizio ad altre componenti (tipicamente chiamate *clients*, cioè clienti) che ne fanno richiesta attraverso una rete di computer, all'interno di un sistema informatico o anche direttamente in locale su un computer.
Rappresenta cioè un nodo terminale della rete opposto all'*host client*. In altre parole si tratta di un computer o di un programma che fornisce i dati richiesti da altri elaboratori, facendo quindi da *host* per la trasmissione delle informazioni virtuali. Al termine «server», così come per il termine «client», possono dunque riferirsi sia la componente hardware che la componente software che forniscono le funzionalità o i servizi di cui sopra. La macchina *hardware server* si dice anche capace di offrire risorse in termini di servizio al *client* che ne fa domanda/richiesta. Esso fa parte dunque dell'architettura logica di rete a livello applicativo detta «client-server».

Servizi gateway: Dall'inglese, portone, passaggio, è un dispositivo di rete che collega due reti informatiche di tipo diverso operando sia al livello di rete che ai livelli superiori, del modello ISO/OSI. Il suo scopo principale è quello di veicolare i pacchetti di rete all'esterno di una rete locale (Local Area Network, LAN).

Spam: O *spamming*, indica l'invio anche verso indirizzi generici, non verificati o sconosciuti, di messaggi ripetuti ad alta frequenza o a carattere di monotematicità tale da renderli indesiderati (generalmente commerciali o offensivi). Lo spam è noto anche come «posta spazzatura» (in inglese *junk mail*). Può essere attuato attraverso qualunque sistema di comunicazione, ma il più usato è Internet, attraverso messaggi di posta elettronica, chat, tag board, forum, Facebook e altri servizi di rete sociale. Chi invia messaggi spam è indicato spesso con il neologismo «spammista» (*spammer* in inglese) mentre gli elenchi di *spammer* vengono definiti «Spam list».

TOR: In informatica The Onion Router è un software libero basato sulla licenza BSD, con un'interfaccia di gestione disponibile (Vidalia), che permette una comunicazione anonima per Internet basata sulla seconda generazione del protocollo di rete di *onion routing*: tramite il suo utilizzo è molto più difficile tracciare l'attività internet dell'utente essendo finalizzato a proteggere la privacy degli utenti, la loro libertà e la possibilità di condurre delle comunicazioni confidenziali senza che vengano monitorate o intercettate. È disponibile per Windows, OS X, Android e diversi sistemi operativi *unix-like*, principalmente tramite le distribuzioni Lightweight Portable Security (una distro leggera che si lancia da chiavetta USB o CD senza installare nulla, e realizzata dal Dipartimento della Difesa US e dalla Software Protection Initiative) e TAILS, interamente pensata per privacy e riservatezza, in cui è già pre-installato il browser.

Torrent: Protocollo *peer-to-peer* (p2p) che consente la distribuzione e la condivisione di file attraverso Internet.

Usenet: È una rete mondiale, nata negli Stati Uniti d'America all'inizio degli anni '80, formata da migliaia di server tra loro interconnessi, ognuno dei quali raccoglie gli articoli (o *news*, o messaggi, o *post*) che le persone aventi accesso alla rete inviano in una data gerarchia, in un archivio ad accesso pubblico, organizzato in gerarchie tematiche che contengono vari *thread* sullo stesso tema (*topic*). L'espressione «usenet» è una parola macedonia, dall'inglese *user network*, traducibile in italiano con «rete utente».

Virus vedi **Malware**.

Web site defacement: con questo termine, a volte abbreviato in *defacement*, si indica l'azione volta a deturpare le pagine di un sito mediante l'inserimento di frasi o fotografie.

White Paper: Con «libro bianco» (dall'inglese *White Paper*) si indica generalmente un rapporto ufficiale pubblicato da un governo nazionale o da un'organizzazione internazionale su un determinato argomento o settore di attività. Nel marketing la parola può indicare anche un documento redatto da un professionista esperto di una materia che offre informazioni di qualità e di interesse a un pubblico selezionato di utenti. I libri bianchi vengono per lo più utilizzati come strumento per promuovere un prodotto o una tecnologia mostrandone le caratteristiche chiave, i possibili utilizzi e i punti di forza. Rappresentano altresì uno strumento informativo che può favorire l'evoluzione del mercato di riferimento nel caso di rilascio di nuovi prodotti o nuove qualità. Questa tecnica rientra nelle attività di *link baiting*, ossia un contenuto o un insieme di contenuti creati appositamente per convogliare click verso uno specifico bersaglio e, dunque, per aumentare il traffico verso un determinato sito web.

Indice

Finito di stampare
nel mese di agosto 2020
presso Print on Web s.r.l. - Isola del Liri
per conto di Lindau - Torino